Debbie Macomber

Die bunten Farben deines Lebens

Über die Autorin

Debbie Macomber (Jahrgang 1948) ist eine amerikanische Bestsellerautorin, die vor allem für ihre Liebesromane und zeitgenössischen Romane für Frauen bekannt ist. Eine ganze Reihe ihrer Bücher wurde bereits für das Fernsehen verfilmt (darunter *Cedar Cove – Das Gesetz des Herzens*).
Debbie Macomber und ihr Mann Wayne haben vier Kinder und zahlreiche Enkel. Sie leben in Port Orchard, Washington, und im Winter in Florida.

Debbie Macomber

Die bunten Farben deines Lebens

Wie Gott die Fäden deines Lebens zu einem wunderschönen Kunstwerk zusammenfügt

Aus dem Englischen von Antje Balters

GerthMedien

Für Wendy Lawton, die die Vision schon lange vor mir hatte.

INHALT

VORWORT

Von Liz Curtis Higgs

Mit diesem Buch hat Debbie Macomber ein Thema zu Papier gebracht, das ihr ganz besonders am Herzen liegt. Ihr Ziel ist es, *Ihnen* zu helfen, sich Ziele zu setzen, und sie hat den Traum, dass *Ihre* Träume wahr werden. Dabei schreibt sie genauso offen über ihre zahlreichen Herausforderungen und Rückschläge wie über ihre Durchbrüche und Erfolge. In Debbies Sprachgebrauch ist Erfolg ein anderes Wort für den Segen, den man von einem liebenden Gott empfängt, einem Gott, der diejenigen, die ihm nachfolgen, zu Großem beruft und sie dafür ausrüstet.

Als ich Mitte der 1990er-Jahre mit dem Romanschreiben begann, fiel bei meinen ersten Autorentreffen immer wieder der Name Debbie Macomber. Schon damals war sie mit sechzig Millionen verkauften Büchern eine sehr erfolgreiche Romanautorin, die zudem auch kein Geheimnis daraus machte, dass sie überzeugte Christin ist. Und genau das war es letztlich, was mein Interesse weckte.

Irgendwann fasste ich mir dann auf einem Schriftstellerkongress ein Herz und sprach sie an. Sie erwies sich als ausgesprochen nahbare und bescheidene Frau mit einem authentischen Glauben und ansteckender Begeisterung. Dieses Gespräch hat nachhaltig

Eindruck bei mir hinterlassen, denn Debbie Macomber erwies sich schon nach wenigen Sätzen als echte Mutmacherin!

Debbies Lebensmotto stammt aus dem ersten Buch Mose, wo Gott zu Abraham sagt: „Du sollst ein Segen sein" (1. Mose 12,2; LÜ), und ich kann Ihnen versichern, liebe Leserin, dass sie diese Verheißung beim Wort nimmt. Andere zu ermutigen ist für sie genauso normal und natürlich wie das Atmen, Geschichtenerzählen oder Stricken. Und genau diese positive Grundhaltung findet man auch in jedem einzelnen Kapitel von *Die bunten Farben deines Lebens.*

Sind Sie noch auf der Suche nach der Bestimmung, für die Gott Sie geschaffen hat? Debbie Macomber wird Ihnen dabei helfen, Ihrer Bestimmung auf die Spur zu kommen. Brauchen Sie Ermutigung in schwierigen Zeiten? Genau das ist Debbies Spezialität. Sie denken darüber nach, selbst zu schreiben? Debbie verrät Ihnen in diesem Buch auch das eine oder andere Geheimnis ihres Erfolgs als Schriftstellerin – und eines gleich vorweg: Geduld steht dabei ganz oben auf der Liste!

Fragen Sie sich, ob Gott Sie gebrauchen kann, wo auch immer Ihre Begabungen liegen? Dann wartet hier die Antwort (ein klares „Ja!") auf Sie, und zusätzlich bekommen Sie viele Tipps, wie Sie Ihre Begabungen entdecken und fördern können.

Jede Geschichte, die Debbie Macomber aus ihrem Leben erzählt, ist dazu gedacht, um Ihre geheimen Träume ans Licht zu bringen – denn nur so können sie am Ende auch in Erfüllung gehen. Und wenn Sie fürchten, dass das zielstrebige Verfolgen Ihres Traumes auf Kosten Ihrer Familie gehen könnte, findet Debbie beruhigende Gegenbeispiele. Wenn Sie sich einfach nicht vorstellen können, noch mehr „auf dem Zettel" zu haben als ohnehin schon, dann gibt sie hilfreiche Zeitspartipps und praktische Mittel zur Zeitplanung.

Die bunten Farben deines Lebens erinnert auf positive und optimistische Weise daran, dass wir nach dem Plan Gottes und zu seiner Freude geschaffen sind. Möge das Buch Ihnen Augen und Ohren öffnen für eine ganz neue Art, Gott zu lieben und anderen zu dienen.

...

Liz Curtis Higgs ist seit über zwanzig Jahren als Referentin tätig und hat schon bei mehr als 1.500 Veranstaltungen in den USA und in vielen weiteren Ländern der Welt gesprochen. Neben ihrer preisgekrönten Kolumne in der Zeitschrift *Today's Christian Woman* hat Liz Curtis Higgs mehr als ein Dutzend erfolgreiche Bücher geschrieben.

1

Mit einer Bestimmung geschaffen

Herr, du durchschaust mich, du kennst mich durch und durch. Ob ich sitze oder stehe – du weißt es, aus der Ferne erkennst du, was ich denke. Ob ich gehe oder liege – du siehst mich, mein ganzes Leben ist dir vertraut.

PSALM 139,1–3

„Die meisten Menschen haben eine falsche Vorstellung davon, was wahres Glück ist. Man erreicht es nicht durch Befriedigung der eigenen Bedürfnisse, sondern durch Hingabe an eine würdige Lebensaufgabe."

HELEN KELLER

Bevor Sie geboren wurden, bevor Sie diese Welt kennenlernten und die Welt Sie, gab es nur einen, der Sie schon von Grund auf kannte: Ihren Schöpfer. Und schon damals hatte er eine Beziehung zu Ihnen. Während Sie im Verborgenen heranwuchsen, nicht einmal für Ihre Mutter sichtbar, hatte Gott Sie bereits im Blick. Er schaute zu, wie sich Ihre Fingernägel bildeten, wie Ihre Augenlider flatterten, und wie sich Ihre winzigen Mundwinkel nach oben zogen, als Sie zum ersten Mal Ihren kleinen Daumen entdeckten. Er gestaltete Sie nach seinem Plan und für ihn waren Sie bereits damals wunderschön.

Von dem Augenblick an, in dem wir geschaffen werden, hat Gott bereits eine Bestimmung für uns. Zunächst wissen wir vielleicht noch gar nicht, worin sie besteht, aber wir können ganz sicher sein, dass es sie gibt und dass sie irgendwo in uns schlummert.

Ich habe mich lange gefragt, was denn wohl meine Bestimmung sein könnte. Ich wusste, dass ich sehr gerne Mutter war, und ich wusste auch, dass mir das Schreiben großen Spaß machte, aber eine

Karriere als Autorin – gar als Romanschriftstellerin – schien mir unerreichbar zu sein und war allenfalls etwas, wovon ich träumen konnte. Diese Vorstellung hatte nichts zu tun mit dem Leben einer knapp dreißigjährigen Hausfrau und Mutter von vier Kindern.

Wenn ich darüber nachdenke, was es bedeutet, von Gott mit einer Bestimmung – also zu einem bestimmten Zweck – geschaffen zu sein, dann fällt mir sofort Psalm 139, Vers 13, ein: „Du hast mich mit meinem Innersten geschaffen, im Leib meiner Mutter hast du mich gebildet." Der große Schöpfer und Gestalter des Universums erforscht mich und kennt mich durch und durch (siehe Psalm 139,1). Jeder Mensch ist zu etwas ganz Besonderem gedacht und angelegt – ausnahmslos jeder. Ich persönlich glaube, dieses Besondere spiegelt sich zum einen in unseren starken Sehnsüchten und Leidenschaften wider, die Gott in Form von Träumen in uns hineinlegt, und zum anderen auch darin, was uns ganz besonders viel Freude bereitet. Wenn wir uns diese beiden Bereiche genauer anschauen und darin ein Muster erkennen, dann haben wir bereits einen ersten Hinweis darauf, was unsere Bestimmung sein könnte, zu welchem Zweck uns Gott geschaffen hat und welche Träume er in uns hineinlegt, damit wir unsere Bestimmung auch verwirklichen können.

In bescheidenen Anfängen einen Sinn erkennen

Vor fünfundzwanzig Jahren hätte ich nicht im Traum daran gedacht, einmal ein Buch darüber zu schreiben, wie man seine Träume verwirklicht. Und ich glaube, das hätte sich auch sonst niemand vorstellen können, denn ich komme eigentlich aus ziemlich bescheidenen Verhältnissen.

Ich bin unglaublich stolz auf meine Herkunft und betrachte mich in vielerlei Hinsicht als gesegnet und reich beschenkt durch meine Ursprungsfamilie. Meine Großeltern waren allesamt deutschsprachige Einwanderer aus Russland. Meine Mutter erlangte im Gegensatz zu meinem Vater einen Highschool-Abschluss, aber damit das überhaupt möglich war, musste sie vom Land in die Stadt ziehen und war somit von der Familie getrennt. Meine Großväter haben beide noch selbst den Pflug gezogen, weil sie keine Zugtiere hatten. Mit Blick auf meine Herkunft gibt es also wirklich überhaupt nichts, was mich für den Beruf der Schriftstellerin qualifiziert hätte.

Ich habe direkt nach meinem Highschool-Abschluss geheiratet und dann zwischen 1970 und 1975 vier Kinder bekommen. Ich erinnere mich noch genau daran, was meine Mutter sagte, als Dale, unser Jüngster, geboren wurde. Ich hatte damals seit Monaten keine Nacht mehr durchgeschlafen und war körperlich und seelisch völlig ausgelaugt, aber als meine Mutter mich mit dem Neugeborenen sah, schaute sie mich voller Freude an und sagte lächelnd: „Diese Zeit wirst du als die glücklichste deines Lebens in Erinnerung behalten, Debbie."

Ich wiederum starrte sie nur völlig entsetzt an und entgegnete: „Soll das etwa heißen, dass es noch schlimmer wird?" Daraufhin lachte sie und versicherte mir noch einmal, dass die Zeit mit kleinen Kindern einmal zu meinen kostbarsten Erinnerungen gehören würde. Und sie hat recht behalten.

Ich war nun also Mutter von vier kleinen Kindern, wir hatten wenig Geld, ich hatte lediglich einen Highschool-Abschluss und zu allem Überfluss bin ich auch noch Legasthenikerin. Schule war immer schwierig für mich gewesen und meine Leistungen nie besser als durchschnittlich. Ich hatte deshalb keine Chance auf ein Stipendium gehabt, das ich jedoch gebraucht hätte, um studieren zu können. Damals wusste ich allerdings noch nicht, dass ich Legasthenikerin bin. Dieser Begriff war zu der Zeit nicht so geläufig wie heute, und dass eine Lese-Rechtschreib-Schwäche der Grund für meine Schulprobleme war, stellte sich erst heraus, als man viele Jahre später bei meinen Kindern herausfand, dass auch sie Legastheniker sind.

Weil Legasthenie eine Schwäche ist, an der sich zwar arbeiten lässt, die aber niemals vollkommen zu beheben ist, lese ich bis heute langsam und meine Rechtschreibung ist – freundlich ausgedrückt – ziemlich fantasievoll.

In meiner Kindheit waren Worte für mich also Leidenschaft und Qual zugleich. Meine Mutter hat mir erzählt, dass ich schon mit etwa vier Jahren Abend für Abend mit einem Buch in den Händen eingeschlafen bin. Ich liebte die kleine Bücherei im Ort, wo die Bibliothekarin der Kinderabteilung regelmäßig Vorlesestunden abhielt.

Doch obwohl ich so gerne las und Geschichten liebte, hatte ich in der Schule große Mühe. In der ersten Klasse war ich das einzige Mädchen in der Rotkehlchen-Lesegruppe – der Gruppe mit den schwächsten Lesern. Ich erinnere mich bis heute noch ganz genau an den Elternsprechtag in der dritten Klasse, als ich mit meiner Mutter bei meiner Klassenlehrerin saß und diese sagte: „Debbie ist ein nettes kleines Mädchen, aber eine gute Schülerin wird sie wohl nie werden."

Ich weiß nicht, ob es zum Teil auch so etwas wie eine selbsterfüllende Prophezeiung war, aber meine Lehrerin behielt recht. Ich gehörte nie zu den Schülern mit guten Noten, sondern blieb mittelmäßig, und zwar so mittelmäßig, dass ich in der Rangfolge nach Leistung genau die Vierzigste von achtzig Schulabsolventinnen war. Am meisten beklagten sich meine Lehrer darüber, dass ich angeblich ständig träumte, was auch tatsächlich stimmte. Schon so lange ich denken kann, erfinde ich gerne Geschichten – damals eben auch dann, wenn ich eigentlich im Unterricht hätte aufpassen sollen.

Im Teenageralter zahlte sich das Geschichtenerzählen dann sogar finanziell aus. Wenn ich als Babysitterin jobbte, dachte ich mir immer Geschichten für die Kinder aus und unterhielt sie mit den Abenteuern meiner Fantasiegestalten „Snickelfritz“ und „Stinkyfoot“. Den Kleinen gefiel das so gut, dass ihre Eltern mir statt des üblichen Vierteldollars pro Stunde einen ganzen Dollar zahlten. Eine Freundin von mir behauptet gern scherzhaft, dass ich schon in jungen Jahren wild entschlossen gewesen sei, erfolgreich zu sein. Vielleicht war ich das sogar, aber bewusst war es mir damals noch nicht.

Obwohl mir das Lesen so schwerfiel, blieb ich am Ball, und als ich in die fünfte Klasse kam, hatte ich so weit aufgeholt, dass ich im Lesen und Schreiben mit meinen Klassenkameraden mithalten konnte.

Ich kann mich erinnern, dass ich im Alter von etwa zehn Jahren zum ersten Mal überlegte, wie es wohl wäre, Schriftstellerin zu werden, und im darauffolgenden Jahr schrieb ich tatsächlich mein erstes Buch. Mit meinen Lehrern oder Freundinnen sprach ich allerdings nie darüber, dass ich schreiben wollte, weil ich Angst hatte, sie würden mir dann all die Gründe aufzählen, weshalb es für mich unmöglich sei, Schriftstellerin zu werden. Ich hatte keine guten Noten in Englisch, meiner Muttersprache, meine Rechtschreibung war unterirdisch, und ich hätte es einfach nicht ausgehalten, wenn auf meinem so zerbrechlichen, zarten Traum herumgetrampelt worden wäre.

Die *eigene* Bestimmung finden

Ich bin absolut überzeugt davon, dass jeder Mensch zu einem von Gott bestimmten Zweck geschaffen wurde. Diesen Zweck bezeichne ich auch gerne als „Fokus“ des Lebens – also das, wofür mein Herz schlägt und worauf es mir im Leben ankommt. Manche

Leute scheinen bereits früh den Sinn und Zweck ihres Lebens zu erkennen. Sie stehen jeden Morgen mit einer tiefen Leidenschaft für etwas Bestimmtes auf, und in ihnen brennt ein Feuer – ein Verlangen nach dieser einen Sache –, das nie erlischt. Sie haben eine Vision und sind wild entschlossen zu erleben, wie sie wahr wird!

Doch es gibt offenbar auch Menschen, für die das schwieriger ist. Sie wissen nicht so recht, wofür ihr Herz schlägt, sodass ihre Bestimmung nicht ganz eindeutig zu erkennen ist – was jedoch keineswegs bedeutet, dass sie keine haben!

Wenn Sie nach diesem Buch gegriffen haben, dann möchten Sie ja allem Anschein nach herausfinden, was Ihre Bestimmung ist oder wie es Ihnen gelingen kann, einen scheinbar unerreichbaren Traum zu verwirklichen. Vielleicht haben Sie bisher immer gedacht, Sie wüssten bereits, was Sie tun wollen und worin Ihre Aufgabe besteht, aber Ihre Lebensumstände werfen nun die Frage auf, ob Sie wirklich richtig gelegen haben. Vielleicht haben Sie auch noch gar keine Idee, was Ihre Bestimmung sein könnte.

Vielleicht ist es bei Ihnen aber auch so wie damals bei mir: Eigentlich kennen Sie Ihre Bestimmung schon ganz genau, doch Sie haben einfach Angst – Angst davor, was die Leute denken könnten, oder Angst zu versagen. Also schieben Sie Ihre Bestimmung erst einmal beiseite und nehmen sich vor, irgendwann später noch einmal darüber nachzudenken.

Ende der 1970er-Jahre schien mir meine Bestimmung, Schriftstellerin zu werden, völlig unerreichbar. Sie war verschüttet unter einer dicken Schicht verstaubter Kindheitszweifel und dem Stress, Mutter von vier kleinen, sehr lebhaften Kindern zu sein. Doch hin und wieder holte ich meine Bestimmung gedanklich hervor, schaute sie mir an, drehte und wendete sie und dachte sehnsüchtig: *Vielleicht, wenn die Kinder größer sind …* Dann legte ich sie schnell wieder beiseite. Aus den Augen, aus dem Sinn.

Beinah.

Bis David krank wurde.

Mein Cousin David Adler und ich sind zusammen aufgewachsen. Wir sind auf dieselbe Schule gegangen, wohnten in derselben Wohngegend und gingen in dieselbe Gemeinde. Die einzigen Verabredungen mit Jungs, die ich überhaupt hatte, verdankte ich David. Und er war es auch, der gemeinsam mit Doug – einem weiteren Cousin von mir – und meinem Bruder Terry auf die Idee kam, Kopien von meinen Tagebüchern aus der achten Klasse zu machen und sie an Mitschüler zu verkaufen. Damals war ich zu Tode beschämt, aber es ist ja immer wieder erstaunlich, wie sich mit der Zeit auch die Perspektive auf bestimmte Ereignisse verändert. Heute staune ich in erster Linie darüber, wie viele Kopien damals verkauft wurden!

Als junger Erwachsener erkrankte David an Leukämie. Er sollte im *Fred Hutchinson Cancer Research Center* in Seattle behandelt werden, und mein Mann Wayne und ich waren diejenigen aus der Familie, die am nächsten an der Klinik wohnten. Obwohl ich mich nicht oft in die Großstadt hineinwagte, war ich fest entschlossen, David, seiner Frau Rachel und ihrer Tochter in dieser schweren Zeit beizustehen. Von dem Tag an, als David in Seattle ankam, besuchte ich meinen Cousin jeden Tag in der Klinik, und ich war fest davon überzeugt, dass Gott ihn heilen würde.

Damals hatte ich erst seit ein paar Jahren eine persönliche Beziehung zu Jesus Christus. Ich war katholisch erzogen worden und meine gesamte Schulzeit hindurch in die katholische Kirche im Ort gegangen. Im Haushalt meiner Eltern gab es zwar eine in Leder gebundene Goldschnittbibel, aber ich hatte noch nie jemanden darin lesen sehen. Sonntags in der Messe wurde aus den Evangelien und den Briefen der Apostel vorgelesen, doch ich bekam keinen rechten Zugang dazu – was natürlich auch daran gelegen haben mag, dass ich damals einfach noch zu jung war. Ich wusste, dass es Gott gab, aber der Gott, mit dem ich aufwuchs, war ein strenger und strafender Gott, und ich hatte keine persönliche Beziehung zu ihm. Mir war nicht klar, dass Jesus mein persönlicher Erlöser ist. Stattdessen wurde mir immer nur vermittelt, dass meine Sünden ihn ans Kreuz gebracht hatten.

Als ich zweiundzwanzig Jahre alt war, inzwischen mit Wayne verheiratet und Mutter von zwei Kindern, die im Abstand von nicht einmal einem Jahr geboren worden waren, zogen wir nach Seahurst in der Nähe von Seattle. Dort wurde ich dann von meiner Nachbarin Marilyn Kimmel in die *Bible Study Fellowship* eingeladen. Ich hatte bis dahin noch nie einen Fuß in eine protestantische Kirche gesetzt, aber ich sehnte mich nach Kontakten und neuen Freundschaften, und deshalb ging ich mit. Als ich dort ankam, empfand ich anfänglich großes Unbehagen, denn ich fürchtete, dass meine Eltern sich sehr aufregen würden, wenn sie erführen, was ich da tat. Aber schnell zerstreuten sich all meine Bedenken und ich fühlte: Ich war zu Hause und dies war meine Familie.

Bei diesem ersten Treffen ging es in der Bibelarbeit um die ersten vier Kapitel des Buches Nehemia. In Gesellschaft all der netten Frauen bekam ich schnell Zugang zum Wort Gottes und irgendwie traf es mich direkt ins Herz. Danach dauerte es auch nicht mehr lange, bis ich spürte, wie Gott mich mehr und mehr zu sich zog. Ich wollte auch solch eine enge Beziehung zu ihm haben wie meine neuen Freundinnen, und da ich mich jetzt so intensiv mit seinem Wort beschäftigte, nahm ich Jesus Christus schließlich als meinen Herrn und Erlöser an – eine Entscheidung, die ich bis heute nicht bereut habe!

Aufgrund dieser wunderbaren, neuen Beziehung zu Jesus war ich sieben Jahre später auch absolut sicher, dass Gott meinen Cousin David heilen würde. Schließlich hatte ich ja selbst erlebt, dass sich mein Leben zum Besseren verändert hatte, und ich wusste, dass Gott auch in Davids Leben etwas ändern konnte. Das war kein Senfkornglaube; der Glaube, den ich im Herzen trug, hatte vielmehr die Größe einer Avocado! Ich sagte zu David: „Gott wird dich heilen. Durch die Liebe von Jesus Christus wirst du geheilt werden.“

Doch trotz all meiner Gebete und meiner absoluten Gewissheit starb David am 23. September 1978. Da wusste ich plötzlich nicht mehr, was ich glauben sollte, und es folgte eine tiefe Glaubenskrise. Ich konnte nicht schlafen, ich konnte nicht beten und ich konnte nicht in der Bibel lesen. Ich fühlte mich von Gott im Stich gelassen.

Mein Fragen hatte jedoch eines Morgens ein Ende, als ich versuchte, mit meinen Kindern eine Andacht zu halten. Mein Sohn Ted war an jenem Morgen ganz besonders zappelig, und ich versuchte – inzwischen schon ziemlich gereizt – zum x-ten Mal, ihn dazu zu bewegen, zuzuhören und aufzupassen. „Ted“, fragte ich ihn wohl zum zwanzigsten Mal, „was muss man tun, um in den Himmel zu kommen?“ Er sah mich an, als hätte ich ihn gerade gefragt, was er gefrühstückt hatte, und antwortete: „Sterben.“

Es dauerte eine ganze Weile, bis seine Antwort wirklich bei mir ankam und mir klar wurde, dass er recht hatte. David war gestorben, aber vor seinem Tod hatte er Jesus Christus kennengelernt und ihn als seinen persönlichen Herrn und Heiland angenommen. Aus diesem Grund konnte ich ganz sicher sein, dass David jetzt im Himmel war. Und viel mehr als das: Er war durch die Gnade Gottes auch vollkommen geheilt.

Diese Erkenntnis führte schnell zu einer weiteren: Ich konnte es mir nicht mehr leisten, nur davon zu träumen, *irgendwann* einmal mit dem Schreiben zu beginnen. Weil ich erlebt hatte, dass es im Leben keine Garantien gibt, konnte ich meinen Traum nicht mehr mit einer langen Aufzählung von Rechtfertigungen aufschieben. Mir wurde klar, dass es an der Zeit war, mich mit meiner Bestimmung zu beschäftigen und entsprechende Schritte zu tun. Es war an der Zeit, etwas zu unternehmen, um diesen Traum zu verwirklichen.

Weil wir uns damals keine eigene Schreibmaschine leisten konnten, mietete ich eine, und mein Arbeitsplatz war der Küchentisch. Zu den Essenszeiten musste ich deshalb immer alles wegräumen. Wenn die Kinder morgens aus dem Haus waren, holte ich die Schreibmaschine hervor, stellte sie auf den Küchentisch und schrieb, bis die Kinder wieder nach Hause kamen. Ich hatte zu diesem Zeitpunkt noch nicht besonders viel Lebenserfahrung, aber ich wusste, dass ich gut im Schreiben von Geschichten mit einem „Happy End" war. Und nach vier Kindern brauchte ich auch selbst eines …

Zusammengefügt zu einem Zweck

„Durch meine Leidenschaft fürs Stricken kann ich meiner Kreativität freien Lauf lassen und habe am Ende das wundervolle Gefühl, etwas geschafft zu haben."
Rita E. Greenfeder, Redakteurin bei *Knit 'n Style*

Neben dem Schreiben habe ich eine weitere große Leidenschaft: das Stricken.

Im Alter von zwölf Jahren habe ich damit angefangen. Meine Mutter konnte nicht stricken, und ehrlich gesagt kannte ich in meinem Umfeld keinen einzigen Menschen, der es mir hätte beibringen können. Ich bearbeitete meine Mutter so lange, bis sie mit mir in das Wollgeschäft im Ort ging, wo mich zwei wundervolle Damen unter ihre Fittiche nahmen und mir das Stricken beibrachten. Das veränderte alles.

Ich habe meine gesamte Schulzeit hindurch gestrickt, bis Wayne und ich heirateten, und dann phasenweise in der Zeit, als die Kinder noch klein waren. Aber als ich dann zum ersten Mal Großmutter wurde, ging es richtig los. Ich stricke für mein Leben gern! Und ich horte auch für mein Leben gern Strickgarn. Ich brauche ein ganzes Zimmer für meine Garnvorräte, und trotzdem fällt es mir sehr schwer, nicht mal eben schnell im Wollgeschäft vorbeizuschauen – egal, wie viele angefangene Projekte zu Hause schon auf mich warten.

Doch Stricken kann auch ein ziemlich langwieriger Prozess sein, und es kostet Zeit, ein Projekt zu Ende zu bringen.

Auf jeden Fall erfordert es eine Menge Geduld und Durchhaltevermögen, und beides braucht man auch, wenn man seine Bestimmung finden möchte.

Wofür schlägt Ihr Herz?

Ich kann mir vorstellen, dass Sie sich jetzt fragen, woher ich denn wusste, dass meine Bestimmung das Schreiben war. Anfangs habe ich es gar nicht gewusst, jedenfalls nicht hundertprozentig. Aber wie bereits gesagt, glaube ich, dass Gott uns durch die Träume, die wir haben, durch das, wofür unser Herz schlägt und was uns besonders viel Spaß macht, die Sehnsucht ins Herz legt, etwas ganz Bestimmtes zu tun. Wenn wir uns etwas intensiver damit beschäftigen, erkennen wir vielleicht ein Muster darin, das ganz genau zu uns, unserem Wesen und unseren Begabungen passt. Dieses Muster hat sich Gott ganz speziell für jeden von uns ausgedacht und maßgeschneidert.

Lassen Sie uns also einen Blick darauf werfen, wofür Ihr Herz schlägt, um herauszufinden, was Ihre Bestimmung sein könnte. Stellen Sie sich einmal folgende Frage: Was begeistert mich? Was tue ich richtig gern?

Ich glaube, dass das, was man als Kind gern getan hat, oft einen Hinweis auf die von Gott gegebene Bestimmung enthält. Ich habe beispielsweise schon als Kind gern Geschichten erzählt.

Vielleicht haben Sie ja gern mit Puppen gespielt, sie hübsch angezogen und immer wieder neue Outfits zusammengestellt. Vielleicht haben Sie gern gezeichnet oder Sie fanden es schön, anderen Menschen zu helfen oder sich um den Hund der Nachbarn zu kümmern. Vielleicht haben Sie gern Schule gespielt oder „Vater, Mutter, Kind", oder Sie haben sich hingebungsvoll um kranke Kuscheltiere gekümmert.

Womit auch immer Sie sich besonders gern und mit Begeisterung beschäftigt haben – es kann ein Hinweis auf die Bestimmung sein, zu der Gott Sie geschaffen hat. Das schreibt Rick Warren sinngemäß gleich auf der ersten Seite seines Buches *Leben mit Vision.* „Es geht nicht um Sie", steht da. Denn Gott hat eine Bestimmung für Ihr Leben, die genau in seinen umfassenden Plan für das große Ganze passt. Nun möchte er aber nicht, dass Sie sich durchs Leben treiben lassen und darauf warten, dass es Sie wie ein Blitz trifft und Sie urplötzlich wissen, wozu Sie da sind und was Sie tun sollen. Gott hat uns allen Herz und Verstand gegeben, und auf beides müssen wir hören, wenn wir herausfinden wollen, welchen Plan er für unser Leben hat.

Leider ist es so, dass wir in Bezug auf unsere Bestimmung oft glauben, dass das, was wir mit Leidenschaft tun und woran wir besonders viel Freude haben, automatisch auch unsere Bestimmung sein *muss.* Aber eine Leidenschaft für etwas Bestimmtes zu haben bedeutet noch lange nicht, dass es auch unsere Bestimmung ist, und damit das, worauf wir unsere Träume und Ziele ausrichten sollen.

Mein Mann beispielsweise ist ein leidenschaftlicher Fan der *Seattle Seahawks*, und wir haben schon seit Jahrzehnten ein Saisonticket, doch das heißt nicht, dass er selbst ein Football-Talent ist. Ich wiederum sammle leidenschaftlich gern Kameen und liebe meine Schmuckstücke heiß und innig, aber das bedeutet nicht, dass ich einen Schmuckladen aufmachen oder Muscheln suchen soll, aus denen Künstler dann Kameen schnitzen können.

Man kann sich für viele Dinge begeistern, aber das, wofür man eine Leidenschaft hat, ist nicht zwangsläufig auch das, wozu man von Gott gedacht ist. Man braucht sich nur einmal eine Folge der Casting-Show *Deutschland sucht den Superstar* anzuschauen: Viele der jungen Menschen, die sich dem Urteil der Juroren stellen, möchten unbedingt singen. Sie lieben Musik. Musik ist ihr Leben, aber sie singen so grottenschlecht, dass es für die Zuhörer zum Fremdschämen ist.

Wenn echte Leidenschaft und Gottes Bestimmung miteinander übereinstimmen, dann fügen sich die Dinge oft auf unerklärliche Weise. Man erlebt eine tiefe Freude an dem, was man tut, und man fühlt sich erst dadurch vollkommen und ausgefüllt.

Und genau so fühlt es sich für mich an, wenn ich schreibe. Es ist ein ganz natürlicher Prozess, an dem mir alles gefällt – vom Ausdenken der Geschichte übers Überarbeiten bis hin zu den letzten Korrekturen.

Wenn in meinem Kopf die Geschichte so weit gediehen ist, dass ich mich hinsetzen und sie zu Papier bringen kann, dann bin ich so begeistert, dass ich kaum stillhalten kann. Ich spüre dann tief in meinem Inneren, dass dieses Buch etwas Gutes hervorbringen kann und wird, und zwar sowohl in meinem Leben als auch in dem meiner Leser.

Das Großartige an Leidenschaft ist ja auch, dass sie ansteckend ist. Haben Sie schon einmal bemerkt, welch eine Anziehungskraft von Menschen ausgeht, die von etwas begeistert sind? Leidenschaft setzt nicht nur mich selbst in Bewegung, sondern sie motiviert auch andere und spornt sie an.

Ich erinnere mich noch gut an die Zeit, als ich den Entschluss gefasst hatte, wirklich Ernst zu machen mit dem Schreiben. Ich war glücklicher als je zuvor in meinem Leben. Ich war regelrecht „verliebt" in die Geschichte und die Worte, die ich da zu Papier brachte, sodass ich immer wieder das Gefühl hatte, mich kneifen zu müssen, um mich zu vergewissern, dass ich nicht träumte. Ich konnte es morgens kaum erwarten, mit dem Schreiben anzufangen – und so ist es bis heute geblieben. Das heißt natürlich nicht, dass jeder Tag in meinem Leben wie im Märchen ist – Leidenschaft ist ja nicht gleichbedeutend mit Nonstop-Spaß. Aber wenn einem das, was man tut, nicht gleichzeitig auch Freude bereitet, dann sollte man innehalten und mit etwas Abstand noch einmal prüfen, ob das Ziel, das man verfolgt, wirklich der Bestimmung entspricht, die Gott für einen vorgesehen hat.

In seiner Autobiografie beschreibt C. S. Lewis wahre Freude als „untröstliches Sehnen".[1] Untröstlich. Unstillbar. Ein unersättliches Bedürfnis danach, das zu tun, was Gott als unsere Bestimmung in uns hineingelegt hat.

Doch herauszufinden und zu verstehen, wofür unser Herz schlägt und was wir leidenschaftlich gern tun, ist nur ein Teil unserer Bestimmung. Was, wenn wir gar keine Leidenschaft verspüren?

Die eigene Bestimmung und Flexibilität

Prima, wenn Sie bereits etwas gefunden haben, das Sie leidenschaftlich gern tun. Aber was ist, wenn Sie noch völlig schwimmen bei dem Versuch, etwas zu finden, was Sie fesselt? Vielleicht fühlen

Sie sich einfach noch unsicher, überfordert und haben Angst. Meine Freundin Joanne Hrycak hat bei dem Attentat vom 11. September 2001 in New York ihren Mann verloren. Ich kenne auch andere, die ihren Ehepartner durch Tod oder Scheidung verloren haben und die sich fragen, wie sie jetzt weitermachen und was sie mit ihrem Leben anfangen sollen. Oder Frauen, die sich jahrelang um Haushalt und Kinder gekümmert haben und sich jetzt, nachdem die Kinder aus dem Haus sind, fragen, was das Leben noch für sie bereithält.

Ich kann Ihnen versichern, dass Ihr Leben nicht vorbei ist, wenn der Partner oder die Kinder weg sind. Gott hält noch so viel für Sie bereit! Schauen Sie doch nur einmal, was er in seinem Wort sagt:

Und doch ist es Gott allein, der beides in euch bewirkt: Er schenkt euch den Willen und die Kraft, ihn auch so auszuführen, wie es ihm gefällt.
Philipper 2,13

Das eine aber wissen wir: Wer Gott liebt, dem dient alles, was geschieht, zum Guten. Dies gilt für alle, die Gott nach seinem Plan und Willen zum neuen Leben erwählt hat.
Römer 8,28

Oliver Wendell Holmes hat einmal gesagt: „Viele Menschen sterben, obwohl sie noch Musik in sich tragen." Der springende Punkt dabei ist, diese Musik, die wir in uns tragen, unsere ganz persönliche Lebensmelodie, überhaupt zu erkennen.

Und genauso wichtig ist es, auf der Suche nach unserer Bestimmung, also nach dem, wofür wir eine Leidenschaft haben, flexibel zu bleiben.

Ich habe vor Jahren einmal die wundervolle Erfolgsgeschichte einer Frau gelesen, deren größter Traum und innigster Wunsch es war, Schauspielerin am New Yorker Broadway zu werden. Sie war sich sicher, dass sie für die große Bühne geboren war. Also packte sie ihre Siebensachen und zog nach New York, wo sie dann – wie die meisten aufstrebenden Schauspieler – unglaublich zu kämpfen hatte. Es gab nicht viele Castings und Termine zum Vorsprechen, und die wenigen, die es gab, verliefen für sie meist nicht erfolgreich. Die Zeit verging, die großen Rollen blieben aus und ihr Traum verblasste immer mehr. Um finanziell einigermaßen über die Runden zu kommen, jobbte sie als Fahrerin bei einem Limousinen-Service und chauffierte dabei eines Tages die berühmte Schauspielerin Liza Minelli. Die junge Frau und die berühmte Schauspielerin unterhielten sich während der Fahrt angeregt und stellten dabei fest, dass sie etliche gemeinsame Bekannte hatten. Es dauerte gar nicht lange, und Liza Minelli verlangte immer nur diese eine Fahrerin, wenn sie eine Limousine mietete.

„Sie sollten eine eigene Firma gründen", sagte Minelli eines Tages zu ihr, und die junge Frau befolgte den Rat ihrer prominenten Kundin, kaufte auf Pump eine eigene Limousine und gründete ihren eigenen Limousinen-Service, der inzwischen zu den erfolgreichsten in New York gehört. Ihr Traum, am Broadway zu arbeiten, ist also in Erfüllung gegangen – wenn auch ganz anders als geplant. Allerdings musste sie dazu ihren ursprünglichen Traum, auf der Bühne zu stehen, aufgeben und sich stattdessen für Neues öffnen. Ihr Publikum änderte sich. Sie trat nicht vor Hunderten von Zuschauern im Theater auf, sondern glänzte stattdessen mit einem hervorragenden Service für exklusive Kunden. Sie hatte gelernt, dass sie bei der Verwirklichung ihres Traumes flexibel bleiben musste, und das bedeutete, auch einmal Wege zu beschreiten, an die sie bis dahin gar nicht gedacht hatte.

Wie sieht es mit Ihrer Flexibilität aus? Wie beweglich sind Sie in Bezug auf das, wofür Ihr Herz schlägt?

Wie bereits gesagt: Es ist wichtig, sowohl das Herz als auch den Verstand einzusetzen, wenn wir den Plan Gottes für unser Leben erkennen wollen. Und an dieser Stelle ist eindeutig der Verstand gefragt.

Finden Sie Ihr L-Wort

Wenn Sie in Bezug auf Ihre Bestimmung nur einspurig denken können oder sogar Mühe haben, überhaupt etwas zu finden, wofür Sie eine Leidenschaft verspüren, dann lade ich Sie ein, folgenden kleinen Versuch mit mir zu machen.

Nehmen Sie ein leeres Blatt Papier, und überlegen Sie sich ein Wort oder einen kurzen Satz, der beschreibt, was Sie reizt oder was Ihnen Spaß macht. Vielleicht sind es Bücher oder Musik, vielleicht ist es auch die Mitarbeit in der Gemeinde oder bei sozialen Projekten.

Dieser Begriff ist dann unser zentrales L-Wort (L steht dabei für Liebe oder Leidenschaft – ganz wie Sie möchten). Kreisen Sie das Wort ein, und überlegen Sie sich dann so viele andere Begriffe wie möglich, die etwas mit Ihrem L-Wort zu tun haben. Dann ziehen Sie Verbindungslinien von Ihrem L-Wort zu diesen anderen Begriffen, die wir A-Worte (Auflösungsworte) nennen.

Wenn Ihr L-Wort zum Beispiel „Bücher" lautet, dann könnten zu Ihren A-Worten unter anderem die Begriffe „Nachhilfe", „Buchladen", „Schreiben" und „Lesen" gehören. Wenn Sie so viele A-Worte gesammelt haben, wie Ihnen einfallen, kreisen Sie sie alle ein, und fangen Sie dann wieder von vorn an, indem Sie jetzt jedes A-Wort als L-Wort benutzen. Und so machen Sie weiter, bis Sie eine Reihe von Ideen für Tätigkeiten zusammenbekommen haben, bei denen genau das eine Rolle spielt, wofür Ihr Herz schlägt und was Sie gern tun. Dann picken Sie etwas heraus, das Sie ganz besonders anspricht und Ihnen Spaß machen könnte. Informieren Sie sich genauer über diesen Tätigkeitsbereich, und schauen Sie, was Sie damit anfangen können. Wenn Sie dann erste Schritte in Richtung Ihrer Bestimmung machen, werden Sie entdecken, was Gott alles mit Ihnen tun kann.

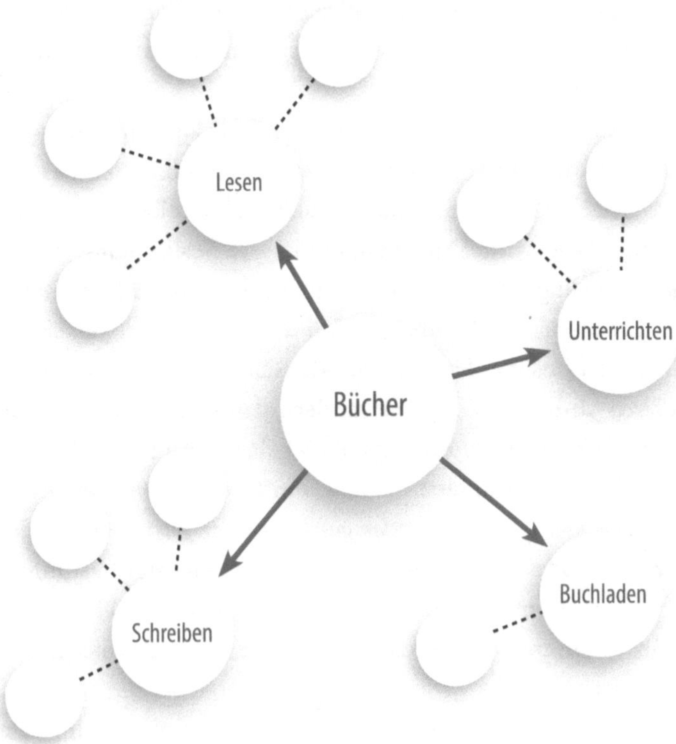

Zielgerichtet leben

Den Begriff „Bestimmung" verwenden wir nicht nur im Zusammenhang mit dem Zweck, zu dem uns Gott geschaffen hat. Er kann vielmehr auch eine Aufforderung dazu sein, aktiv zu werden. Wir sollen bewusst und zielgerichtet leben, sollen aktiv werden und unser Tun und unsere Begabungen für etwas Konkretes einsetzen.

Wenn ich ein Kleidungsstück für eines unserer Enkelkinder stricken will, lasse ich das jeweilige Kind sowohl den Schnitt als auch das Garn dafür selbst aussuchen, damit ich sicher sein kann, dass das, was ich stricke, dem Kind auch wirklich gefällt. Ich nehme es mit in den Wollladen und lasse es Garn und Knöpfe aussuchen, und dann wird ganz genau besprochen, wie das Kleidungsstück aussehen soll.

Wir sind zwar zu einem bestimmten Zweck geschaffen und haben damit unsere von Gott gegebene Bestimmung bereits inne, aber gleichzeitig sind wir auch dazu berufen, selbst aktiv zu werden und zielgerichtet zu leben, um unsere Bestimmung zu erfüllen. Das gelingt oft leider nicht. Statt zielgerichtet zu leben, tappen wir nicht selten im Dunkeln – und das häufig selbst verschuldet. Wir lassen uns von Situationen, Menschen und allem möglichen anderen ausbremsen und verhindern damit, dass Gott uns dort einsetzen kann, wo er uns eigentlich haben möchte.

Vielleicht denken jetzt manche von Ihnen: *Wenn ich dies oder jenes erst einmal erreicht oder geschafft oder geleistet habe, dann wird mein Leben endlich gut.* Aber das Erfüllen Ihrer Bestimmung endet ja nicht mit diesem ersten Schritt; es ist vielmehr wie eine Reise, die immer weitergeht und für die man verschiedene Gepäckstücke braucht.

Der Fokus unseres Lebens, also das, worauf wir uns im Leben konzentrieren wollen, ist dabei der stabile Koffer, ohne den wir gar nicht erst aufbrechen würden. Dieser Koffer beinhaltet alles, was für unsere Reise absolut unverzichtbar ist. Deshalb sollten wir unbedingt sicherstellen, dass wir die wichtigsten Utensilien dabeihaben – dazu gehören unsere Zielstrebigkeit, unsere Entschlossenheit und unsere Ausdauer. In Bezug auf unsere Bestimmung ist das alles nämlich sehr wichtig, besonders die Zielstrebigkeit.

Vor ein paar Jahren habe ich einmal beim Aufräumen in einer Schublade einen Notizblock gefunden, auf dem ich mir während eines Vortrags zum Thema „Motivation" Notizen gemacht hatte. Der Referent machte darin den Vorschlag, fünf Ziele zu notieren, die man selbst für absolut unerreichbar hielt, und dann die „Zielsetzungsmuskeln" zu trainieren und sich das scheinbar Unmögliche vorzustellen.

Auf meiner Liste stand:

1. Regelmäßige Platzierung auf der *New York Times*-Bestsellerliste
2. Hörbuchfassungen meiner Bücher
3. Lesereisen
4. Verfilmungen meiner Bücher
5. Auftritte bei der *American Booksellers Association* (inzwischen bekannt unter der Bezeichnung *Book Expo America*)

Für eine Autorin, deren Romane in der Kategorie „Liebesromane" erschienen, waren dies zur damaligen Zeit wirklich unerreichbare Ziele. Aber als ich diese Liste dann viele Jahre später wiederfand, stellte ich verblüfft fest, dass ich jedes einzelne Ziel erreicht hatte. Ich hatte mein Grundgepäck – den stabilen Koffer und die unverzichtbaren Utensilien „Zielstrebigkeit", „Entschlossenheit" und „Ausdauer" – immer dabeigehabt.

Wenn also unser Fokus im Leben der Koffer ist, dann ist unsere Leidenschaft das Handgepäck. Sie ist das, was unsere Begeisterung und unsere Vorfreude auf das Ziel wachhält. Um im Bild zu bleiben, vielleicht in Form eines Buches, eines Reiseführers oder unseres Lieblingssnacks für unterwegs. Sie ist das, was uns begeistert und uns das Gefühl gibt, lebendig zu sein. Die Leidenschaft treibt uns überhaupt erst dazu an, das zu tun, was wir tun.

Das letzte Gepäckstück, das wir unbedingt für unsere Reise brauchen, ist Geduld. In unserem Fall ist sie am ehesten mit einem Kleidersack vergleichbar. Sie ist genauso wichtig wie der Fokus und die Leidenschaft, aber ich glaube, sie ist gleichzeitig auch das, was uns am meisten Arbeit macht. Sie ist sperrig und manchmal schwer zu tragen, aber für die Reise ist sie absolut unverzichtbar.

Als ich nach über fünf Jahren, in denen meine Romanmanuskripte ständig abgelehnt worden waren, endlich mein Ziel erreicht und mein erstes Buchmanuskript bei einem Verlag untergebracht hatte, dauerte es nicht lange, bis ich *mehr* wollte. Ich wollte mehr Bücher verkaufen, wollte meinen Namen auf den Bestsellerlisten sehen. Ich hatte bis dahin ungeahnte Höhen erklommen und der Ausblick von dort gefiel mir! Ich wollte nicht wieder hinunter ins Tal! Ich wollte mehr Erfolg – und zwar sofort.

Kommt Ihnen das bekannt vor? Ich weiß, was es bedeutet, ungeduldig darauf zu warten, dass ein Traum endlich Wurzeln schlägt und wächst. Obwohl ich aus eigener Erfahrung wusste, wie wichtig Geduld ist, merkte ich schnell, dass ich in die Konkurrenzkampffalle getappt war, nachdem ich meinen ersten Roman verkauft hatte. Ich verglich meine Karriere mit der anderer Autoren, und schon saß ich im Hamsterrad des Erfolgsdrucks, das sich immer schneller drehte, je angestrengter ich dem Erfolg hinterherjagte.

Irgendwann entdeckte ich schließlich, wie wichtig auch das richtige Maß, Einsicht und seelische Stärke sind. Ich nahm mir vor, jeden Schritt auf meinem Weg zum Ziel zu genießen, statt mich von Gier beherrschen zu lassen und immer mehr zu wollen.

In dem Buch *Mein Äußerstes für sein Höchstes* schreibt Oswald Chambers darüber, wie wichtig es ist, den Weg zu genießen:

Gott schult uns für die Gegenwart, nicht für später. Sein Plan gilt für diese Minute, nicht für eine ferne Zukunft. Die Folgen unseres Gehorsams sind nicht unsere Sache und wir sollen uns keine Sorgen darum machen. Was Menschen Vorbereitung nennen, ist für Gott das Ziel selbst.[2]

Haben Sie Geduld, haben Sie Vertrauen in den Weg und machen Sie sich weniger Gedanken über das Ankommen. Ich sage manchmal im Scherz, dass es zwanzig Jahre gedauert hat, bis ich endlich über Nacht Erfolg hatte, aber so war es wirklich. Mein Traum ist nicht über Nacht wahr geworden, wie Sie im nächsten Kapitel erfahren werden, und auch bei Ihnen ist das eher unwahrscheinlich. Aber das Wichtigste ist sowieso, auf der Lebensreise zu lernen und sich als Persönlichkeit und als Kind Gottes weiterzuentwickeln. Dazu ist es ratsam, das Gepäck vorab sorgfältig zu prüfen.

Der beste Rat, den ich Ihnen geben kann, bevor wir jetzt von unserer Bestimmung weitergehen zu unseren Träumen, ist eine Stelle aus dem Galaterbrief, wo es heißt:

Darum soll jeder sein Leben genau prüfen. Dann wird er sich über seine guten Taten freuen können, aber keinen Grund zur Überheblichkeit haben. Denn jeder ist für sein eigenes Tun vor Gott verantwortlich. Das ist schon schwer genug!
Galater 6,4–5

Ich bete, dass Sie auf dem Weg, auf dem Sie nach Gottes Bestimmung für Ihr Leben suchen, kreativ und voller Hoffnung unterwegs sind, und in der Gewissheit, dass Gott Ihr Bestes will.

2

Zum Träumen geschaffen

Schon bevor ich anfange zu reden,
weißt du, was ich sagen will.
PSALM 139,4

„Um Großes zu erreichen, müssen wir nicht nur handeln, sondern auch träumen; nicht nur planen, sondern auch glauben."

ANATOL FRANCE

Ungefähr seit meinem vierzehnten Lebensjahr führe ich Tagebuch. Ich habe immer noch alle Tagebücher aus meiner gesamten Highschool-Zeit und auch aus der Zeit danach bis heute.

Als ich kürzlich eine Kiste auspackte, stieß ich dabei auf ein Tagebuch aus dem Jahr 1978 – ein Jahr, an das ich mich noch gut erinnern kann. Meine Töchter Jenny und Jody waren gerade in die zweite beziehungsweise dritte Klasse gekommen, Ted war im Kindergarten und Dale ging in die Vorschule. Alle vier Kinder trieben zusätzlich noch Sport im Verein, lernten Musikinstrumente, waren bei den Pfadfindern oder hatten Ballettunterricht. Außerdem war die ganze Familie in der Kirchengemeinde aktiv.

Auf der ersten Seite des Tagebuches stand:

1. Januar 1978

Weil es mein größter Herzenswunsch ist, in irgendeiner Form ein Buch zu schreiben, werde ich heute mit dem Schreiben dieses Tagebuchs beginnen …

Als ich diese Worte nun Jahre später noch einmal las, bekam ich eine Gänsehaut. Ich erinnerte mich wieder daran, wie es sich damals angefühlt hatte, diesen Lebenstraum an Jesus abzugeben. Tatsächlich etwas zu veröffentlichen schien mir damals unmöglich, aber den Traum konnte ich einfach nicht aufgeben. Als ich jetzt dieses Tagebuch wiederfand, hatte ich bereits Dutzende Bücher geschrieben und veröffentlicht, die auch übersetzt wurden und in vielen Ländern auf der ganzen Welt erschienen sind.

Stricken und Träume

„Wenn einzelne Fasern mit einem Faden aus Gefühl verstrickt werden, wird daraus ein Original, ein ganz persönliches Design. Dieser kreative Prozess ist mein freudvolles Laster."
Emily Myles, Textilkünstlerin

Für mich sind Träume wie die Garnknäule, die ich in meinem Garnzimmer aufbewahre: all die wunderschönen Farben und Garnstrukturen, die nur darauf warten, aus dem Regal genommen und zu etwas Wunderschönem verarbeitet zu werden. Man weiß nie, was aus einem Strickmuster oder aus einem Traum am Ende Schönes entsteht.

Wenn ich mit einem neuen Strickprojekt anfangen will, sehe ich ein außergewöhnliches Garn und denke: Ob sich das vielleicht gut als Bündchen oder Passe eignet? Jedem Grundmuster kann man durch ein außergewöhnliches Garn mehr Pfiff verleihen.

Dabei fällt mir auch das Modell ein, an dem ich gerade arbeite. Ich habe es in einer Strickzeitschrift gefunden. Es ist ein diagonal gestricktes Schultertuch aus einfarbigem Garn.

Als ich neulich in einem Wollgeschäft war, sah ich dort ein wunderschönes Dreieckstuch im Schaufenster, das in Streifen aus unterschiedlichem Material in unterschiedlichen Farben gestrickt war. Es sah einfach hinreißend aus. Als ich danach fragte, stellte sich heraus, dass es genau das Muster war, nach dem auch ich gerade arbeitete, aber bei dem Exemplar im Laden waren Garne mit unterschiedlicher Struktur und in verschiedenen Farben verwendet worden. Was eigentlich ganz simpel war, sah hier spektakulär aus.

So etwas passiert, wenn wir die Fantasie einsetzen, die Gott uns schenkt – und nichts anderes ist Träumen.

Gott hat uns zum Träumen geschaffen. In Psalm 139, Vers 17 und 18 (SL), lesen wir, wie „kostbar" Gottes Gedanken sind und dass sie „zahlreicher" sind als alle Sandkörner der Welt zusammen. Ich glaube, dass aus diesen Gedanken die Träume werden, die Gott jedem von uns schenkt. Er ist es, der unsere Träume in uns hineinlegt, damit wir sicher sein können, dass er selbst sie auch kennt. Manche Menschen träumen von Reisen in exotische Länder, von einem größeren Haus oder einem schicken Auto. Andere träumen davon, dass eine kaputte Beziehung wieder heil wird oder dass sie wieder gesund werden. Wir haben Träume für unsere Familien, für unsere Kinder und für uns selbst. Wir träumen davon, außergewöhnliche Dinge zu tun, wir träumen von besseren Zeiten, vom perfekten Job, und manche träumen auch davon, überhaupt einen Job zu haben. Wir träumen davon, dass der Ritter in glänzender Rüstung angeritten kommt und uns rettet, oder davon, dass wir die Mittel und Wege finden, anderen zu helfen.

Das Problem dabei ist jedoch, dass wir unsere geheimen, unausgesprochenen Träume oft tief in unserem Herzen vergraben und sie niemals ans Licht kommen lassen. Statt sie offen auszusprechen – und damit den ersten Schritt zu machen, um sie in die Tat umzusetzen –, halten wir unsere geheimen Sehnsüchte tief in unserem Innern zurück. Dort, wo sie niemand finden kann …

Geheime Träume

Für mich war der größte Traum das Schreiben, aber viele Jahre lang war es ein geheimer Traum, eine unausgesprochene Hoffnung, die ich den größten Teil meiner Kindheit für mich behielt.

Von meinen Eltern bekam ich in dieser Hinsicht nicht gerade viel Ermutigung; ja, wahrscheinlich haben sie gar nicht mitbekommen, wie stark mein Wunsch zu schreiben war. Meine Eltern waren viel beschäftigte Menschen. Meine Mutter arbeitete als Kellnerin und mein Vater betrieb eine Polsterwerkstatt, sodass mein Bruder und ich weitgehend von Babysittern betreut und erzogen wurden. Zu schreiben, das war ein unglaublich schöner und gleichzeitig angsteinflößender Traum, weil ich befürchtete, dass er für jemanden wie mich – jemanden, der trotz aller Anstrengung große Mühe hatte, in der Schule mitzukommen – unerfüllbar war. Wie konnte ich denn da hoffen, jemals ein Buch zu veröffentlichen?

Jahrelang behielt ich meinen Traum also für mich, bis mich meine Highschool-Direktorin im letzten Schuljahr zum traditionellen Abschlussgespräch in ihr Büro bat. „Was willst du denn nach deinem Schulabschluss machen, Debbie?“, fragte sie mich schließlich, und ich antwortete wie aus der Pistole geschossen: „Ich werde Bücher schreiben." Dann brach ich in Tränen aus. Daraufhin tätschelte mir die Direktorin den Rücken, rief meine Mutter an und schickte mich nach Hause. Wahrscheinlich ging sie davon aus, ich hätte einen Nervenzusammenbruch erlitten. Das war das erste Mal überhaupt, dass ich meinen Herzenswunsch, Schriftstellerin zu werden, laut aussprach; das erste Mal, dass mir der Satz über die Lippen kam, den ich innerlich bereits jahrelang vor mich hin geflüstert hatte.

Es gibt einen gravierenden Unterschied zwischen geheimen Träumen und solchen, die ausgesprochen werden. Können Sie sich noch daran erinnern, wie Sie als Kind auf dem Spielplatz auf einer Wippe gesessen haben? Solang Ihre Füße den Boden berührten, hatten Sie die Kontrolle über die Wippe und über sich selbst, aber in dem Moment, als Ihre Füße vom Boden abhoben, waren Sie in der Luft und damit völlig der Schwerkraft und der Freundin am anderen Ende der Wippe ausgeliefert.

Geheime Träume sind etwas Sicheres. Sie gehören nur uns allein, und wir brauchen keinen Schwung zu holen, um abzuheben, sondern können bequem und sicher am Boden bleiben. Wenn man aber einen Traum „freilässt", indem man ihn Freunden oder vielleicht auch nur sich selbst gegenüber laut ausspricht, dann wird er greifbarer und realer – aber auch ein bisschen gefährlicher.

Wenn man seine Träume laut ausspricht, begibt man sich damit an die Öffentlichkeit, hängt man – um im Bild der Wippe zu bleiben – in der Luft. Man hat nämlich jetzt die Wahl: Man kann den Traum aktiv weiterverfolgen oder man lässt ihn einfach dort, wo er ist. Mit dem Thema „Risiko" befassen wir uns im nächsten Kapitel noch ausführlicher, aber Träume, die wir anderen gegenüber offenbart haben, sind riskant, weil wir sie – im übertragenen Sinne – auf die Wippe gesetzt haben. Jetzt können sie in die Höhe aufschwingen, mit einem Plumps wieder auf dem Boden landen oder auch in der Luft „verhungern".

Haben Sie als Kind auch schon einmal mit einer Freundin gewippt, die schwerer war als Sie und die einfach am anderen Ende der Wippe sitzen blieb, sodass Sie in der Luft hingen? Dann wissen Sie, was ich meine!

Wenn Gott uns Träume schenkt, dann tut er dies aus einem bestimmten Grund. Er möchte, dass wir sie ihm zur Ehre und für seine Zwecke einsetzen. Aber das ist nur dann möglich, wenn unsere geheimen Träume ans Licht kommen.

Was ist Ihr größter Traum? Wofür schlägt Ihr Herz? Sprechen Sie es laut aus! Denken Sie nicht an die Hindernisse oder daran, dass der Traum anderen vielleicht albern vorkommen könnte, oder wie gering Ihrer Meinung nach die Chance ist, dass er jemals in Erfüllung gehen wird. Sprechen Sie ihn laut aus, wischen Sie die Tränen ab, die in diesem Moment vielleicht kommen, und legen Sie einfach los!

Träumen mit Ziel

Ich glaube, es gibt zwei Arten von Träumen: Zum einen sind da die normalen, oberflächlichen Träume – vorübergehende Wünsche, die uns hier und da durch den Kopf gehen, ohne uns jedoch längerfristig zu beschäftigen, denn es fehlt ihnen die Leidenschaft und ein klares Ziel.

Und dann gibt es zielgerichtete Träume – tief verwurzelte Sehnsüchte, die den Wunsch in uns wecken, Großes zu erreichen. Dies sind die Träume, die uns nachts wach halten, die uns morgens zum Aufstehen motivieren und die dafür sorgen, dass wir aktiv werden, um sie zu verwirklichen. Es sind die Träume, die Gott uns zur Orientierung schenkt, damit wir unserer Bestimmung entsprechend leben.

Doch ohne Arbeit und Planung lassen sich diese Träume nicht verwirklichen, und deshalb ist es so wichtig, sie ganz genau unter die Lupe zu nehmen und zu skizzieren.

Wir werden an anderer Stelle noch darüber sprechen, wie man sich Ziele setzt und ihre Umsetzung konkret plant, aber das Wichtigste ist, erst einmal den Traum zu skizzieren, um zu sehen, wohin er führen könnte. Dann haben Sie am Ende nämlich entweder eine Art Plan zur Hand, mit dessen Hilfe Sie Ihren Traum verwirklichen und Ihre Bestimmung noch genauer definieren können. Oder es wird Ihnen bewusst, dass der Weg viele marode Brücken enthält und schließlich in einer Sackgasse enden wird. In diesem Fall merken Sie es dann wenigstens früh genug und können Ihren Plan noch einmal überdenken.

Einen Traum genauer in Augenschein zu nehmen und ihn grob zu umreißen kostet Zeit und Kraft, und es macht nicht annähernd so viel Spaß, wie einfach nur sehnsüchtig weiterzuträumen, aber es ist unglaublich wichtig, wenn der Traum wirklich wahr werden soll.

Nehmen wir also jetzt Ihren Traum in Augenschein. Was möchten Sie am allerliebsten tun? Möchten Sie ein Geschäft eröffnen? Oder möchten Sie als Sängerin oder Schauspielerin auf der Bühne stehen? Möchten Sie etwas Praktisches tun, zum Beispiel im medizinischen Bereich, etwas Handwerkliches oder lieber etwas Künstlerisches? Was auch immer es ist: Nun ist es an der Zeit, sich hinzusetzen und eine ehrliche Bestandsaufnahme vorzunehmen, damit Sie weiter planen können, in welche Richtung es gehen soll.

Stellen Sie sich einmal eine Deutschlandkarte vor und nehmen Sie an, der Traum, den Sie verwirklichen wollen, beginnt in Hamburg, und Ihr Ziel ist es, ihn nach München zu bringen. Oder der Traum beginnt in Freiburg und Sie wollen damit nach Kiel fahren.

Wo auch immer Sie starten: Sie müssen wissen, in welche Richtung Sie wollen und wie Sie dorthin gelangen.

Wenn Sie auf eine größere Reise gehen wollen, dann müssen Sie vorab Stationen für Pausen und Übernachtungen einplanen und mögliche Verzögerungen durch den Berufsverkehr, Baustellen und Umleitungen einkalkulieren. Genauso verhält es sich auch mit Ihrem Traum. Stellen Sie sich daher folgende Fragen:

- Was ist erforderlich, damit ich meinen Traum verwirklichen kann? Welche grundlegenden Schritte sind nötig?
- Was kann ich tun, um das nötige Geld zusammenzubekommen? Welche finanziellen Ziele muss ich mir setzen? Wie lange wird es realistisch betrachtet dauern, diese Ziele zu erreichen? Was kann ich tun, um diesen Prozess zu beschleunigen?
- Brauche ich eine besondere Ausbildung oder Kenntnisse, die ich mir noch aneignen muss, indem ich Kurse besuche oder Fachliteratur lese?
- Brauche ich bestimmtes Material? Wenn ja, woher bekomme ich es und wie teuer ist es?
- Von wem kann ich mich beraten lassen? Zu wem habe ich so viel Vertrauen, dass ich sie/ihn um Rat fragen kann?
- Welche Hindernisse könnten bei meinem Projekt auftauchen? Und was könnte ich tun, um sie zu überwinden?
- Wie viel Zeit wird es schätzungsweise in Anspruch nehmen, um meinen Traum zu verwirklichen? Was kann ich tun, um durchzuhalten, wenn es hart wird? Und wann wäre der Punkt erreicht aufzuhören?

Wenn Sie sich die Zeit nehmen, all diese Fragen ehrlich zu beantworten, haben Sie einen guten Anhaltspunkt, ob Ihr Traum tatsächlich realisierbar ist. Und das führt mich zum nächsten Punkt. Wenn Sie mit Ihrem Traum gegen Wände laufen, bedeutet das dann zwangsläufig, dass er ausgeträumt ist? Nicht unbedingt …

Zutritt streng verboten

Als ich meinen Cousin David das erste Mal im Krankenhaus besuchen wollte, landete ich versehentlich im *Swedish Hospital* statt im *Fred Hutchinson Cancer Research Center*, wo er lag. Ich wusste, dass die beiden Krankenhäuser durch eine Überführung miteinander verbunden waren, die ich aber trotz intensiver Suche nicht finden konnte, und eh ich mich versah, hatte ich mich hoffnungslos verlaufen. Völlig frustriert fragte ich einen Arzt nach dem Weg.

„Das ist ganz einfach", erklärte er mir. „Sie brauchen nur diesen Gang hinunterzugehen, bei der ersten Möglichkeit rechts abzubiegen und dann durch die Tür mit der Aufschrift ‚Zutritt streng verboten' zu gehen.

Wenn ich heute an diese Wegbeschreibung denke, muss ich lächeln, denn mir wird klar, dass ich genau durch dieses Erlebnis den Mut bekommen habe, im Zweifelsfall auch einmal durch eine Tür zu gehen, die auf den ersten Blick fest verschlossen zu sein scheint. Die Erfahrung hat nämlich gezeigt, dass Gott mir oft genau an der Tür mit der Aufschrift „Zutritt streng verboten" begegnet ist und sie für mich aufgehalten hat. Das Gleiche will er auch für Sie tun – vorausgesetzt, Sie sind dazu bereit, mögliche Schwierigkeiten in Kauf zu nehmen, denn nur so können Sie sich am Ende auch über den Lohn fürs Durchhalten freuen.

Nachdem ich etwa zwei Jahre lang geschrieben und trotz aller Bemühungen nur Absagen bekommen hatte, kam eines Tages mein Mann Wayne mit trauriger Miene und einem Stapel Rechnungen in der Hand zu mir und sagte: „Es tut mir leid, Schatz, aber wir schaffen es finanziell nicht. Du musst dir einen Job suchen." Mein Magen zog sich schmerzhaft zusammen und ich schluckte den Protest, der mir schon auf der Zunge lag, herunter, als ich an seinem Blick sah, wie leid es ihm tat. Ich wusste, wie schwer es Wayne fiel, mir dies zu sagen, aber natürlich war mir auch klar, dass unser Schuldenberg Monat für Monat größer wurde, während ich versuchte, meinen ersten Roman bei einem Verlag unterzubringen.

Ich dachte daran, wie hart ich seit Davids Tod gearbeitet hatte, weil mir bewusst geworden war, dass es im Leben nun mal keine Garantien gibt. Ich klopfte nicht höflich an die Tür, wenn ich die Chance auf Erfolg witterte – nein, ich warf mich mit der vollen Wucht meiner Entschlossenheit dagegen! Und trotz der Absagen und der Zeiten, in denen ich mich fragte, ob ich wirklich das Talent und das Durchhaltevermögen hatte, um es zu schaffen, machte ich weiter.

Und dann kam an diesem besagten Sonntag alles abrupt zum Stillstand, als Wayne den Stapel unbezahlter Rechnungen vor mir auf den Tisch legte. Wir gingen unsere Finanzen durch, und mir wurde klar, dass es keine andere Möglichkeit gab, als mir einen Job zu suchen und zum Familieneinkommen beizutragen, statt es nur noch weiter zu strapazieren. Also kreiste ich drei Stellenanzeigen in der Tageszeitung ein, um mich am nächsten Morgen dafür zu bewerben.

Weil ich so jung geheiratet hatte – ich war damals noch keine zwanzig Jahre alt gewesen –, konnte ich weder eine Ausbildung noch Berufserfahrung vorweisen. Das bedeutete, dass ich, falls ich überhaupt das Glück hatte, einen Job zu finden, nicht mehr als den Mindestlohn verdienen würde.

Als ich beim Studieren der Stellenanzeigen von der Zeitung aufblickte und mein Blick auf die Schreibmaschine fiel, war mir klar, dass dies das Ende all meiner Hoffnungen und Träume war, jemals ein Romanmanuskript zu verkaufen. Unsere Kinder waren alle vier in unterschiedlichsten Bereichen aktiv, und der Tag hatte einfach nicht genug Stunden, um sie zum Training zu fahren, vierzig Stunden die Woche zu arbeiten, den Haushalt zu führen und nebenbei auch noch zu schreiben. Da konnte ich mich ebenso gut direkt von meinem Traum verabschieden.

Eine Million Zweifel bestürmten mich, als ich die drei Stellenanzeigen in der Zeitung einkreiste. Es gab eine offene Stelle mit Wechselschicht im Schnellrestaurant vor Ort, ein Zahnarzt suchte jemanden für den Empfang und bei einer Reinigung gab es eine freie Stelle als Kassiererin. Die drei Angebote waren völlig in Ordnung, und außerdem waren es die einzigen drei, für die meine Qualifikation ausreichte, aber ich hatte immer noch das Gefühl, dass ich eigentlich zum Schreiben geboren war.

Ich erinnere mich noch genau, wie ich an dem besagten Abend ins Bett ging und versuchte, mir nicht anmerken zu lassen, wie deprimiert ich war. Als ich dort im Dunkeln lag, musste ich daran denken, mit welcher Freude und Begeisterung ich das Schreibprojekt begonnen hatte. Trotz aller Hindernisse war ich mir nach wie vor sicher, dass Gott wollte, dass ich schrieb, und ich war bereit, es mit jedem Problem und jedem Zweifel aufzunehmen. Ausgestattet mit meiner Bibel und einem Exemplar von Norman Vincent Peales Buch *Die Kraft positiven Denkens*, war ich sicher, dass früher oder später ein Verlag in New York mein Talent erkennen und mir einen Vertrag anbieten würde.

Ich hatte mich geweigert aufzugeben, aber jetzt war ich seit zweieinhalb Jahren dabei und hatte nicht ein einziges Manuskript verkauft. Statt etwas zum Familieneinkommen beizutragen, strapazierte ich unsere ohnehin schon mageren Finanzen noch zusätzlich; aber dass es so enden würde, hätte ich niemals gedacht.

Ich lag also schlaflos im Dunkeln, und schließlich betete ich und gab Gott meinen Traum vom Schreiben zurück. Ich hatte ihn von ihm geschenkt bekommen und alles dafür getan, was in meiner Macht stand. Alles Weitere lag jetzt bei ihm. Vielleicht würde ich ja eines Tages wieder schreiben können. Vielleicht …

Gegen drei Uhr morgens drehte sich Wayne zu mir und flüsterte: „Bist du wach?"

„Ich habe noch gar nicht geschlafen", gestand ich. Er wartete einen Moment und fragte dann: „Was ist denn los?" Mir war das Herz so schwer, dass es sofort aus mir herausplatzte: „Ach, ich glaube einfach, ich hätte es tatsächlich schaffen können als Schriftstellerin." Daraufhin schwieg Wayne sehr lange, setzte sich dann auf, machte das Licht an, und es verging eine Ewigkeit, bis er schließlich sagte: „Also gut, Schatz, dann tu's. Ich bin bereit, jedes Opfer dafür zu bringen, das nötig ist."

Was für ein Glück, dass ich einen Mann habe, der immer an mich geglaubt hat.

Ich wünschte, ich könnte jetzt berichten, dass es danach nur noch ein paar Wochen dauerte, bis man in New York endlich mein Talent erkannte und mir den ersehnten ersten Vertrag anbot. Doch es folgten noch weitere zweieinhalb Jahre mit finanziellen Engpässen und Geldsorgen, bevor ich mein erstes Romanmanuskript verkaufen konnte. Und von dem Tag an, als ich die Schreibmaschine mietete, bis zu dem Anruf aus New York waren es sogar insgesamt fünf Jahre.

Aus diesen Jahren, in denen ich mich so hartnäckig an meinen Traum klammern musste, habe ich Wertvolles gelernt. Ich glaube, Gott legt Träume in unser Herz, damit wir lernen, uns an ihn zu wenden und ihm zu vertrauen, wenn wir erleben wollen, dass sie wahr werden.

Denn ich allein weiß, was ich mit euch vorhabe: Ich, der Herr, habe Frieden für euch im Sinn und will euch aus dem Leid befreien. Ich gebe euch wieder Zukunft und Hoffnung. Mein Wort gilt!
Jeremia 29,11

Gott will das *Beste* für Sie. Er möchte Ihnen eine erfüllte Zukunft schenken. Er wünscht sich, dass Sie die Gaben nutzen, die Sie von ihm bekommen haben, und dass Sie sich entfalten und aufblühen. Aber er serviert Ihnen den Erfolg nicht einfach so auf dem himmlischen Silbertablett – nein, glauben Sie mir, es ist meist ein Weg mit vielen Höhen und Tiefen, den Gott nutzt, um Sie noch näher zu sich hinzuziehen.

Der Regen vor dem Sonnenschein

In diesen ersten fünf Jahren meiner „Karriere" als Schriftstellerin habe ich vier Romanmanuskripte geschrieben, die von sämtlichen Verlagen abgelehnt wurden. Ich sage immer scherzhaft, die Absagen kamen so schnell, dass sie mich noch auf dem Heimweg von der Post am Hinterkopf trafen. Nach dem nächtlichen Gespräch zwischen Wayne und mir, in dem er mir seine Unterstützung bei der Verwirklichung meines Traumes zugesagt hatte, wurde mir klar, dass auch ich aktiv werden musste, um etwas zum Lebensunterhalt der Familie beizutragen. Also beschloss ich, Zeitschriftenartikel zu schreiben. 1982 verkaufte ich einen Artikel für 350 Dollar, so viel, wie ich noch nie zuvor für etwas Selbstgeschriebenes bekommen hatte. Der Betrag reichte aus, um die Teilnahme an meinem ersten Schriftstellerkongress zu finanzieren. In besagtem Beitrag ging es um den Tod meines Cousins David. Ironischerweise war es also nicht nur sein Tod, der mich dazu anspornte, meinen Traum weiterzuverfolgen, sondern es war dann auch seine Geschichte, die mir bei der Verwirklichung half.

Zu dem Kongress wurden auch zwei Lektoren von einem großen Verlag für Liebesromane erwartet. Alle Autoren hatten das Angebot bekommen, vorab Manuskripte einzureichen, die von den Lektoren beurteilt werden sollten, und von denen sie dann auch einige als Beispieltexte für einen Workshop auswählen würden. Ich erinnere mich noch genau an den Tag, als die Nachricht kam, dass mein Manuskript zu denen gehörte, die von den Lektoren ausgewählt worden waren. Es war ein Gefühl, wie ich es noch nie zuvor und auch danach nie wieder erlebt habe. Ich war in dem Moment der festen Überzeugung, dass ich dieses Romanmanuskript verkaufen würde.

„Jetzt schaffe ich es", sagte ich zu meinem Mann. „Jetzt schaffe ich es wirklich."

Einen Monat später, am ersten Tag des Kongresses, fand ich mich mit 300 anderen Frauen, die alle genauso gern ihre Manuskripte verkaufen wollten und genauso gespannt waren wie ich, zusammengepfercht in einem Workshop wieder.

Die beiden Lektoren stellten sich vor und behaupteten dann, von den zehn Manuskripten, die sie geprüft hätten, sei nur ein einziges vielversprechend.

Ich war sicher, dass es meins war. Ganz sicher! Schließlich hatte ich mittlerweile schon fünf Jahre ins Schreiben investiert. Meine Geschichte war nicht nur gut, sie war großartig! Ich hatte das Manuskript für den Roman *Heartsong* immer und immer wieder überarbeitet, bis es in meinen Augen perfekt war.

Doch mir stand ein böses Erwachen bevor.

Es war nämlich nicht mein Manuskript, das der Lektorin gefiel – und das ist noch sehr freundlich ausgedrückt. Als sie zu meiner Geschichte kam, lachte der ganze Saal über die Unstimmigkeiten im Erzählstrang, und am Ende ihrer beißenden Kritik saß ich wie betäubt da.

Als der Workshop endlich zu Ende war, schluckte ich meinen Stolz herunter, ging unauffällig auf die Lektorin zu, stellte mich vor und erklärte ihr, welche Geschichte meine gewesen war. Ich räumte ein, dass sie überarbeitet werden müsse, und erklärte mich bereit, alles Notwendige zu tun, damit sie veröffentlicht werden könne.

Dann fragte ich sie, ob sie denn bereit sei, das Manuskript noch einmal zu lesen, nachdem ich es überarbeitet hätte. Mein Leben lang werde ich den mitleidigen Blick nicht vergessen, mit dem sie mich daraufhin ansah. Und dann beugte sie sich ein wenig vor, tätschelte meinen Arm und sagte: „Werfen Sie es weg, Schätzchen."

Werfen Sie es weg.

Ich hatte dieses Manuskript so gut geschrieben, wie ich es damals eben schreiben konnte. Besser ging es nicht. Und nachdem ich fast fünf Jahre meines Lebens ins Schreiben investiert hatte, war jemand allen Ernstes der Meinung gewesen, ich solle es wegwerfen wie ein Paar ausgelatschte Schuhe oder ein rostiges Fahrrad.

An diesem Abend kam ich völlig niedergeschlagen nach Hause. Das waren schwere Zeiten für die Familie Macomber. Wayne lebte damals in Fairbanks, bekam nur eine Mahlzeit am Tag und wartete auf einen neuen Job beim Bau der Alaska-Pipeline.

In dieser Nacht konnte ich einfach nicht einschlafen. Gegen drei Uhr morgens setzte ich mich schließlich allein in unser Wohnzimmer und betrachtete die Schatten an der Wand, die mich auszulachen und zu sagen schienen: „Glaubst du ernsthaft, du wirst Schriftstellerin und kannst ein Buch veröffentlichen? Du siehst ja, was dein Traum wert ist. Fünf Jahre Arbeit und das Ergebnis: ‚Werfen Sie es weg.'"

Irgendwann kam mein jüngster Sohn nach unten ins Wohnzimmer. Ich erklärte ihm vorsichtig, dass es noch viel zu früh zum

Aufstehen sei und brachte ihn wieder zurück ins Bett. Als ich ihm seine gelbe Schmusedecke geben wollte, sagte er ganz ruhig, dass er schon sieben sei und seine Decke nicht mehr brauche.

Ich erinnere mich noch, wie ich mit der Decke vor seinem Zimmer auf dem dunklen Gang stand und dachte, dass ich seine Schmusedecke ja nehmen konnte, wenn er sie nicht mehr brauchte. Ich setzte mich also wieder im Wohnzimmer aufs Sofa, legte seine Decke über meine Beine und seufzte. Wenn es jemals eine Zeit gegeben hatte, in der es unbedingt nötig war, optimistisch zu bleiben, dann war es diese. Wenn es jemals eine Zeit gegeben hatte, in der ich Trost in der Bibel suchen sollte, dann in dieser.

Ich nahm also mein Andachtsbuch und stellte fest, dass der Text für diesen Tag in Kapitel 14 des Johannesevangeliums stand. Mir war absolut nicht danach, ein ganzes Kapitel zu lesen, also beschloss ich, es beim ersten und beim letzten Vers des Kapitels zu belassen. „Euer Herz erschrecke nicht“ (Johannes 14,1; LÜ), stand da. Ich hatte bis dahin ja noch gar nicht gewusst, dass Gott einen solchen Sinn für Humor hat. Ich lachte leise und blätterte weiter zum letzten Vers, der lautete: „Steht auf und lasst uns von hier weggehen“ (Johannes 14,31; LÜ).

Und genau das tat ich dann auch. Am nächsten Morgen ging ich sofort zu dem Autorenkongress und verlangte mein Geld zurück, doch darauf wollten sich die Veranstalter nicht einlassen. Also nahm ich ersatzweise an einem Kinderbuch-Workshop teil. Vielleicht war ich für Erwachsenenliteratur einfach nicht geeignet, und weil es in fast allen Texten, die ich bis dahin verkauft hatte, um Kinder ging, war es vielleicht besser, wenn ich nicht nur *über*, sondern auch *für* sie schrieb.

Ich habe inzwischen vieles aus dem Workshop vergessen – außer den einen Rat, der mir mehr geholfen hat, als ich es je für möglich gehalten hätte. Der Schriftsteller, der den Workshop leitete, riet den Teilnehmern, ein abgelehntes Manuskript niemals einfach wegzulegen. Was für den einen Lektor Müll sei, könne sich für einen anderen als wahrer Schatz erweisen.

Einige Wochen nach dem Kongress setzte ich diesen Rat dann in die Tat um und fragte trotzig beim Verlag *Silhouette Books* an, ob ich ein Manuskript zur Prüfung schicken könne. Dann wartete ich ungeduldig auf eine Antwort. Aber es kam keine. Eines Morgens hielt ich es einfach nicht mehr länger aus und schickte das Manuskript einfach so ab.

Zielgerichtete Träume

Wenn ich heute an diesen Tag zurückdenke, dann erinnere ich mich noch ganz genau daran, dass mir die Schlange in der Post noch nie so lang vorgekommen war.

Nachdem ich meine vier Kinder in unseren alten Kombi verfrachtet hatte, stand ich jetzt in eben dieser Schlange und wartete darauf, endlich mein Manuskript aufzugeben. Und dann ging zusammen mit dem Päckchen auch meine schwache Hoffnung mit auf die Reise, dass mein Traum vom Schreiben nun doch noch in Erfüllung gehen würde.

Ich gebe zu, es war ein Wagnis, das Manuskript einfach so loszuschicken, und zwar ein ziemlich großes. Jetzt blieb mir nichts anderes mehr, als zu beten, dass ich das Richtige getan hatte. Der Anblick des Manuskriptes auf meinem Schreibtisch wurde aber von Tag zu Tag unerträglicher, denn jedes Mal, wenn mein Blick darauf fiel, stellte es meine Fähigkeiten als Autorin infrage. All die unschönen negativen Stimmen aus meiner Kindheit hallten immer noch in meinem Kopf nach, und am Ende konnte ich die Ungewissheit nicht mehr aushalten und schickte das Manuskript einfach ab.

Ich erinnere mich noch, dass das Verschicken zehn Dollar verschlang, fünf Dollar für das eigentliche Porto und fünf Dollar für das Rückporto. Das war viel Geld für jemanden, der für die ganze Familie nur 150 Dollar die Woche zur Verfügung hatte.

Als ich endlich an der Reihe war und der Postangestellte sich vorbeugte, um den Zehndollarschein entgegenzunehmen, betete ich noch immer, dass ich das Richtige tat.

„Sie müssen das Geld schon loslassen", sagte er. Zögerlich tat ich es, aber mir war richtig schlecht dabei. Jetzt lag die Sache nicht mehr in meiner Hand und ich konnte nur noch warten und hoffen und versuchen zu glauben.

Als wir von der Post wieder nach Hause kamen, rannte einer meiner Söhne zum Briefkasten, um die Post zu holen, und tatsächlich war endlich ein Brief von *Silhouette Books* dabei – die Antwort auf meine Anfrage, auf die ich so ungeduldig gewartet hatte.

„Bitte schicken Sie uns Ihr Manuskript nicht", stand da. „Zurzeit haben wir keinen Bedarf."

Ich hatte also gerade zehn kostbare Dollar verschwendet.

Ich ging ins Haus, legte mich aufs Sofa und blieb den Rest des Tages dort liegen. Ich konnte unmöglich mit diesem Wahnsinn weitermachen. Meine Zeit als Schriftstellerin war ein für alle Mal vorbei.

Jedenfalls glaubte ich das.

Sie sehen also: Ich habe am eigenen Leib erfahren, wie es ist, wenn einem gesagt wird, dass man seinen Traum begraben soll. Bestimmt haben auch viele von Ihnen schon zu hören bekommen, dass Sie sich Ihren Traum abschminken sollen, und vielleicht glauben Sie das sogar. Vielleicht glauben Sie ja wirklich, dass Sie nicht das Zeug dazu haben, Ihren Traum zu verwirklichen, dass Sie nicht über den Mumm und die Leidenschaft verfügen, die Sie dazu brauchen.

Aber ich sage Ihnen: Hören Sie nicht auf diese Stimmen.

Ich habe einmal von einem Experiment gelesen, bei dem Wissenschaftler eine Gruppe Guppys und eine Gruppe Piranhas in dasselbe Wasserbecken setzten, nur durch eine Glasscheibe voneinander getrennt. Die Piranhas sahen die leckere Beute, schwammen aber bei ihren Versuchen, zu den Guppys zu gelangen, immer wieder gegen die Scheibe. Als sie merkten, dass ihre Versuche erfolglos blieben, gaben sie auf. Nach einer Weile entfernten die Wissenschaftler die Glasscheibe zwischen den Fischen und es geschah etwas Seltsames: Die Piranhas taten den Guppys nichts, obwohl die Scheibe nicht mehr da war. Sie hatten die Sperre verinnerlicht und somit schlicht und ergreifend das Interesse daran verloren, zu ihrer Beute zu gelangen.

Das Gleiche war auch bei einer Gruppe von Flöhen zu beobachten. Wissenschaftler stellten ein Gefäß über die Flöhe, und nachdem sie wiederholt dagegengestoßen waren, sprangen sie nicht mehr so hoch. Selbst, nachdem das Gefäß entfernt wurde, sprangen sie nicht mehr so hoch, wie es möglich gewesen wäre. Sie ließen ihren Bewegungsradius durch ihre Erfahrung bestimmen.

So kann es uns auch mit unseren Träumen gehen. Wir lassen uns von schwierigen Umständen, anderen Menschen und äußeren Faktoren einschränken, und das führt dann letztlich dazu, dass uns diese vermeintlichen Hindernisse davon abhalten, weiterzukommen oder die Sache überhaupt erst anzugehen.

Ich weiß, wie real solche Hindernisse erscheinen können, aber ich glaube auch, dass es dabei letztendlich auf unsere Perspektive ankommt. Glauben Sie, dass Ihr Traum von Gott kommt? Oder glauben Sie die als Hindernisse getarnten Lügen, die Ihnen aufgetischt werden?

Wenn es um unsere Träume geht, sind wir uns oft selbst der ärgste Feind. Dann werden wir plötzlich zu Meistern im Erfinden von Ausreden – und manche dieser Ausreden sind sogar richtig gut. Ich habe im Laufe der Jahre viele zu hören bekommen und muss gestehen, dass ich mir etliche davon auch selbst ausgedacht habe.

Wenn man eine solche Lüge als das sehen kann, was sie ist, dann kann man auch den ersten Schritt zur Verwirklichung seiner Träume tun. Es ist nämlich wirklich so, wie es in der Bibel steht: „Ihr werdet die Wahrheit erkennen, und die Wahrheit wird euch befreien" (Johannes 8,32). Hinter jeder der Lügen, denen wir begegnen, steckt eine Wahrheit, der wir uns stellen müssen, wenn wir weitermachen und unseren Traum verwirklichen wollen.

Lüge Nr. 1: Es geht nur darum, die richtigen Leute zu kennen

Wie oft haben Sie schon gehört, dass Erfolg von Beziehungen abhängt und dass man unbedingt die richtigen Leute kennen und ein Netzwerk haben muss? Damit will ich gar nicht sagen, dass es nicht von Vorteil sein kann, Leute zu kennen, aber es ist definitiv nicht der alles entscheidende Erfolgsfaktor.

Als ich mit dem Schreiben anfing, kannte ich keinen einzigen anderen Autor. Ich hatte keinen Agenten, wusste nicht, wie ein professionelles Manuskript aussehen muss, und hatte auch keine Ahnung, wie man auf sich aufmerksam macht. Aber das hat mich nicht davon abgehalten, es trotzdem zu versuchen.

Steven Chandler erzählte einmal die Geschichte der Veröffentlichung seines ersten Buches *100 Ways to Motivate Yourself*. Eigentlich ist Chandler von Beruf Motivationstrainer, und am Ende seiner Vorträge verteilte er immer eine Liste mit einundzwanzig Ideen, wie man sich selbst motivieren kann. Schon seit Jahren lag ihm ein Freund in den Ohren, endlich den Vortrag und die Tipps als Buch zu veröffentlichen, und irgendwann machte sich Chandler tatsächlich daran, weitere Vorschläge zu sammeln und zu seiner Liste hinzuzufügen, bis er schließlich einhundert verschiedene Methoden und Möglichkeiten zusammenhatte.

Die fertige Liste lag dann jahrelang auf seinem Schreibtisch, bis seine Tochter eines Sommers einen Job brauchte, um an einem Ferienlager teilnehmen zu können. Chandler schrieb also auf die Schnelle ein Exposé für das Buch und stellte dann seine damals vierzehnjährige Tochter ein, um entsprechende Briefe an die Verlage zu schreiben. Sie erledigte ihre Aufgabe gewissenhaft und steckte die Anschreiben jeweils mit einem Exposé in den Umschlag. Die Idee ihres Vaters fand sie großartig, was sie ihm auch mehrmals sagte, aber Steven Chandler dachte die ganze Zeit: *Das arme Kind hat ja keine Ahnung, wie schwer es ist, ein Buch zu veröffentlichen.*

Als er sie dann ins Ferienlager fuhr, lagen auf dem Rücksitz sechzig frankierte Umschläge. Fast hätte er sie gar nicht verschickt, weil er keinen einzigen Menschen in New York kannte und auch keinen Agenten hatte, ohne den es – wie jeder weiß – eigentlich unmöglich ist, ein Buch zu veröffentlichen. Aber Steven Chandler wollte seine Tochter nicht enttäuschen und brachte deshalb die Umschläge zur Post. Dann vergaß er die ganze Sache wieder.

Eine Woche später bekam er dann Anrufe von sieben Verlagen. *Sieben!* Er war darüber so begeistert, dass er seine Tochter im Ferienlager anrief und sagte: „Rate mal, was passiert ist, mein Schatz! Ich habe Rückmeldung von sieben Verlagen, die sich für mein Buch interessieren und das Manuskript kaufen wollen. Kaum zu glauben, oder?" Er war irritiert, als die freudige Reaktion seiner Tochter ausblieb. „Hast du mich gehört, Stephanie?", fragte er deshalb. „Ja, hab ich, Papa. Aber wieso denn nur sieben?", antwortete sie.

Steven Chandler hatte eigentlich gar nicht daran geglaubt, sein Buchmanuskript verkaufen zu können, war aber bereit gewesen, es zu versuchen, um seiner Tochter die Teilnahme an dem

Ferienlager zu ermöglichen. Dabei lernte er eine wertvolle Lektion fürs Leben. Es kommt *nicht* darauf an, wen man kennt – und wenn wir uns das einreden, dann lügen wir uns selbst in die Tasche, um unsere Träume abzutun. Ich glaube, dass wir beim Verwirklichen unserer Träume viel zu oft auf andere hören. Aber es ist nun mal nicht der Traum der anderen, und dadurch fehlt ihnen auch die entsprechende Leidenschaft, die Sie wiederum dabei antreibt.

Niemand kennt ein Kind besser als seine Eltern und dasselbe gilt auch für Träume. Keiner kennt Ihre Träume besser als Sie selbst und Ihr himmlischer Vater. Es liegt also bei Ihnen, aktiv zu werden und fest an Ihren Traum zu glauben.

Lüge Nr. 2: Dazu bin ich zu alt

Wie oft haben Sie diesen Satz schon von sich selbst oder Freunden gehört? Dabei macht man es sich aber wirklich zu einfach, wenn man das Alter als Ausrede für so ziemlich alles benutzt. Wir sind zu alt, um etwas Neues auszuprobieren, zu alt, um Dinge zu tun, die wir als Kinder getan haben, zu alt, um weiterhin das zu tun, was wir bisher getan haben. Doch dadurch lähmen wir uns nur selbst. Wieder zurück in die Zeit unserer Jugend können wir nicht, aber wir sind auch nicht bereit, vorwärtszugehen.

Vor ein paar Jahren habe ich eine unglaubliche Frau kennengelernt, die damals bereits Mitte achtzig war. Bis vor Kurzem war Marilyn sogar noch Berufsfischerin in Alaska. Ihre Erfahrungen hat sie in einem Buch festgehalten, und ich muss sagen, ich habe selten eine so unterhaltsame Biografie gelesen. Sie berichtet von ihrer außergewöhnlichen Zeit als Fischerin, in der sie mit ihrer ganzen Familie auf einem Fischerboot lebte, und sie schreibt so lebendig, dass man glaubt, sie in ihren Fischerklamotten vor sich sehen zu können.

Marilyn ist der festen Überzeugung, dass Alter eine Kopfsache ist, und darin gebe ich ihr absolut recht.

Fünf Mal in der Woche schwimme ich morgens mit einer Gruppe von Damen, die alle so um die achtzig Jahre alt sind. Doch wenn man sie sieht, nimmt man ihnen ihr Alter nicht ab, so begeistert und voller Energie sind sie – und sie lachen viel. Wenn ich einmal richtig alt bin, möchte ich so sein wie diese Frauen.

Ich treffe regelmäßig auf Menschen, die mir erzählen, dass sie eigentlich schon immer Autor, Musiker, Dichter oder Schauspieler werden wollten. Meine automatische Reaktion ist dann in der Regel die Frage: „Und was genau hindert Sie daran?" Die traurige Antwort, die ich dann bekomme, ist auch fast immer die gleiche: „Ich bin zu alt, um jetzt noch damit anzufangen."

Lassen Sie uns nicht vergessen, dass wir immer so alt sind, wie wir uns fühlen!

Als Golda Meir Premierministerin von Israel wurde, war sie bereits einundsiebzig Jahre alt. George Bernard Shaw war vierundneunzig, als eines seiner Stücke uraufgeführt wurde. Und Benjamin Franklin brachte im Alter von einundachtzig Jahren die Verfassung der Vereinigten Staaten von Amerika mit auf den Weg.[1]

Wenn wir sagen, dass wir zu alt für dies oder jenes sind, bedeutet das übersetzt oft nichts anderes als: „Die Sache reizt mich zwar, aber ich bin nicht bereit, den Preis dafür zu bezahlen." Das ist eine klare Ausrede und eine aus Bequemlichkeit noch dazu. Lassen Sie nicht zu, dass sie auch zu Ihrer Ausrede wird.

Lüge Nr. 3:
Es ist zu schwer

Zu den größten Hindernissen bei der Realisierung unserer Träume gehört unser eigenes Denken:

- Das schaffe ich doch nie!
- Das kann ich nicht!
- Das ist unmöglich!

Ich nenne solche Gedanken „negatives Selbstgespräch“, und das hat im Zusammenhang mit den Träumen, die uns Gott geschenkt hat, nichts verloren.

Es gibt auch so meist schon genügend Hindernisse auf dem Weg zum Erfolg, weshalb wir uns nicht noch neue dazu überlegen sollten. Wenn wir schlecht denken oder reden, stutzen wir unseren Träumen dadurch nur unnötig die Flügel. Es zieht uns herunter, versperrt uns die Sicht und nimmt uns den Wind aus den Segeln, bevor wir überhaupt losgefahren sind.

„Es ist zu schwer“ ist die tödlichste Lüge von allen. Wenn unser Traum wahr werden soll, dann müssen wir diese Lüge als solche entlarven und uns weigern, sie uns auch nur anzuhören.

Ich war mit einer Freundin, die Probleme mit ihrem Gewicht hatte, in New York zum Shoppen. Bei jedem Teil, das sie anprobierte, jammerte sie: „Ich bin so fett. Das sieht richtig ekelig aus.“

Dem musste ich ein Ende bereiten. „Würdest du das auch zu mir sagen?“, fragte ich sie. „Würdest du sagen: ‚Debbie, du bist so fett, du siehst ekelig aus?‘“

„Nein, natürlich nicht. Das würde ich niemals zu dir sagen!“, antwortete sie entsetzt. „Und wieso sagst du es dann zu dir selbst?“, fragte ich. Da erst verstand sie, worauf ich hinauswollte. Das ist negatives Selbstgespräch, und wenn man lange genug so redet, glaubt man am Ende das, was man über sich sagt.

Mein Gewicht beschäftigt mich beinahe schon so lange ich denken kann. Jahrelang habe ich in meine Tagebücher geschrieben, wie dick und willensschwach ich sei. Vor drei Jahren habe ich dann beschlossen, ein für alle Mal damit aufzuhören. Ich bin ein Kind

Gottes und ich bin stark, weil Gott mich stark macht. Er gibt mir alle Kraft, die ich brauche (siehe Psalm 29,11 und Jesaja 41,10). Ich werde nie wieder negative Gedanken über mein Gewicht zulassen.

Wir selbst sind oft unsere schlimmsten Kritiker und uns dadurch die ärgsten Feinde. Gott hingegen liebt uns, und er würde viele Dinge, die wir über uns selbst sagen, niemals auch nur denken. Wieso tun wir es dann? Wieso sind wir so extrem negativ?

Ich kenne eine Frau, die ganz bewusst niemals schlecht über ihren Mann spricht. Sie ist der Meinung, dass sie sich ihn schließlich selbst ausgesucht hat, und dass er völlig in Ordnung ist, wie er ist. Negative Gedanken über ihn würden eher ein schlechtes Bild auf sie selbst als auf ihn werfen, sagt sie. Dieser Frau ist klar, dass sie sich bewusst dafür entscheiden kann, sich entweder an all den guten Eigenschaften ihres Mannes zu erfreuen oder nur seine negativen Seiten zu sehen.

Dasselbe gilt auch für unsere Beziehung zu Gott. Wenn wir uns selbst schlechtmachen, werten wir Gottes Macht und all das Gute ab, das er ist und geschaffen hat. Genauso wie Gott Adam und Eva im Garten Eden geschaffen und über sie gesagt hat, dass sie gut seien, so hat er auch uns geschaffen und sagt, dass wir gut gelungen sind – die „Krone der Schöpfung", wie er uns nennt.

Es ist wichtig, ganz bewusst darauf zu achten, wenn wir negativ über uns selbst denken und reden, und diese negativen Gedanken dann sofort durch positive zu ersetzen. Zum Beispiel: „Dieses Kleid steht mir zwar nicht, aber es gibt bestimmt ein anderes, das gut an mir aussieht." Wir sollen immer daran denken, dass wir wunderbar gemacht sind.

Bei mir ist es inzwischen sogar so, dass ich in Situationen, in denen es mit meinem Selbstwertgefühl nicht so gut aussieht, lieber gleich mit Gott rede statt mit mir selbst. Es ist schwerer, sich bei Gott darüber zu beklagen, wie furchtbar man sich findet, denn schließlich spricht man ja mit demjenigen, der alles geplant und geschaffen hat. Er liebt Sie, möchte nur das Allerbeste für Sie und findet Sie wunderschön.

Selbst nachdem ich damals den Brief von *Silhouette Books* bekam, in dem stand, dass ich mein Romanmanuskript gar nicht erst einreichen sollte, wusste ich tief in meinem Innern, dass ich noch nicht bereit war aufzugeben. Ich glaubte immer noch fest an den Traum, den Gott mir ins Herz gelegt hatte. Und dann, nur ein paar Wochen nachdem ich mein Manuskript an den Verlag geschickt hatte, bekam ich endlich den langersehnten Anruf.

Es war der 29. September 1982, 16:39 Uhr. Als ich ans Telefon ging, war eine Lektorin von *Silhouette Books* am Apparat und machte mir ein Angebot für mein Manuskript. Zur Erinnerung: Es handelte sich dabei um jenes Manuskript, von dem mir die Lektorin auf dem Kongress gesagt hatte, es wäre völlig sinnlos, es zu überarbeiten, denn es sei auf jeden Fall unverkäuflich. Jenes Manuskript, das ich einfach wegwerfen sollte. Ich glaube, ich habe im gesamten Telefonat damals nicht mehr als fünf Wörter herausgebracht: „Hallo", „ja", „danke" und „auf Wiederhören".

Die Geschichte endete damit, dass das Buch das erste in der Verlagsgeschichte von *Silhouette Books* wurde, das in der Fachzeitschrift *Publishers Weekly* eine Besprechung bekam. Außerdem berichtete das renommierte Nachrichtenmagazin *Newsweek* über mich und meinen Roman *Heartsong* – ein Buch, von dem mir einst gesagt worden war, ich solle es wegwerfen.

Glauben Sie an Ihre Träume

Glauben Sie mir: Ich weiß, wie es ist, fest an den eigenen Traum zu glauben und gleichzeitig die ständige Ungewissheit darüber aushalten zu müssen, ob er am Ende überhaupt in Erfüllung geht. Es kann gleichzeitig wunderbar und beängstigend sein, spannend und herzzerreißend. Aber Gott hat einen Plan für Sie, in dem auch Ihre Träume einen festen Platz haben.

Wir sind zum Träumen geschaffen und dazu, uns Dinge vorzustellen und auszumalen und schließlich darüber zu staunen, was alles möglich ist. Wenn wir das nicht tun, dann nehmen wir Gott die Möglichkeit, unsere Träume wahr werden zu lassen.

Und denken Sie daran: Wenn eine Tür zugeht, bitten Sie Gott, eine andere zu öffnen. Ich verspreche Ihnen, dass er es tun wird. Sie müssen nur dazu bereit sein, im Zweifelsfall auch durch eine Tür mit der Aufschrift „Zutritt streng verboten" zu gehen.

3

Geschaffen, um etwas zu riskieren

Von allen Seiten umgibst du mich und hältst deine schützende Hand über mir.

PSALM 139,5

„Wenn unser Einsatz für Gott kein Risiko enthält, dann ist auch kein Glaube notwendig."

HUDSON TAYLOR

Wenn wir unserer Bestimmung und unseren Träumen folgen und tun, wofür unser Herz schlägt, dann ist dieser Weg immer auch mit Risiken verbunden. In Psalm 139, Vers 23, ist von der Bitte an Gott die Rede, unsere Gedanken zu erforschen und zu prüfen. In dem Moment, wenn wir uns aufmachen, dem Plan Gottes für unser Leben zu folgen, stellen wir automatisch unsere eigenen Pläne hinten an. Das ist riskant und beängstigend, aber es lohnt sich, weil wir wissen, dass die Hand unseres Retters uns hält, und dass Gott, unser Schöpfer, uns führt. Wenn wir ein Risiko eingehen, stärken wir gleichzeitig auch unser Vertrauen in Gott.

In der langen Zeit bis zur Veröffentlichung meines ersten Romans habe ich gelernt, dass alles Erstrebenswerte im Leben mit einem Risiko verbunden ist. Es ist immer riskant, seinen Träumen zu folgen, weil man an jeder Stelle des Weges scheitern kann.

Ein gutes Beispiel dafür, dass es sich lohnt, Risiken einzugehen, ist Lucinda Williams. Sie stammt ursprünglich aus Missouri, zog aber Mitte des 19. Jahrhunderts nach Dallas in Texas. Nachdem sie sich dort ein wenig eingelebt hatte, fragte sie ihre Vermieterin, ob es irgendwo eine Baptistengemeinde gebe, der sie sich anschließen könne. Die Frau verneinte dies und fügte noch hinzu, sie hoffe, dass es dazu auch niemals kommen würde.

Lucinda brachte daraufhin in Erfahrung, dass in jüngster Zeit drei Versuche unternommen worden waren, eine Baptistengemeinde zu gründen, aber alle waren gescheitert. Sie wusste also, dass die Chancen für eine erfolgreiche Gemeindegründung nicht gut standen, aber sie beschloss, das Risiko trotzdem einzugehen und es noch einmal zu versuchen.

Am 20. Juli 1868 gründeten Lucinda und zehn weitere Personen, darunter auch ihr Mann, eine Baptistengemeinde in Dallas. Sie hatten weder Räume noch Geld und nur sehr wenig Unterstützung. In den ersten Jahren war unklar, ob die Gemeinde überhaupt überleben würde, aber Lucinda ließ sich nicht beirren und machte weiter. Sie richtete einen Kindergottesdienst ein, gründete eine Gemeinde-Missionsgesellschaft, und fünf Jahre später überzeugte sie die Frauen aus der Gemeinde, über 600 Dollar zu spenden – damals eine gewaltige Summe –, um die Gemeinde zu unterstützen.

Weil Lucinda eine Frau war, die ihre Bestimmung genau kannte, weil sie leidenschaftlich ihren Traum verfolgte und weil sie bereit war, alles zu riskieren, konnte sie das Samenkorn einpflanzen, aus dem später die *First Baptist Church of Dallas* wurde – eine Gemeinde, die sich im Laufe der Zeit zu einer der größten christlichen Gemeinden weltweit entwickeln sollte.

Im Johannesevangelium lesen wir, dass Jesus gesagt hat: „Ich aber bringe Leben – und dies im Überfluss" (Johannes 10,10). Ihm ist es also offensichtlich wichtig, dass wir alle ein erfülltes Leben haben. Er möchte, dass wir unser Leben voll ausschöpfen und es mit allen Sinnen genießen.

Doch viel zu oft geben wir uns mit einem einfachen Hamburger zufrieden, statt das Filet Mignon zu nehmen. Wir begnügen uns mit dem Guten, statt das Beste anzustreben. Wir akzeptieren ein Minimum, statt um das Maximum zu bitten. Warum ist das so? Ich glaube, die meisten Menschen können ohne Weiteres glauben, dass Gott sich die Fülle für uns wünscht – das klingt großartig. Aber wenn es dann um seine „Geschenke“ an uns geht – um unsere Begabungen und Träume –, bekommen wir Angst. Angst davor, unsere Begabungen wirklich einsetzen oder an der Verwirklichung unserer Träume arbeiten zu müssen, denn wenn wir diesen Weg erst einmal beschritten haben, dann gibt es kein Zurück mehr.

Doch genau das ist mit „Leben im Überfluss“ gemeint. Wenn wir uns an Gottes Plan und seinen Willen halten, dann steht uns in jeder Hinsicht ein großartiges Leben bevor.

Unsere Ängste besiegen

Es ist ganz normal, Angst zu haben, wenn man unbekanntes Terrain betritt oder etwas Neues wagt. Es ist völlig in Ordnung, sich zu fürchten – aber wir sollen uns nicht davon lähmen lassen. Wir dürfen nicht zulassen, dass uns Angst an der Verwirklichung unserer Träume hindert.

In seinem Buch *Das Abenteuer, nach dem du dich sehnst* schreibt John Ortberg, dass der meistbenutzte Imperativ in der Bibel mit Angst zu tun hat.

Die Aufforderung, die häufiger als alle anderen in der Bibel auftaucht, besteht nur aus drei Worten: „Fürchte dich nicht.“

Hab keine Angst. Sei stark und mutig. Du kannst mir vertrauen. Fürchte dich nicht.

Angst scheint das ernst zu nehmendste Übel der Welt zu sein. Seltsamerweise hat sie es nie auf die Liste der sieben Todsünden geschafft. Es wird auch niemand öffentlich in der Gemeinde angeprangert, weil er Angst hat. Warum sagt Gott dann den Menschen öfter als alles andere, dass sie keine Angst haben sollen?

Ich vermute, dass es ihm nicht darum geht, uns negative Gefühle zu ersparen. Tatsächlich sagt er dies meist zu Menschen, denen er befiehlt, etwas zu tun, das ihnen noch mehr Angst einjagt. Angst ist der Hauptgrund, warum Menschen nicht das tun, was Gott von ihnen will.[1]

Vor vielen Jahren stieß ich auf die Bibelstelle im zweiten Timotheusbrief, in der es heißt: „Denn Gott hat uns nicht gegeben den Geist der Furcht, sondern der Kraft und der Liebe und der Besonnenheit“ (2. Timotheus 1,7; LÜ). Das ist mein Leitvers geworden. Wann immer ich Angst habe oder Zweifel bekomme oder aus irgendeinem Grund unsicher werde, sage ich mir diesen Vers vor und verinnerliche die Worte neu. Immer wenn ich ein Buch signiere oder ein Autogramm gebe, schreibe ich den Vers dazu, um mich und andere daran zu erinnern, dass bei Gott nichts unmöglich ist.

Fürchte dich nicht! Gott wünscht sich für mich, dass ich eine Frau voller Glauben und Überzeugung bin, und das Gleiche wünscht er sich auch für Sie. Er möchte, dass wir hocherhobenen Hauptes gehen und nicht mit gesenktem Blick und voller Angst und Sorgen. Er möchte, dass wir voller Zuversicht in die Zukunft blicken in der Gewissheit, dass er auf dem Weg, den er für uns vorgesehen hat, immer bei uns ist. Wir können getrost Risiken eingehen und brauchen dabei auch keine Angst davor zu haben, die Begabungen einzusetzen, die er uns geschenkt hat.

Die Kunst der Risikobereitschaft

Ich lese regelmäßig Bücher über betriebswirtschaftliche Themen. Eines dieser Bücher hat mein Denken über Risikobereitschaft und das Überwinden von Ängsten sehr verändert. Das Buch ist von Kate White und heißt *Brave Mädchen bringen's nicht – Nur Power-Frauen machen Karriere.* Der Begriff „Power-Frau“ steht in diesem Fall für eine Frau „mit Mumm“, ist also nichts Schlechtes. Solch eine Frau kann durchaus gewissenhaft, fleißig, freundlich zu Untergebenen und respektvoll Vorgesetzten gegenüber sein, doch sie ist auch risikobereit und scheut sich nicht davor, ihren eigenen Kurs zu bestimmen.

Das Geheimnis der Furchtlosigkeit besteht laut White darin, Risikobereitschaft richtig zu trainieren. Dabei rät sie, mit etwas Kleinerem zu beginnen, indem man etwas ausprobiert, was man noch nie zuvor getan hat. Zum Beispiel, indem man freiwillig mehr Verantwortung auf der Arbeit übernimmt oder die Geschichte, die schon lange auf dem Computer gespeichert ist, endlich ausdruckt und an eine Zeitschriftenredaktion schickt. Was auch immer es in Ihrem Fall sein mag: Gehen Sie das Risiko ein und wagen Sie es. „Denn Gott hat uns nicht gegeben den Geist der Furcht“ …

Ein weiterer Tipp von White, der mir sehr gefällt, lautet: „Geben Sie dem Risiko einen anderen Namen.“ Wenn wir vor etwas Angst haben und die Angst uns daran hindert, aktiv zu werden und notwendige Schritte zu tun, dann ist es an der Zeit, diese Angst einmal aus einem anderen Blickwinkel zu betrachten. Schauen Sie sich das, wovor Sie Angst haben, ganz genau an und geben Sie ihm dann einen anderen Namen.

Es kann entsetzlich sein – oder eine Herausforderung darstellen.
Es kann fremd sein – oder interessant.
Es kann mich dumm aussehen lassen – oder die Chance bieten zu beweisen, dass ich lernfähig bin.[2]

Stricken und Risikobereitschaft

„Beim Stricken lernt man – wie so oft im Leben – aus seinen Fehlern genauso wie aus seinen Erfolgen."
Pam Allen, Chef-Redakteurin von *Interweave Press*

Auch beim Stricken gibt es ein gewisses Maß an Risiko. Wie oft haben Sie schon ein Handarbeitsprojekt angefangen und nicht zu Ende gebracht? Ich habe neulich mein Garnzimmer aufgeräumt und dabei zehn angefangene Projekte gefunden. Ich habe das Geld für Garn und Stricknadeln investiert, dann aus irgendeinem Grund die Begeisterung für das Projekt verloren und so eines nach dem anderen in der Versenkung verschwinden lassen. Der Schlüssel zum Beenden eines Strickprojektes besteht darin, dass die Arbeit daran nicht eintönig werden darf.

An seinem ersten Tag in der Vorschule wurde mein fünfjähriger Enkel Cameron von seiner Mama zum Schulbus gebracht. Anschließend rief mich meine Tochter Jenny an. „Wie ist es denn gelaufen?", fragte ich sie neugierig. Ich wusste, dass Cameron unbedingt in die Schule wollte, aber sowohl Jenny als auch mir war ziemlich mulmig bei der Vorstellung, den Kleinen allein in dem großen, angsteinflößenden Schulbus fahren zu lassen. „Ein anderer Junge hat ihn angespuckt", berichtete Jenny und erzählte mir dann, dass die beiden Jungs in der Schlange auf den Bus gewartet hätten und es zu einer Meinungsverschiedenheit gekommen sei. Offenbar hatte sich der andere Junge nicht durchsetzen können und Cameron daraufhin angespuckt. Mir wurde ganz anders, und ich fragte Jenny, wie sie denn die Situation gelöst habe. „Ich brauchte gar nicht einzugreifen“, antwortete Jenny. „Cameron hat die Sache selbst geregelt.“

Ich stellte mir in lebhaften Bildern vor, wie mein kleiner Schatz schon an seinem ersten Vorschultag in eine so unmögliche Situation geraten war. „Wie hat er das denn gemacht?“, erkundigte ich mich also. Da lachte Jenny und sagte: „Cameron hat den Jungen direkt angeschaut und gesagt, dass er nicht sein Freund sein könne, wenn er so etwas täte.“ *Du meine Güte*, dachte ich. *Wie weise für einen Fünfjährigen!* „Als der Bus dann ankam, hatte Cameron schon einen neuen Freund gefunden“, berichtete Jenny weiter. „Die beiden hatten sich gegenseitig den Arm um die Schultern gelegt und waren die allerbesten Kumpels.“

Cameron hätte dem Jungen genauso gut aus dem Weg gehen und ihn einordnen können als jemanden, der andere mobbt und nur Ärger macht, aber das hätte die Situation wahrscheinlich nur noch verschärft. Oder er hätte aus Angst den Kopf einziehen und den Jungen mit seinem Verhalten durchkommen lassen können – auch keine gute Alternative. Stattdessen hatte er sich mutig dafür entschieden, den Jungen aus einer anderen Perspektive zu betrachten. Er hatte ihm einen anderen Namen gegeben – nämlich „potenzieller Freund“ – und ihn entsprechend behandelt. Dabei war zu diesem Zeitpunkt ja keineswegs klar gewesen, ob der Junge tatsächlich sein Freund werden würde. Doch dieses Risiko war Cameron eingegangen – er hatte nicht nur riskiert, abgewiesen zu werden, weil der Junge vielleicht gar nicht sein Freund werden wollte, sondern auch, dass er vielleicht noch etwas Schlimmeres mit ihm machte, als ihn anzuspucken.

Wenn wir erleben wollen, dass unsere Träume wahr werden, müssen wir unseren Ängsten Paroli bieten. Wir müssen sie an Gott abgeben und uns auf das konzentrieren, was wirklich wichtig ist: die Verwirklichung des Traumes, den Gott in unser Herz gelegt hat. Wenn wir unsere Träume nicht fest verankern und sie zielstrebig verfolgen, dann bleiben sie nur ein Hauch angenehmer, aber nutzloser Fantasie. Der Glaube an Gott ist ein solcher Anker, der es uns ermöglicht, unsere Träume festzuhalten und uns ganz in Ruhe mit ihnen auseinanderzusetzen.

Ein letzter Gedanke an dieser Stelle: Weil Gott derjenige ist, der uns unsere Träume überhaupt erst schenkt, bleiben es letztlich seine. Wir „verwalten" sie lediglich, und wir müssen mit der gleichen inneren Einstellung an sie herangehen, wie es bereits viele erfolgreiche Menschen getan haben: Wir müssen den Mut aufbringen, etwas so Großes für Gott tun zu wollen, dass wir ohne sein Eingreifen eigentlich kläglich scheitern würden.

Zweifel überwinden

Als ich meine ursprüngliche Angst davor, Schriftstellerin zu werden, überwunden hatte, ereilten mich dennoch immer wieder Zweifel – ziemlich oft sogar. Ein Autor hat einmal gesagt, die gute Nachricht sei, dass man jetzt ein Autor sei, der veröffentlicht habe; die schlechte Nachricht, dass man ein Autor sei, der veröffentlicht habe. Jetzt müsse man nämlich wieder veröffentlichen! Und noch einmal und noch einmal und noch einmal …

Für mich gab es also noch immer ein Risiko. Obwohl mein Traum endlich wahr geworden war, konnte ich immer noch jederzeit scheitern.

Zweifel kommen und gehen, aber genau wie bei der Angst darf man nicht zulassen, dass sie einen daran hindern, seine Ziele zu erreichen. Ich glaube, dass jeder hin und wieder ein „ungläubiger Thomas" ist. Thomas konnte nicht glauben, bis Jesus ihm die Narben seiner Wunden von der Kreuzigung zeigte. Im Johannesevangelium lesen wir Folgendes:

Thomas, einer der zwölf Jünger, der auch Zwilling genannt wurde, war nicht dabei. Deshalb erzählten die Jünger ihm später: „Wir haben den Herrn gesehen!" Doch Thomas zweifelte: „Das glaube ich nicht! Ich glaube es erst, wenn ich seine durchbohrten Hände gesehen habe. Mit meinen Fingern will ich sie fühlen, und meine Hand will ich in die Wunde an seiner Seite legen." Acht Tage später hatten sich die Jünger wieder versammelt. Diesmal war Thomas bei ihnen. Und obwohl sie die Türen wieder abgeschlossen hatten, stand Jesus auf einmal in ihrer Mitte und grüßte sie: „Friede sei mit euch!" Dann wandte er sich an Thomas: „Leg deinen Finger auf meine durchbohrten Hände und sieh sie dir an! Gib mir deine Hand und leg sie in die Wunde an meiner Seite! Zweifle nicht länger, sondern glaube!" Thomas antwortete: „Mein Herr und mein Gott!" Da sagte Jesus: „Du glaubst, weil du mich gesehen hast. Wie glücklich können sich erst die schätzen, die mich nicht sehen und trotzdem glauben."
Johannes 20,24–29

Erinnern Sie sich noch an meine Aussage, dass unsere Bestimmung und unsere Träume nicht immer etwas mit dem Endergebnis zu tun haben müssen, das wir uns wünschen, sondern dass es in erster Linie um den Weg geht? Und genau das ist ein Teil des Weges: Gott zu vertrauen, wenn wir keine Straßenkarte haben und nicht wissen, wo es langgeht, ist nicht einfach, aber es ist notwendig. Wie Thomas wollen auch wir gern mit eigenen Augen sehen, was Gott tun kann, aber ich will Ihnen ein Geheimnis verraten: Wir könnten viel öfter sehen, was Gott alles tut, aber wir suchen an der falschen Stelle.

Wie oft haben Sie schon vor der Tür zu einer Chance gestanden, nur um dann festzustellen, dass sie fest verschlossen war? Fangen Sie in einer solchen Situation an, Gott infrage zu stellen? Ertappen Sie sich dabei, wie Sie ihn fragen: „Was ist eigentlich los, Gott? Du hast mir diesen Traum geschenkt – wieso muss es dann so schwer sein?“

Aber dann wiederum ist es doch auch oft so, dass Gott in Situationen eingreift, in denen wir niemals damit gerechnet hätten. Vielleicht hinter den Kulissen, wo wir es nicht sehen können. Vielleicht auch auf solch unspektakuläre Weise, dass wir es gar nicht mitbekommen oder einfach übersehen.

Und dann sollten wir uns hier und da auch schon mal fragen, wessen Zeitplan wir im Blick haben – unseren eigenen oder Gottes Zeitplan?

Meine Cousine Shirley ist zehn Jahre älter als ich, und wegen des Altersunterschiedes und weil sie weit von uns entfernt lebte, hatten wir in unserer Kindheit und Jugend nicht viel miteinander zu tun, sodass ich sie nicht besonders gut kannte.

Als Shirley achtzehn war, trat sie einem Orden bei und lebte über zwanzig Jahre lang im Kloster, bis sie in den 1970er-Jahren aus dem Orden austrat. Weil sie das Armutsgelübde abgelegt hatte, verließ sie das Kloster ohne jeglichen materiellen Besitz. Sie hatte keine Rentenversicherung, keine Ersparnisse – überhaupt nichts. In den folgenden Jahren kämpfte sie mit finanziellen Problemen und musste mit extrem wenig auskommen, bevor sie schließlich in Florida landete. Sie war von der Westküste weggezogen und hatte das wenige Geld, das sie zwischenzeitlich verdient hatte, in die Reise quer durchs ganze Land gesteckt. Drei Monate nach ihrer Ankunft verlor sie dann zu allem Überfluss auch noch ihren Job, sodass sie wirklich völlig mittellos dastand.

Als sie sich eines Tages völlig am Boden, einsam und deprimiert fühlte, wandte sie sich an Gott und sagte: „*Dafür* habe ich dir all die Jahre gedient?“

Wissen Sie, was dann geschah? Kurze Zeit später gewann sie im Lotto. Ich will damit natürlich nicht sagen, dass man Lotto spielen soll, wenn man keinen Ausweg sieht und Zweifel an seinen Träumen hat, und dann wird alles wieder gut. Aber ich will auch nicht Gottes Möglichkeiten kleinreden, indem ich sage, dass er für seine Zwecke nicht auch einen Lottogewinn gebrauchen kann.

Heute steht Shirley anderen ehemaligen Nonnen mit Rat und Tat zur Seite, ist viel unterwegs, spendet die Hälfte ihres Einkommens für wohltätige Zwecke und führt ein wunderbares Leben. Kürzlich kam sie von einer Reise in ein abgeschottetes, sehr armes Land zurück, wo sie und eine liebe Freundin mit Tausenden von in die Unterwäsche eingenähten Dollars durch den Zoll gegangen waren. Während ihres Aufenthaltes dort konnten die beiden Frauen unzähligen Menschen Gutes tun – doch das alles geschah nicht nach Shirleys Zeitplan, sondern nach dem Zeitplan Gottes. Er kannte ihren Traum, erfüllte ihn aber auf seine Weise und zu dem Zeitpunkt, den er für richtig hielt.

Wirklich lustig an der Geschichte ist übrigens, dass in Shirleys Jugendzimmer ein selbst gebasteltes Plakat hing, auf dem stand: „Wenn ich mal im Lotto gewinne …", und dann hatte Shirley aufgelistet, was sie in diesem Fall alles tun würde.

Wie bereits erwähnt, kenne auch ich Zweifel nur zu gut. Wir alle zweifeln von Zeit zu Zeit, aber wir dürfen nicht zulassen, dass die Zweifel uns am Ende dazu bringen, unseren von Gott gegebenen Traum aufzugeben. Wenn wir glauben, dass Gott uns unsere Träume schenkt, wir aber trotzdem immer wieder grundlegende Zweifel zulassen, dann ist es mit unserem Glauben ein wenig so, wie wenn man eine große Flasche nimmt und sie halb mit Wasser und halb mit Öl füllt. Man kann die Flasche zwar kräftig schütteln, sodass sich die beiden Flüssigkeiten vermischen, aber sobald man sie hinstellt, trennen sie sich wieder. Wasser und Öl lassen sich einfach nicht mischen – und genauso, wie Wasser und Öl nicht zusammengehen, gehen auch Glaube und Zweifel nicht zusammen.

Für mich besteht die beste Möglichkeit, Zweifel zu überwinden, darin, mich neu an Gottes Versprechen zu erinnern. Hier für den Anfang schon einmal zwölf davon:

1. Gottes Gegenwart: „Ich lasse dich nicht im Stich, nie wende ich mich von dir ab“ (Hebräer 13,5).
2. Gottes Schutz: „Ich beschütze dich wie ein Schild und werde dich reich belohnen!“ (1. Mose 15,1).
3. Gottes Macht: „Ich mache dich stark“ (Jesaja 41,10).
4. Gottes Versorgung: „Ich helfe dir“ (Jesaja 41,10).
5. Gottes Führung: „... geht er vor ihnen her“ (Johannes 10,4).
6. Gottes Bestimmung: „Ich habe dich am Leben gelassen, um dir meine Macht zu zeigen und meinen Namen in der ganzen Welt bekannt zu machen“ (2. Mose 9,16).
7. Gottes Ruhe: „Kommt alle her zu mir, die ihr euch abmüht und unter eurer Last leidet! Ich werde euch Ruhe geben“ (Matthäus 11,28).
8. Gottes Reinigung: „Wenn wir aber unsere Sünden bekennen, dann erweist sich Gott als treu und gerecht: Er wird unsere Sünden vergeben und uns von allem Bösen reinigen“ (1. Johannes 1,9).
9. Gottes Güte: „Er schenkt uns seine Liebe und verleiht uns hohes Ansehen. Wer ihm rückhaltlos ergeben ist, den lässt er nie zu kurz kommen“ (Psalm 84,12).
10. Gottes Treue: „Der Herr aber macht seinem Namen alle Ehre: Er lässt euch nicht im Stich, denn er hat gerade euch zu seinem Volk erwählt“ (1. Samuel 12,22).
11. Gottes Führung: „Allen, die ihre Schuld eingestehen, zeigt er, was richtig ist und wie sie nach seinem Willen leben sollen“ (Psalm 25,9).

12. Gottes weiser Plan: „Das eine aber wissen wir: Wer Gott liebt, dem dient alles, was geschieht, zum Guten. Dies gilt für alle, die Gott nach seinem Plan und Willen zum neuen Leben erwählt hat“ (Römer 8,28).

An sich selbst glauben

Wir sind dazu geschaffen, etwas zu riskieren; uns über die Grenzen hinauszuwagen, die die Gesellschaft errichtet hat, und die gewaltigen, unerforschten Bereiche des Lebens zu erkunden, die Gott für uns geschaffen hat. Doch der Weg zum Erfolg führt selten nur geradeaus.

1939 war ein erfolgreiches Jahr für den Baseball-Spieler Babe Ruth, denn in diesem Jahr brach er den Homerun-Rekord, aber wissen Sie auch, welchen weiteren Rekord er noch aufgestellt hat? In demselben Jahr, in dem er all die Homeruns schaffte, hatte er auch die meisten Strikeouts.

Als ich vor einigen Jahren an einer Preisverleihung für Schriftsteller teilnahm, wurde unter anderem der Name der Autorin aufgerufen, die die meisten Zeitschriftenartikel verkauft hatte. Unter Applaus kam die Frau auf die Bühne und nahm die Auszeichnung entgegen. Die nächste Auszeichnung ging an die Person, die in dem betreffenden Jahr die meisten Absagen von Verlagen bekommen hatte, und zur Überraschung aller stand dieselbe Frau noch einmal auf und nahm auch diese Auszeichnung entgegen.

Robert Kennedy hat einmal gesagt: „Nur diejenigen, die sich trauen, in großem Stil zu scheitern, können auch in großem Stil Erfolg haben.“

Als ich beschloss, Schriftstellerin zu werden, saß ich jeden Morgen an der gemieteten Schreibmaschine und sagte mir laut etwas vor, das ich einmal in dem Buch *Die Kraft positiven Denkens* gelesen hatte:

Ich glaube, dass ich von Gott geführt werde.
Ich glaube, dass ich auf dem Weg immer die richtige Abzweigung nehme.
Ich glaube, dass Gott einen Weg bereitet, wenn es keinen gibt.[3]

Wir müssen allerdings nicht nur glauben, dass Gott uns führt; wir müssen auch an uns selbst glauben. Gott schenkt uns unseren Traum, bildlich betrachtet, in Form eines zarten Pflänzchens und gleichzeitig überträgt er uns auch die Verantwortung für die Pflege. Unseren Traum zu verwirklichen verlangt uns einiges ab, aber das Wichtigste dabei ist, dass wir lernen, an uns selbst zu glauben. Denn wenn wir das lernen, dann geschieht etwas Wunderbares: Die Zuversicht, dass wir unsere Träume umsetzen können, hilft uns auch dabei, die körperliche Kraft zu entwickeln, die wir brauchen, um unsere Ziele zu erreichen.

Ich weiß, was Sie jetzt denken: *Debbie ist zu oft bei Veranstaltungen des Motivationstrainers Zig Ziglar gewesen. Wenn es wirklich so einfach wäre ...*

Jeder Weg beginnt mit dem ersten Schritt, und an sich selbst zu glauben ist der erste Schritt auf dem Weg, Ihren Traum zu verwirklichen. Wenn Sie selbst glauben, dass Sie es schaffen können, fängt Ihr Kopf automatisch an zu überlegen, wie es praktisch funktionieren kann. Wenn wir ermutigende Bibelstellen, wie beispielsweise „Alles kann ich durch Christus, der mir Kraft und Stärke gibt" (Philipper 4,13), verinnerlichen und sie auch ganz praktisch auf unser Leben anwenden, wenn wir Verse wie diesen immer wieder laut vor uns hin sagen, dann wird unser Gehirn schließlich dazu angeregt, sich Wege zur Realisierung unseres Traumes zu überlegen. Das sind Grundlagen des positiven Denkens.

Falls Sie mir nicht glauben, kehren Sie die Aussage einmal um. Wenn Sie sich nur lange genug einreden, dass Sie etwas nicht können, dann wird es Ihnen höchstwahrscheinlich auch niemals gelingen.

Wenn Sie diese These überprüfen wollen, fahren Sie doch einfach einmal in ein Einkaufszentrum. Nicht selten habe ich erlebt, wie Gott mir gerade dort ganz praktisch geholfen hat. So beispielsweise im Jahr 1988, als ich mit meinem Sohn Dale, meiner Freundin Linda Miller und deren Tochter zur Eröffnung eines großen Supermarktes in Port Orchard unterwegs war. Es war das größte Ereignis, das in unserer Kleinstadt bis dahin jemals stattgefunden hatte. Die Stadt hatte 5.000 Einwohner, und ich versichere Ihnen, dass an dem besagten Tag mindestens 5.000 Autos dort auf dem Parkplatz standen. Es gab keine einzige freie Parklücke mehr. Also drehten wir unsere Runden, und ich sagte zu den Kindern, dass Gott uns ganz bestimmt einen Parkplatz zeigen werde. Ich fuhr ganz langsam an den Reihen parkender Fahrzeuge entlang und hielt nach der Parklücke Ausschau, von der ich wusste, dass Gott sie mir zeigen würde. Doch die beiden Teenager auf der Rückbank motzten und jammerten unentwegt, weil sie Angst hatten, die besten Eröffnungsangebote zu verpassen.

„Ich kann keine Ungläubigen im Auto gebrauchen", sagte ich irgendwann, bremste vor dem Haupteingang und ließ die Kinder aussteigen. In dem Moment, als sie ausgestiegen waren, parkte direkt vor mir eine Frau aus und ich huschte schnell in die freie Parklücke. Und das alles unmittelbar vor den Augen der staunenden Teenager. Ich musste lachen, als ich sah, wie die beiden mit großen Augen und offenem Mund dastanden. Ist es nicht wunderbar, wie Gott für uns sorgt?

Ich erlebe solche Situationen immer wieder, und zwar im Kleinen wie im Großen. Beispielsweise in Form eines Tickets für einen Kongress, der eigentlich schon ausverkauft war, oder in Form des perfekten Kleides, das es nur eine Nummer größer oder kleiner gab als in meiner Größe, das aber trotzdem perfekt passte.

Doch Gott hat auch schon Gebete von wesentlich größerer Tragweite erhört, besonders im Zusammenhang mit Menschen, die er in mein Leben gebracht hat. Als ich ihn zum Beispiel um eine gute Freundin bat, zogen wir direkt neben Linda Miller, die selbst Autorin ist wie ich. Besonders in den ersten Jahren, in denen ich Bücher veröffentlichte, hat sie mir immer mit Rat und Tat zur Seite gestanden und mich ermutigt.

All diese Geschichten sind Beispiele für einen wichtigen Grundsatz: Wenn man will, dass die eigenen Träume wahr werden, dann muss man auch daran glauben, dass es möglich ist! Oder wie Abraham Lincoln einmal gesagt haben soll: „Die meisten Menschen sind so glücklich, wie sie es sich selbst vorgenommen haben."[4]

Vom ersten Tag an, als ich einen Bogen Papier in meine geliehene Schreibmaschine spannte, habe ich geglaubt, dass es nur eine Frage der Zeit wäre, bis etwas von mir veröffentlicht werden würde. Ich zwang mich regelrecht dazu, zu glauben, dass es Leute gab, die Bücher von mir kaufen würden. Und ich hatte ein ganz klares Bild von meinem ersten Buchcover im Kopf – auf dem groß gedruckt mein Name stand.

Wenn ich damals nach meinem Beruf gefragt wurde, antwortete ich immer stolz, dass ich Schriftstellerin sei. Auch wenn ich es in früheren Jahren vermieden hatte, mit jemandem über meinen Traum zu sprechen – als ich erst einmal den Entschluss gefasst hatte, es tatsächlich zu versuchen, konnte ich es einfach nicht mehr für mich behalten. Ich sprach mit meiner Familie darüber, mit Freunden und mit jedem, der bereit war zuzuhören. Ich hatte das Selbstvertrauen einer bekannten und viel veröffentlichten Autorin, obwohl ich noch kein einziges Buch verkauft hatte. Rückblickend kann ich über dieses Selbstvertrauen nur staunen.

Meine positive Einstellung wirkte sich auch positiv auf meine Familie aus. Je mehr ich lernte, an mich selbst zu glauben, desto mehr gelang es auch meinen Kindern, an sich zu glauben.

Und offensichtlich glaubten sie auch an mich: Beim Auspacken der Kisten nach einem Umzug stieß ich auf einen Aufsatz, den unsere Tochter Jenny im Alter von acht Jahren geschrieben hatte. Darin stand:

Ich kenne eine Frau, die Geschichten schreibt. Sie hat auch schon eine Geschichte über einen blinden Mann geschrieben. Eines Tages wird diese Frau ein Buch verkaufen. Diese Frau ist meine Mama.

Ich denke, Jenny glaubte an mich, weil ich selbst an mich glaubte. Während ich an der Verwirklichung meines Traumes arbeitete, vermittelte ich auch meinen Kindern etwas über Ziele und die Kraft, die Gott jedem von uns schenken will, wenn wir die Begabungen nutzen, die er in uns gelegt hat. Wir nehmen unserer Familie also nichts weg und enthalten ihr nichts vor, wenn wir zielstrebig unsere Träume verfolgen. Im Gegenteil, ich glaube sogar, dass wir unseren Kindern damit etwas sehr Wichtiges mit auf den Weg geben.

Wenn es ums Schreiben ging, war ich regelrecht euphorisch. Selbst als ich noch keine einzige Zeile verkauft hatte, war ich glücklich und dadurch wiederum eine bessere Ehefrau und Mutter.

Erlauben Sie mir, aus einem Brief zu zitieren, den mein Sohn Dale, der Läufer, mir in seinem ersten Jahr an der Uni geschrieben hat:

Ich bin so stolz auf Dich, Mama! Stolz darauf, wer Du bist und was Du tust. Ich frage mich, ob Läufer, die eine Meile in vier Minuten laufen, überhaupt wissen, wie gut sie sind. Und aufs Schreiben übertragen frage ich mich, ob Du eigentlich weißt, wie gut Du bist? Unzählige Menschen träumen davon, ein eigenes Buch zu schreiben. Du lebst also gewissermaßen den Traum all dieser Menschen, Mama.

Ich fand Dales Brief unglaublich bewegend. Nachdem ich mir die Tränen abgewischt hatte, wurde mir klar, dass die vielen Jahre, in denen ich für meinen Traum gekämpft hatte, auf keinen Fall umsonst gewesen waren.

In Interviews werde ich oft gefragt, wie ich die lange Zeit durchgestanden habe, in der ich nur Absagen bekam. Es wäre gelogen zu behaupten, es hätte mir nichts ausgemacht. Aber auf die eigentliche Antwort bin ich erst Jahre später – und mit viel Dankbarkeit im Herzen – gekommen: Gott hat mich versorgt und aufrechterhalten. Es war seine Kraft, die mich erfüllt hat.

Wenn es Ihnen schwerfällt, an sich selbst zu glauben, dann vergessen Sie nicht, dass Gott an Sie glaubt. Und wenn *er* an Sie glaubt, dann haben Sie wirklich allen Grund, es ebenfalls zu tun.

Ihr Weg zum Erfolg

Bislang haben wir darüber gesprochen, dass wir mit einer Bestimmung – also zu einem bestimmten Zweck – geschaffen sind, dass wir zum Träumen geschaffen sind, und dass wir auf jeden Fall geschaffen sind, um etwas zu riskieren. All diese Aspekte sind auf unserem Weg zum Erfolg gleich wichtig. Man kann nicht seine Träume verfolgen, wenn man seine Bestimmung nicht kennt, und man kann nichts riskieren, wenn man seine Träume nicht mit Leidenschaft verfolgt.

Aber nichts von all dem kann greifen, wenn man nicht an sich selbst glaubt. Ich habe vor vielen Jahren ein großartiges Buch von Rick Pitino gelesen mit dem Titel *Success Is a Choice*. Der Autor, ein bekannter Basketball-Trainer, kommt schon im ersten Kapitel auf den Punkt, indem er sagt, dass man sich Erfolg in der Regel verdienen muss, bevor überhaupt etwas Gutes geschehen kann. Nach seiner Auffassung gibt es keine Abkürzungen zum Sieg – und in unserem Fall zur Erfüllung unseres Traumes. Meist ist harte Arbeit und viel Anstrengung nötig, wenn man etwas Dauerhaftes oder Bedeutsames erreichen will.

Fragen Sie jeden erfolgreichen Unternehmer, Firmenchef oder Prominenten, und alle werden Ihnen sagen, dass jede Menge harte Arbeit und Zielstrebigkeit nötig waren, um dorthin zu gelangen, wo sie jetzt sind. Natürlich gibt es auch einige wenige, die einfach nur Glück hatten – Menschen, denen der Erfolg sprichwörtlich in den Schoß gefallen ist –, aber ich für meinen Teil bin der Meinung, dass es mehr wert ist, auf die Erfüllung des eigenen Traumes hinzuarbeiten, denn nur so lernt man etwas über den Wert von Ausdauer, Hartnäckigkeit und Zielstrebigkeit.

Dass ich das erste Buchmanuskript an einen Verlag verkauft habe, war weder Glück noch Zufall, und es war auch nicht einfach nur Bestimmung. Gott hat mir zwar den Traum geschenkt, aber ab einem gewissen Punkt lag es an mir, mich von ganzem Herzen und mit all meiner Kraft dahinterzuklemmen. Das hat Gott mir nicht abgenommen. Ich habe deshalb schon früh gelernt, mir realistische Ziele zu setzen und mich nicht mit einem Nein zufriedenzugeben.

Und genau darauf will Pitino hinaus. Es geht um unsere Einstellung, um aktives Handeln und Beharrlichkeit. Alles fängt damit an, dass man an sich selbst glaubt und bereit ist, hart zu arbeiten, damit der Traum wahr wird. Dabei steht am Anfang auch viel Gebet. Nach meiner Erfahrung stimmen meine Anliegen und die Anliegen Gottes am stärksten überein, wenn ich viel darüber gebetet habe.

Wir müssen lernen, die Verantwortung für unser eigenes Leben zu übernehmen – und damit auch die Verantwortung für unseren Erfolg beziehungsweise Misserfolg. In den seltensten Fällen ist man erfolgreich, ohne etwas dafür zu tun. Es gibt immer wieder Leute, die mir sagen, was für ein Glück ich doch habe. Dabei übersehen sie jedoch all die harte Arbeit, die mich an diesen Punkt gebracht hat.

Eines ist mir an dieser Stelle besonders wichtig: Mit meiner Einstellung und Überzeugung werte ich weder Gottes Macht ab noch die Tatsache, dass er Einfluss auf unser Leben hat und letztlich die Kontrolle darüber.

Aber es gibt so viele Christen, die es sich meiner Meinung nach zu leicht machen, indem sie sagen: „Wenn etwas passieren soll, dann passiert es auch." Und dann lehnen sie sich zurück und fragen sich, wieso Gott die Erfüllung ihrer Träume nicht wie Manna vom Himmel fallen lässt.

Natürlich könnte Gott es so machen – für ihn ist nichts unmöglich –, aber ich glaube, er wünscht sich, dass wir uns weiterentwickeln, reifer werden und durch die Erfahrungen, die wir machen, etwas fürs Leben lernen. Und er möchte, dass wir zuversichtliche und positive Persönlichkeiten werden. Denn wenn Sie sich zwischen zwei Personen entscheiden müssten, die Sie einem Publikum vorstellen, wen würden Sie dann lieber wählen? Jemanden, der ständig jammert, sich Sorgen macht und nur darauf wartet, dass ihm endlich etwas Gutes geschieht? Oder jemanden, der Haltung bewahrt, zuversichtlich und selbstsicher ist und sein Umfeld mit seinem Optimismus ansteckt? Ich würde Letzteren wählen, und ich kann mir gut vorstellen, dass es Gott genauso geht. Er wünscht sich, dass wir nicht pessimistisch und mürrisch durchs Leben gehen, sondern glücklich, optimistisch und mit einer positiven Lebenseinstellung.

Und genau an dieser Stelle kommt unser Selbstwertgefühl ins Spiel. Es leuchtet ein, dass ein direkter Zusammenhang besteht zwischen Selbstwertgefühl und unserer Einstellung dazu, ob wir unseren Erfolg verdient haben.

Wie fast alles im Leben ist auch unser Selbstwertgefühl etwas, an dem wir arbeiten können. Wenn es unser Ziel ist, eine starke Arbeitsmoral zu entwickeln und diszipliniert an unsere Aufgaben heranzugehen, dann haben wir automatisch ein besseres Selbstwertgefühl. Es besteht immer ein Zusammenhang zwischen unserem Selbstbild und der Anstrengung und Zielstrebigkeit, mit der wir etwas verfolgen.

In seinem Buch *The Success Journey* schreibt John Maxwell: „Ein Traum ohne eine optimistische Einstellung bringt Tagträumer hervor. Eine optimistische Einstellung ohne Traum bringt eine angenehme Persönlichkeit hervor, die nicht vorankommt. Ein Traum in Verbindung mit einer positiven Einstellung bringt einen Menschen mit unbegrenzten Möglichkeiten und unbegrenztem Potenzial hervor."[5]

Fehler sind erlaubt

Meine Tochter Jody hatte als Kind Klavierstunden, und ich erinnere mich noch gut an ein Vorspielen, als sie zwölf Jahre alt war. Wenn Menschen um sie waren, die sie nicht kannte, war sie immer extrem schüchtern, sodass dieses Vorspielen wirklich eine Tortur für sie war. Bei diesem besagten Vorspielen sollte sie als Zweite an der Reihe sein, aber als es dann so weit war, kam die Schülerin, die als Erste an der Reihe war, nicht, sodass Jody gleich zu Beginn spielen musste.

Ich saß im Zuschauerraum und merkte, wie nervös sie war, als sie auf die Bühne kam und sich ans Klavier setzte. Zaghaft begann sie mit ihrem Stück und verspielte sich schon nach wenigen

Sekunden. Sie unterbrach daraufhin ihr Spiel, und in meinem Kopf rief es: *Jody! Spiel weiter! Spiel weiter!* Aber sie blieb einfach völlig regungslos sitzen.

Es herrschte absolute Stille im Saal. Mit hängendem Kopf stand meine Tochter ganz langsam vom Klavierhocker auf, rannte zu ihrem Vater, verkroch sich auf seinem Schoß und brach in Tränen aus. Ich erinnere mich genau, dass ich die ganze Zeit dachte: *Ach Jody, wenn du doch einfach nur weiterspielen würdest. Ein kleiner Fehler ist doch gar nicht schlimm.*

Und ich glaube, genau so denkt Gott, wenn es um uns geht. Er möchte, dass wir es versuchen. Er möchte, dass wir etwas riskieren. Denn wenn wir das tun, nehmen wir unsere Hände vom Lenkrad und sagen: „Gott, bitte übernimm du die Kontrolle!"

Es ist völlig in Ordnung, wenn wir Fehler machen oder versagen, aber wir dürfen nicht aufhören, es weiter zu versuchen. Denn dann schieben wir all das Wundervolle einfach beiseite, das Gott uns schenkt, damit unser Traum wahr werden kann. Und dann nehmen wir ihm letztendlich auch die Möglichkeit, uns beim Erreichen unseres Ziels zu unterstützen.

Am Ende des Vorspielens fragte ich meine Tochter: „Würdest du das Lied gleich noch einmal nur für Mama und Papa spielen, Jody?" Sie nickte und wischte sich die Tränen ab. Während wir darauf warteten, dass sich der Raum leerte, kam plötzlich eine alte Dame auf uns zu und sagte mit durchdringender Stimme: „Wieso hast du aufgehört? Du hattest das beste Stück von allen! So, und jetzt geh da hoch und spiel es noch einmal für mich!"

Also ging Jody noch einmal auf die Bühne und spielte ihr Stück fehlerlos vor. Als der letzte Ton verklungen war, kamen alle noch einmal in den Saal und Jody bekam tosenden Applaus.

Ich möchte Ihnen Mut machen, beim Verfolgen Ihres Traumes risikobereit, mutig und abenteuerlustig zu sein. Glauben Sie an die

Begabungen, die Gott Ihnen geschenkt hat. Haben Sie keine Angst davor, Fehler zu machen.

Wenn wir die Bestimmung für unser Leben erkennen wollen, dann gehört dazu auch die Bereitschaft, die damit verbundenen Risiken einzugehen. Das erinnert uns nämlich daran, für wen wir überhaupt leben und träumen. Gott hält Wunderbares für uns bereit, wenn wir daran denken, dass wir nicht nur zum Träumen geschaffen sind, sondern auch dazu, etwas zu riskieren.

4

Geschaffen, um Erfolg zu haben

Wohin soll ich gehen vor deinem Geist, und wohin soll ich fliehen vor deinem Angesicht? Führe ich gen Himmel, so bist du da; bettete ich mich bei den Toten, siehe, so bist du auch da.

PSALM 139,7–8; LÜ

„Ziehen Sie die Möglichkeit des Scheiterns gar nicht erst in Betracht; solange Sie beharrlich bleiben, werden Sie Erfolg haben."

BRIAN TRACY

Schauen Sie sich Psalm 139 einmal genauer an, und Sie werden feststellen, dass Gott sich ein erfolgreiches Leben für Sie wünscht. Er sehnt sich danach, dass das Leben seiner Kinder gelingt. Aber was verstehen wir überhaupt unter Erfolg?

Wenn wir über Erfolg sprechen, dann ist das nicht unbedingt mit Reichtum verbunden. Man kann beispielsweise das schönste Haus der Welt kaufen und es trotzdem nicht schaffen, daraus ein Zuhause zu machen. Man kann im schönsten Bett schlafen, das je gebaut wurde, aber das bedeutet noch längst nicht, dass man sich darin auch wirklich erholt. Man kann von vielen Menschen umgeben sein, aber das muss nicht heißen, dass man echte Freunde hat.

Wenn ich von Erfolg spreche, dann meine ich etwas, das Zig Ziglar als „Erfolg von Bedeutung" bezeichnet.

Dabei sind wir bis zu einem gewissen Grad selbst dafür verantwortlich, wie erfolgreich wir sind. Im Laufe meines Lebens habe ich festgestellt, dass es in dieser Hinsicht drei Typen von Menschen gibt: diejenigen, die dafür sorgen, dass etwas passiert, diejenigen, die zuschauen, wie etwas passiert und diejenigen, die sich fragen, was um Himmels willen eigentlich passiert ist! Ich habe schon sehr früh beschlossen, zu denen zu gehören, die für ihren Erfolg aktiv werden.

Zum anderen scheint es kein Geringerer als Gott selbst zu sein, der uns mit Erfolg segnen möchte. Hierzu habe ich einmal ein Hörbuch über das unglaublich erfolgreiche Leben von König Salomo gehört. Es gibt noch viele andere Personen in der Bibel, die sehr erfolgreich waren – zum Beispiel David oder auch Abraham. Und was war ihr Geheimnis? Diese Menschen hielten sich an die Grundsätze Gottes und Gott ließ ihr Leben gelingen.

Ich glaube, dass Erfolg ein Geschenk von Gott ist; dass es eine seiner unzähligen Möglichkeiten ist, uns zu segnen. Doch viele Christen haben ein Problem mit dieser Sichtweise – was ich überhaupt nicht verstehen kann, denn genau das steht doch in seinem Wort, wenn beispielsweise der Verfasser der biblischen Sprüche hervorhebt: „Vertraue dem Herrn deine Pläne an, er wird dir Gelingen schenken" (Sprüche 16,3). Gott möchte, dass unser Leben gelingt, aber oft sind wir es selbst, die dem im Weg stehen.

Viele von uns haben ein gespaltenes Verhältnis zum Erfolg. Wir beten einerseits darum und sehnen ihn herbei, andererseits schrecken wir vor ihm zurück. Wir ändern unsere Meinung und sagen: „Aber darum kann ich doch nicht bitten …"

Und wenn wir dann tatsächlich Erfolg haben, zucken wir mit den Schultern, senken den Kopf in – wie wir meinen – tiefer Demut und beteuern, dass wir keine Ahnung haben, wieso Gott ausgerechnet *uns* so reich gesegnet hat.

Enthalten Sie Gott nicht die Ehre vor, indem Sie Ihren Erfolg als einen verrückten Zufall darstellen. Das impliziert nämlich, dass Gott nicht weiß, was er tut. Doch er segnet Sie ganz bewusst, weil Sie das Talent und das Können nutzen, das er Ihnen geschenkt hat! Sie arbeiten hart und haben beschlossen, die Bestimmung anzunehmen, die er in Sie hineingelegt hat. All das ist Gott zuzuschreiben, aber oft enthalten wir ihm das Lob und den Dank dafür vor, indem wir unseren Erfolg leugnen oder ihn kleinreden.

Nur wenige Menschen danken Gott öffentlich für den Segen, den sie von ihm empfangen haben. Das liegt wahrscheinlich daran, dass man in unserer Gesellschaft nicht gerade dazu ermutigt wird, vor anderen Menschen über die eigenen Erfolge zu reden. Viel häufiger bestehen unsere Gebete stattdessen aus Klagen und Gejammer über unsere Wehwehchen und all das, was nicht so gut läuft. Ich allerdings halte es für sehr wichtig, auch darüber zu sprechen, was Gott uns alles schenkt und was uns gelingt – und es in unserer Seele, unserem Herzen und in unseren Gebeten zu bewegen.

Stricken und Erfolg

Es gibt Strickprojekte, bei denen man von der ersten Idee bis zur letzten Masche mit Begeisterung dabei ist. So geht es mir beispielsweise, wenn ich Pullover für meine Enkelkinder stricke. Und wenn ich dann sehe, dass meine Enkel die Pullover, die ich stricke, auch tragen, dann erfüllt mich das mit Stolz und Freude.

Manche meiner Enkel nennen mich Oma Pickle. Ich glaube, das hängt damit zusammen, dass der Name Macomber ganz ähnlich klingt wie Cucumber (engl. für „Gurke“), und dann ist es ja auch nicht mehr weit bis Mixed Pickles (engl. für „sauer eingelegtes Gemüse“). Ich nähe immer kleine Etiketten in die gestrickten Pullis, auf denen steht: „Mit Liebe gestrickt von Oma Pickles“. Für meine Enkel soll das eine Erinnerung daran sein, dass ihre Oma sie lieb hat, dass jede Masche, die ich an dem jeweiligen Kleidungsstück gestrickt habe, ein Beweis dafür ist, wie viel sie mir bedeuten. Sie wissen, wer diesen Pulli für sie gemacht hat und wie sehr sie geliebt sind. Und schon allein dadurch ist jedes meiner Strickprojekte ein Erfolg.

Erfolg bejahen und annehmen

In seinem Brief an die Gemeinde in Philippi schreibt Paulus: „Bei allem, was ihr tut, hütet euch vor Nörgeleien und Rechthaberei. Denn euer Leben soll hell und makellos sein. Dann werdet ihr als Gottes vorbildliche Kinder mitten in dieser verdorbenen und dunklen Welt leuchten wie Sterne in der Nacht. Dazu müsst ihr unerschütterlich an der Botschaft Gottes festhalten, die euch das Leben bringt. Wenn Jesus Christus dann kommt, kann ich stolz auf euch sein, dass ich nicht umsonst bei euch gewesen bin und mich nicht vergeblich um euch gemüht habe" (Philipper 2,14–16).

Warum sollte man an einem Rennen teilnehmen, wenn man keinen Siegespreis erwartet, nachdem man die Ziellinie überquert hat? Warum versuchen zu glänzen, wenn man sich dann doch ganz schnell wieder selbst mit Worten niedermacht, die das schmälern, was Gott durch einen tut?

Wenn wir wirklich der Bestimmung folgen wollen, für die Gott uns geschaffen hat, und wenn wir die Tür zu unserer Bestimmung und dem, was er durch uns tun will, öffnen, dann müssen wir auch den Erfolg annehmen, der damit einhergeht. Wenn wir den Erfolg leugnen, dann leugnen wir dadurch doch auch das Gute, das Gott durch uns bewirkt. Aber es ist natürlich viel einfacher, sich zu beklagen, als etwas Neues zu schaffen und zu gestalten. Es ist leichter zu schmollen, als nach einer Lösung zu suchen. Aber dazu hat uns Gott nicht berufen.

Ich liebe die Verse, die Paulus an die Philipper schreibt:

Dabei ist mir klar, dass ich dies alles noch lange nicht erreicht habe und ich noch nicht am Ziel bin. Doch ich setze alles daran, es zu ergreifen, weil ich von Jesus Christus ergriffen bin. Wie gesagt, meine lieben Brüder und Schwestern, ich weiß genau: Noch bin ich nicht am Ziel angekommen. Aber eins steht fest: Ich will vergessen, was hinter mir liegt, und schaue nur noch auf das Ziel vor mir. Mit aller Kraft laufe ich darauf zu, um den Siegespreis zu gewinnen, das Leben in Gottes Herrlichkeit. Denn dazu hat uns Gott durch Jesus Christus berufen.
Philipper 3,12–14

Für mich hat Erfolg allerdings nichts mit der Jagd nach Auszeichnungen und Anerkennung zu tun. Es geht vielmehr darum, dass wir unserer Bestimmung und der Leidenschaft treu bleiben, die Gott in uns hineingelegt hat. Auch unehrenhafte, gierige und ehrgeizige Karrieremenschen, denen alle anderen völlig egal sind, können es ganz nach oben schaffen. Aber ist das wirklich Erfolg?

Die Art von Erfolg, die ich meine, bedeutet mehr als nur Reichtum oder Macht oder Berühmtheit. Wenn ich von Erfolg spreche, dann gehört dazu auch immer das richtige Maß an Leistung und Ehrgeiz – und zwar beruflich wie privat. Damit meine ich die nötige Ausgewogenheit, die nur dann vorhanden ist, wenn wir nicht eigenen egoistischen Zielen folgen, sondern der Bestimmung, die wir von Gott bekommen haben.

Und wenn wir das richtige Maß gefunden haben, dann müssen wir es einfach nur noch so machen wie Bill Vukovich, der Rennfahrer, der 1953 und 1954 das *Indianapolis 500*-Autorennen gewann, etwas, das außer ihm nur ein paar wenige andere Fahrer geschafft haben. Nach dem Geheimnis seines Erfolges gefragt, antwortete er: „Da gibt es kein Geheimnis. Man tritt einfach voll aufs Gas und lenkt immer nach links.“

Drücken Sie also das unsichtbare Gaspedal durch, und strecken Sie sich nach dem Siegespreis aus, der am Ende des Rennens auf Sie wartet. Gott möchte, dass wir Erfolg haben, und er sitzt gemeinsam mit uns auf dem Fahrersitz. Seien Sie bereit für eine außergewöhnliche Fahrt!

Erfolg haben in den kleinen Dingen

Nachdem Sie jetzt wissen, warum uns Gott dazu geschaffen hat, Erfolg zu haben, und wieso es völlig in Ordnung ist, sich Erfolg zu wünschen, wird es Zeit, darüber zu sprechen, wie man denn überhaupt zum Erfolg gelangen kann.

Mein Tipp in dieser Hinsicht ist es, in einem ersten Schritt selbst die kleinsten Erfolge wertzuschätzen und dankbar dafür zu sein. Würdigen Sie jeden noch so kleinen Erfolg, denn dieser kann schon bald zu einem größeren führen.

Dieses Prinzip habe ich zu Beginn meiner Karriere gelernt, als ich nach unzähligen Absagen endlich meinen ersten Artikel verkaufen konnte. Dabei handelte es sich um eine kleine Anekdote über unseren Sohn Dale, der im Alter von fünf Jahren bei einem Krippenspiel in der Gemeinde mitspielte. Seine gesamte Rolle bestand darin, vorzutreten, einen Bibelvers aufzusagen und dann wieder zurückzutreten.

Als es endlich so weit war, trat er vor, sagte den Vers fehlerfrei auf, zögerte dann aber, weil er die Bibelstelle vergessen hatte. Nach einem Moment, in dem er fast panisch wirkte, sah er zu mir herüber und flehte mich wortlos um Hilfe an. Ich bildete mit den Händen einen Trichter vor meinem Mund und flüsterte: „Lukas!

Es ist Lukas!“ Mit erleichterter Miene sagte er daraufhin laut und deutlich: „Luke Skywalker!“

Und so erfuhren wir in jenem Gottesdienst von einem ganz neuen Evangelium. Natürlich lachten alle. Diese Geschichte – und viele andere „Dale-Geschichten“ – werden in unserer Familie immer wieder gern erzählt, aber diese war eben so niedlich, dass ich sie aufschrieb und einreichte. Eine Woche später erhielt ich tatsächlich einen Scheck über fünf Dollar.

Das war das erste Mal, dass ich Geld für meine Arbeit bekam, und es fühlte sich beinah berauschend an – endlich Erfolg! Nach einer Flut von Absagen gab es endlich eine Zeitschrift, die das, was ich geschrieben hatte, für wert erachtete, etwas dafür zu bezahlen. Es waren zwar nur fünf Dollar, aber für mich waren sie so viel wert wie fünf Millionen Dollar, weil sie eine Bestätigung für mich waren, als ich besonders dringend Bestätigung brauchte. Diese fünf Dollar waren der Beweis dafür, dass jemand meine Arbeit gut genug fand, um etwas dafür zu bezahlen.

Ich verkaufte danach noch eine ganze Reihe solcher Anekdoten und arbeitete mich auf diese Weise zu längeren Artikeln vor, während ich gleichzeitig weiter an meinen Romanen schrieb. Es waren kleine Erfolge wie dieser, die mich damals aufrecht hielten. Sicher, die Bezahlung war mager, aber sie gab mir den Antrieb, den ich brauchte, um weiterzumachen.

Gott wünscht sich, dass wir auch für kleine Erfolge dankbar sind und sie feiern. Bei mir gebrauchte er sie, um mir Mut zu machen und mir zu zeigen, dass sich Erfolg meistens erst nach und nach einstellt.

Stellen Sie sich Erfolg am besten einmal wie eines Ihrer Lieblingsrezepte vor. Zu meinen absoluten Lieblingsrezepten gehört Spaghetti mit Muscheln. Ich habe das Rezept vor Jahren einmal in einer Zeitschrift gefunden, es aber im Laufe der Zeit immer wieder verändert, weil ich einige Verbesserungsmöglichkeiten entdeckt habe. Mir ist klar, dass das Rezept ohne die ursprünglichen Zutaten nicht funktioniert, und je besser die Zutaten, desto besser wird am Ende auch das Ergebnis. Manchmal besteht die Versuchung, ein, zwei Zutaten wegzulassen – vielleicht weil man vergessen hat, noch rasch im Supermarkt vorbeizuschauen –, aber diese Zutaten wegzulassen führt letztlich dazu, dass dabei nicht das leckere Essen herauskommt, das in dem Originalrezept vorgesehen war.

Und genau so ist es auch mit unserem Leben: Es sind die vielen Details und kleinen Dinge – die einzelnen Zutaten –, die es so besonders machen und ihm die richtige Würze geben.

Halten Sie inne, genießen und feiern Sie jeden noch so kleinen Schritt auf dem Weg zum Erfolg. Lassen Sie nichts aus, und hasten Sie auch nicht durchs Leben, ohne nach links und rechts zu schauen, sondern nehmen Sie sich die Zeit, jeden einzelnen Ihrer Erfolge zu genießen und sich darüber zu freuen. Das wird Ihnen Mut machen und – was noch viel wichtiger ist – es wird Sie motivieren, weiterzumachen.

Überlegen Sie sich ein Lebensmotto

Es ist ziemlich einfach, sich Erfolg zu wünschen; viel schwerer ist es aber, ihn auch zu haben. Ich glaube, wenn wir Erfolg anstreben, besteht unser größtes Problem oft darin, dass wir es auf allen möglichen Wegen versuchen – außer auf dem direkten. Wir probieren es auf dem einen Weg, schwenken dann auf einen anderen um, und eh wir uns versehen, haben wir uns heillos verzettelt. Kein Wunder, wenn es dann schwer wird, ans Ziel zu gelangen.

Ein planloses Leben ist ein kompliziertes Leben, denn in einem solchen Leben verschwenden wir einen Großteil unserer Zeit damit, Feuer auszutreten, die wir nicht gebrauchen können, statt diejenigen anzuzünden, die wir brauchen.

Wenn wir Erfolg haben wollen, müssen wir uns überlegen, was uns wirklich wichtig ist. Was ist Ihnen wichtig? Ist es Ihre Familie? Ist es Ihr Beruf? Ist es etwas, das Sie tun wollen, aber noch nicht angepackt haben? In dieser Situation kann es hilfreich sein, sich ein Lebensmotto zu überlegen.

Ich habe das Thema „Lebensmotto" lange Zeit vor mir hergeschoben, weil ich mit vielen anderen Dingen beschäftigt war. Außerdem befürchtete ich, dass es nicht leicht sein würde, mein Leben in möglichst allgemeine Begriffe zu fassen und daraus dann ein plakatives Motto herauszuarbeiten. Ich spielte eine Reihe von Ideen durch, aber alle erschienen mir entweder gestellt oder zu kompliziert. Manchmal hilft es mir in einer solchen Situation, mein „Projekt" erst einmal beiseitezulegen und mich von Gott führen zu lassen, und genau das tat ich dann auch.

Es ist eigentlich nicht weiter verwunderlich, dass ich die Antwort schließlich in der Bibel fand, und zwar im ersten Buch Mose. Ich las gerade den Abschnitt im zwölften Kapitel, in dem es darum geht, dass Gott seinen Bund mit Abraham schließt. Gott sagt, dass er Abraham segnen und ihm viele Nachkommen schenken will. Und dann fiel mir der letzte Teil dieses Verses ins Auge: „… und du sollst ein Segen sein" (1. Mose 12,2; LÜ). Ich las die Worte zwei Mal, weil sie mich richtig packten, und in dem Moment wusste ich, dass dies mein Lebensmotto sein würde: einfach, grundlegend und direkt.

Bei allem, was ich tue – beruflich wie privat –, ist es mein Anliegen, anderen zum Segen zu werden. Jede Idee und jeder Plan muss mehrere Filter durchlaufen und einer dieser Filter ist mein Lebensmotto. Wenn mir etwas in den Sinn kommt oder wenn mich jemand um etwas bittet, was nicht von Anfang an das Potenzial hat, jemand anderem zum Segen zu werden, dann lasse ich die Finger davon.

Dabei ist mir natürlich bewusst, dass nicht jeder sein Lebensmotto in Form eines Bibelverses finden wird. Der Unternehmensberater Stephen Covey rät in diesem Zusammenhang, dass man einmal die Werte aufschreibt, die einem besonders wichtig sind.

Was ist Ihnen wichtig? Denken Sie gar nicht lange darüber nach, sondern schreiben Sie auf, was Ihnen spontan in den Sinn kommt. Wenn Sie dann diese Werte zusammengetragen und erfasst haben, formulieren Sie daraus eine konkrete Handlungsanweisung.

Gehört zu Ihren Werten beispielsweise Freundschaft, dann könnten Sie notieren: „Ich will mir Zeit nehmen für die Freunde, die ich jetzt habe, und unter den Menschen, die ich neu kennenlerne, Ausschau nach möglichen neuen Freunden halten."

Ihr Lebensmotto muss dabei gar nicht in Stein gemeißelt sein, denn schließlich ist es Ihr Lebensweg ja auch nicht. Haben Sie auch keine Angst davor, Ihr Lebensmotto zu überarbeiten und, wenn nötig, anzupassen.

Doch was auch immer Sie tun, bleiben Sie auf Ihrem Kurs. Geben Sie nicht auf, denn das ist eine der Eigenschaften, die eine erfolgreiche, zielstrebige Frau ausmachen.

Eigenschaften einer erfolgreichen Frau

Wenn ich an erfolgreiche Frauen in der Bibel denke, dann fallen mir Namen wie Esther, Debora und Ruth ein. Aber auch in unserer heutigen Zeit gibt es viele Frauen, die Grandioses leisten. Bei etwas genauerem Hinsehen lässt sich feststellen, dass erfolgreiche Frauen über ganz ähnliche Eigenschaften verfügen.

Erfolgreiche Frauen haben Selbstvertrauen

Erfolgreiche Frauen glauben an sich und ihre Träume. Eine erfolgreiche Frau hat die beinah kindlich anmutende Fähigkeit zu glauben, dass alles, was in ihrem Leben geschieht, sich so entwickelt, wie es sein soll – und das alles genau zur richtigen Zeit. Sie glaubt zutiefst an sich. Bei der Frau, die eine Beziehung zu Gott hat, kommt diese Selbstsicherheit aus der stillen Gewissheit, dass sie nach Gottes Plan lebt. Sie vertraut darauf, dass alles – das Gute wie das Schlechte, Schwierigkeiten und Rückschläge – einen Sinn hat. Größeren Erfolgen gehen oft Ereignisse voraus, die wie Schwierigkeiten, Enttäuschungen und Komplikationen aussehen, doch einer erfolgreichen Frau ist das bewusst, und sie akzeptiert, dass jede dieser schweren Erfahrungen entscheidend dazu beigetragen hat, dass aus ihr die Frau geworden ist, die sie heute ist. Sie vertraut darauf, dass ihr Leben gut ausgeht.

Dazu fällt mir die Geschichte von einem jungen Mann ein, der in eine ferne Stadt reist. Als er sich dem Stadttor nähert, trifft er dort auf einen weisen Mann, den er fragt, wie denn die Menschen so seien, die in der Stadt lebten. „Wie waren denn die Menschen in der Stadt, aus der Sie gerade kommen?", fragt ihn der weise Mann daraufhin. „Gauner und Schwindler, die betrügen, wo sie nur können", antwortet der junge Mann. Da schüttelt der Weise den Kopf und sagt, diese Stadt sei auch voll mit solchem Gesindel. Der junge Mann macht enttäuscht kehrt.

Kurz darauf wird der weise Mann wieder von jemandem angesprochen, der in die Stadt will und nach deren Bewohnern fragt. Und wieder stellt er die Gegenfrage an den Reisenden. „Die Menschen in der Stadt, aus der ich komme, sind großzügig und sehr freundlich", entgegnet dieser. Da lächelt der alte Mann und berichtet, dass in dieser Stadt genau solche Menschen leben. Der junge Mann betritt sie daraufhin in freudiger Erwartung auf das, was kommt.

Die Botschaft dieser Geschichte ist einfach: Das Leben ist das, was wir daraus machen. Vielen von uns ergeht es wie den beiden Reisenden. Wir finden das vor, was wir erwarten. Ich erzähle die

Geschichte, weil ich glaube, dass sie gut veranschaulicht, wie wir unseren eigenen Erfolg angehen sollen. Wenn wir glauben, dass wir erfolgreich sein werden, dann haben wir eine positive Ausstrahlung, die auch von anderen wahrgenommen wird. Wenn wir uns hingegen für Versager halten, dann werden die anderen uns auch als solche betrachten.

Eine erfolgreiche Frau übernimmt Verantwortung für sich selbst

In einer bekannten Studie von Victor und Mildred Goertzel haben die Verfasser den Hintergrund von dreihundert herausragenden Persönlichkeiten untersucht, die es bis ganz nach oben geschafft haben, darunter Franklin D. Roosevelt, Helen Keller, Winston Churchill, Albert Schweitzer, Clara Barton und Albert Einstein.

Die Ergebnisse brachten Interessantes zutage: Dreiviertel dieser herausragenden Persönlichkeiten kamen entweder aus armen Verhältnissen, zerrütteten Familien oder hatten sehr bevormundende und besitzergreifende Eltern. Vierundsiebzig der fünfundachtzig Schriftsteller, deren Leben für die Studie analysiert wurde, und sechzehn der zwanzig Lyriker kamen aus Familien, in denen sie psychologische Dramen zwischen den Eltern miterlebt hatten, und mehr als ein Viertel von ihnen hatte eine körperliche Behinderung. Und trotzdem wurden sie alle von Gott gebraucht, um Großartiges zu leisten.[1]

Viele der genannten Persönlichkeiten hatten in ihrer Kindheit und Jugend Probleme und mussten mit großen Herausforderungen fertigwerden – ein Umstand, den ich gut nachempfinden kann, denn auch meine Kindheit war nicht gerade inspirierend. Meine Lehrer fanden es sinnlos, mich zu ermutigen und aufzubauen, und meine Eltern hatten keine Zeit dazu. Meine Erfolgsaussichten als Schriftstellerin waren also alles andere als rosig. Doch an dem Tag, als ich die Schreibmaschine mietete und sie auf den Küchentisch stellte, beschloss ich, die Verantwortung für meinen Erfolg selbst zu übernehmen, denn mir war klar, dass niemand sie mir abnehmen würde. Und auch *Ihnen* wird diese Verantwortung niemand abnehmen.

Mit zum Klügsten, was Frauen für ihren Erfolg tun können, gehört es, sich Ziele zu setzen. Und damit meine ich an dieser Stelle primär die langfristigen Lebensziele, denn daraus ergeben sich dann auch die kurzfristigen Ziele, die es auf dem Weg dorthin zu erreichen gilt. Der Motivationsredner Brian Tracy hat einmal sinngemäß gesagt, dass jedem Erfolg eine längere Phase an konzentrierten und fokussierten Anstrengungen zum Erreichen des jeweiligen Zieles vorausgeht. Entscheidend dabei ist es, mit Entschlossenheit und Biss am Ball zu bleiben, bis das Ziel erreicht ist.

Ich setze mir mittlerweile seit über zwanzig Jahren konkrete Ziele, weil ich überzeugt bin, dass es nicht ausreicht, sich mit vagen Ideen für die Zukunft zu begnügen. Jeder Aspekt der Karriereplanung erfordert Zeit, Mühe und gründliche Überlegungen.

In meiner Planung gibt es deshalb Wochenziele mit Tagesprioritäten, Monatsziele, Jahresziele und Fünfjahresziele, und ich überprüfe in regelmäßigen Abständen, ob ich meine Ziele erreicht habe, und zwar mit Hilfe des sogenannten „Leistungsplaners", den Zig Ziglar entwickelt hat. Dieser Planer ist ein unbezahlbares Hilfsmittel für mich, wenn es darum geht, fokussiert zu bleiben.

Im ersten Teil des Planers geht es darum, eine lange Liste von Wünschen und Plänen einzugrenzen und daraus vier präzise, zeitlich realistische Ziele zu formulieren. Diese Vorgehensweise ist auch als S.M.A.R.T.-Methode bekannt. Das Akronym steht dabei für folgende Begriffe:

- Specific (dt.: spezifisch)
- Measurable (dt.: messbar)

- Action-oriented (dt.: handlungsorientiert)
- Realistic (dt.: realistisch)
- Timed (dt.: zeitlich fest umrissen)

Glauben Sie mir: Sie brauchen sich wirklich nicht den neuesten elektronischen Schnickschnack zu kaufen in der Hoffnung, dadurch organisierter und strukturierter zu werden. Der Schlüssel zum Erfolg liegt schlicht und ergreifend darin, sich Ziele zu setzen und dann einen entsprechenden Plan aufzustellen.

Machen Sie nicht den Fehler zu glauben, dass Sie keinen Plan brauchen. Leider ist es oft so, dass gerade kreative Menschen, die mit Leidenschaft und Begeisterung eine Idee verfolgen, glauben, keinen Plan zum Erreichen Ihrer Ziele zu brauchen. Aber das ist ein Irrtum, denn solch einen Plan braucht wirklich jeder. Durch jede Minute, die Sie in die Planung investieren, sparen Sie fünf Minuten bei der Umsetzung. Das ist ein Zeitgewinn von 500 Prozent!

Wenn ich also meine Ziele gesetzt habe, dann schaue ich die Zeit an, die mir wöchentlich zur Verfügung steht und verteile sie nach der ABCDE-Methode. Dabei werden die Aufgaben nach Priorität geordnet.

A-Aufgaben. Eine A-Aufgabe hat höchste Priorität und kann nicht aufgeschoben werden. Bei mir kann es eine A-Aufgabe sein, ein Kapitel zu schreiben oder an einem Vortrag für einen Kongress zu arbeiten. Bei dieser Art von Aufgaben ist es meiner Meinung nach besonders wichtig, dass sie am eigenen Lebensmotto ausgerichtet sind, damit Sie den grundlegenden Kurs in Ihrem Leben halten können.

B-Aufgaben. Eine B-Aufgabe ist eine Aufgabe, die zwar wichtig ist, aber nicht ganz so dringend wie eine A-Aufgabe. Vielleicht muss ich die Druckfahnen eines Buches lesen, für das ich ein

Vorwort oder eine Empfehlung schreiben soll, oder es geht um etwas anderes, das mit meinem Beruf zu tun hat. Sowohl A- als auch B-Aufgaben sind termingebunden, aber in meinem konkreten Fall werde ich nur dann bezahlt, wenn eines meiner Bücher ausgeliefert und verkauft wird. Für das Verfassen eines Grußwortes oder einer Empfehlung in dem Buch eines anderen Schriftstellers erhalte ich hingegen nichts.

C-Aufgaben. Eine C-Aufgabe ist eine „Kann-Aufgabe". Sie ist im Gesamtzusammenhang der Dinge nicht von grundlegender Bedeutung. Dazu würde beispielsweise das Treffen mit einer Freundin auf einen Kaffee gehören, ein ausführliches Telefonat mit jemandem, mit dem Sie schon lange nicht mehr gesprochen haben, oder ein Besuch in Ihrem Lieblingsgeschäft, um eine kleine Unterbrechung von der Arbeit zu haben. Mit C-Aufgaben kann man leicht Zeit vertun, deshalb sollte man sich mit ihnen überhaupt erst befassen, wenn die A- und B-Aufgaben erledigt sind. Jeder braucht ab und zu etwas Entspannung, und ein wenig Ablenkung schadet niemandem – wenn es nicht zur Gewohnheit wird.

D-Aufgaben. D-Aufgaben sind die Aufgaben, die Sie delegieren können und sollten, und zwar sowohl im Beruf als auch in der Familie. Bei der Arbeit übergebe ich so viele Aufgaben wie möglich an meine Assistentin, damit ich meine Kraft in erster Linie für das einsetze, was ich am besten kann – das Schreiben.

Das Delegieren in der Familie ist aber genauso wichtig. Für welche Hausarbeiten haben Sie eigentlich keine Zeit? Gibt es jemanden, der sie genauso gut erledigen kann wie Sie? Ich habe beispielsweise eine Buchhalterin, die die Familienfinanzen managt, Rechnungen bezahlt und alles regelt, was mit unserem Haus und Grundstück zu tun hat. Außerdem ist sie für die Firmenfinanzen und alle steuerlichen Dinge zuständig.

Vielleicht sind Sie häufig unterwegs und viel zu erschöpft, um sich auch noch selbst um den Haushalt zu kümmern. Haben Sie in diesem Fall kein schlechtes Gewissen, jemanden zu suchen, der diese Arbeit für Sie erledigt, oder sichern Sie sich die Hilfe von Familienmitgliedern. Was auch immer Sie tun, denken Sie daran, dass Sie nicht alles allein schaffen müssen. Wir wollen oft alles, und zwar sofort – und es dann natürlich auch noch *allein* schaffen.

E-Aufgaben. E steht auch für „ersatzlos streichen". Ich betrachte E-Aufgaben als gewaltige Zeitfresser. Es sind Dinge, die sich einschleichen, mich von meinen Zielen ablenken und mich in der Konzentration aufs Wesentliche stören. Das können Personen, Orte oder auch Dinge sein, und ich muss immer wieder darauf achten, dass ich mich von ihnen fernhalte.

Eine Zeit lang war ich beispielsweise jeden Abend online, merkte aber schon bald, dass ich in dieser Hinsicht wirklich suchtgefährdet bin. Jetzt schreibe ich wichtigen Freunden einmal pro Woche eine E-Mail und mehr Zeit im Internet erlaube ich mir außerhalb meiner beruflichen Nutzung nicht. Auch Computerspiele gehören auf jeden Fall in diese E-Rubrik, weil sie wirklich zum Problem werden können. Ich habe schon vor langer Zeit entschieden, solche Spiele nicht auf meinem Bürocomputer einzurichten. Die Versuchung, jeden Tag meine Fähigkeiten in *MahJong* zu testen, würde nur kostbare Zeit fressen, die ich eigentlich zum Schreiben brauche.

Für mich persönlich ist auf jeden Fall das Telefon einer der schlimmsten Zeitfresser, und zwar unter anderem deshalb, weil ich oft nicht weiß, wie ich ein Gespräch beenden soll. Ich möchte nicht unhöflich sein, aber ich habe auch nicht endlos Zeit zum Plaudern. Irgendwann habe ich festgestellt, dass die einfachste Art, jemanden dazu zu bewegen, auf den Punkt zu kommen, darin besteht zu fragen: „Hallo XY, was kann ich für dich tun?"

Ein weiterer Zeitfresser, den sicher viele kennen, ist das Aufschieben. Der beste Rat für dieses Problem kommt von W. Clement Stone, der ein Versicherungsimperium aufgebaut hat und seinerzeit zu den reichsten Menschen der Welt zählte. Stone schreibt seinen Erfolg drei kleinen Worten zu: Tu es sofort. Wenn Sie also das nächste Mal versucht sind, etwas aufzuschieben, denken Sie an seine Worte: Tu es sofort. Und dann tun Sie es einfach.

Manche Zeitfresser sind gar nicht so leicht zu entlarven, und welche Zeitfresser sich im Alltag von Menschen breitmachen, ist oft auch individuell ganz unterschiedlich.

Vor ein paar Jahren haben meine Freundin Linda Miller und ich jeden Freitagmittag eine Radiosendung moderiert. Die Aufnahmen dauerten immer den ganzen Tag und uns beiden gefiel diese Arbeit sehr. Wir wurden mit der Sendung dann so bekannt, dass man mit der Anfrage auf uns zukam, eine landesweit ausgestrahlte Sendung zu machen. Diese Radiosendung hat uns in unserer Karriere ganz bestimmt weitergebracht, aber je stärker wir mit der Rundfunkarbeit beschäftigt waren, desto dringlicher wurde die Frage: *Sind wir Schriftstellerinnen oder Rundfunkleute?* Und da merkten wir, wie leicht man vom ursprünglichen Kurs abkommen kann. Weder meine noch Lindas Zukunft lag beim Radio.

Streichen Sie also alles in Ihrem Leben, was Sie von Ihren grundlegenden Zielen ablenkt.

Und noch ein letzter Gedanke zu diesem Thema: Wenn das nächste Mal jemand Ihre Zeit in Anspruch nehmen möchte, stellen Sie sich die Frage: *Wenn ich zu dieser Bitte Ja sage, wozu muss ich dann im Umkehrschluss Nein sagen?* Wenn Sie im Beruf ein bestimmtes Projekt annehmen, auf welches müssen Sie dann stattdessen verzichten? Wenn Sie sich bereit erklären, eine Veranstaltung in der Gemeinde zu organisieren, was bleibt dann dafür zu Hause liegen?

Eine erfolgreiche Frau kann gut mit der Zeit umgehen, die ihr zur Verfügung steht, und das bedeutet, dass sie weiß, wie viel sie schaffen kann und wozu sie Nein sagen muss.

Eine erfolgreiche Frau investiert in sich selbst, um sich weiterzuentwickeln

Ich kann gar nicht stark genug betonen, wie wichtig es ist, auch etwas für sich selbst zu tun und sich nicht völlig aus dem Blick zu verlieren.

Egal, ob Sie zu Hause sind und sich um Haushalt und Kinder kümmern oder ob Sie Managerin sind und auf der Karriereleiter schnell nach oben kommen wollen: Es ist unerlässlich, sich im Alltagstrubel nicht selbst aus dem Blick zu verlieren.

Ich kenne Frauen, die vierzig Stunden in der Woche nur das tun, was ihnen gesagt wird – nicht mehr und nicht weniger. Sie kümmern sich nicht um ihr eigenes Wohlergehen, besuchen keine Fortbildungen, lesen nicht, lernen nicht und setzen sich auch sonst keine neuen Ziele. Sie verlassen sich in Bezug auf ihr Fortkommen völlig auf andere, zum Beispiel ihren Arbeitgeber. Für manche mag das verlockend klingen, aber es ist sicherlich nicht der schnellste und beste Weg zum Erfolg. Wenn Sie Erfolg haben wollen, dann werden Sie ihn umso früher erreichen, je eher Sie aktiv werden und Verantwortung für Ihr Leben und Ihre Karriere übernehmen.

Das Erste, was ich in dieser Hinsicht für mich selbst getan habe, war, mir Hörbücher von Motivationsvorträgen anzuhören. Ich bin so begeistert von Hörbüchern, weil ich dabei sehr flexibel bin. Ich kann sie zum Beispiel beim Autofahren anhören oder morgens beim Anziehen oder wenn ich abends ein Bad nehme. Aber das tue ich nicht nur zum Vergnügen; ich versuche auch immer, die Ratschläge zu befolgen, die ich dort bekomme.

Egal, ob Sie hören oder lesen, haben Sie keine Angst, sich Bücher auszusuchen, die Sie inspirieren und in dem ermutigen, was Sie tun möchten.

Eine erfolgreiche Frau macht sich Gedanken über Erfolg

Es ist wahr, dass man ist, was man denkt. Im Umkehrschluss bedeutet dies, dass man, wenn man sich Gedanken über Erfolg macht, auch wirklich erfolgreich werden kann.

Damit will ich natürlich nicht sagen, dass man denken kann: *Ich möchte erfolgreich sein* – und zack, schon ist es passiert. Wenn Sie das glauben, dann haben Sie wahrscheinlich die ersten Kapitel dieses Buches übersprungen!

Ich will damit sagen, dass Frauen, die sich Gedanken über Erfolg machen, dem Erfolg sehr viel näher sind als Frauen, die das nicht tun. Zu den entscheidenden Faktoren dabei gehört eine positive innere Einstellung. Konzentrieren Sie sich ganz auf das Positive. Es gibt Menschen, die auch dann noch ein Haar in der Suppe finden und sich beklagen, wenn alles wunderbar ist. Meiden Sie solche Menschen, denn ihre negative Einstellung zieht Sie nur mit herunter.

Ich wurde einmal von einer Bekannten gefragt, ob ich Lust hätte, mittags mit ihr essen zu gehen. Glauben Sie mir: Das war das schlimmste Mittagessen meines Lebens! Gleich nach der Begrüßung begann sie damit, mir ihr Leid zu klagen. Auf dem Weg zu unserem Treffen hatte sie doch tatsächlich im Stau gestanden – wie furchtbar! Anschließend hatte sie dann auch noch Ewigkeiten gebraucht, um einen Parkplatz zu finden. Und als wäre das alles nicht schon schlimm genug gewesen, schmeckte ihr das Dressing des Salates, den sie ausgewählt hatte, überhaupt nicht.

Je länger wir zusammensaßen, desto genervter wurde ich. Ich konnte einfach nicht nachvollziehen, warum sie sich über alles

Mögliche beklagte, anstatt sich darüber zu freuen, dass wir beide Zeit miteinander verbrachten.

Ich gebe zu: Das Leben serviert uns manchmal Zitronen, und es passieren Dinge, die uns so gar nicht schmecken wollen. Aber das alte Sprichwort, dass wir aus diesen Zitronen Limonade machen sollen, klingt für mich noch immer nach der besten Lösung. Bleiben Sie also positiv und umgeben Sie sich mit heiteren und konstruktiven Menschen. Begeisterung und Ehrgeiz sind ansteckend. Positive Menschen stärken uns auf dem Weg zum Erfolg, genauso wie positives Denken uns im Erreichen unserer Ziele weiterbringt.

Denken Sie an die fünf „Sei"

Oft sind die wahren Kennzeichen von Erfolg für Außenstehende gar nicht sichtbar. Das Gefühl von Freude und Zufriedenheit an jenem Tag, als ich mein erstes Romanmanuskript verkauft hatte, ist nie wieder weggegangen, und es ist nach wie vor von unbezahlbarem Wert für mich. Der Morgen, an dem mir meine Agentin sagte, ich sei in den Top 15 der *New York Times*-Bestsellerliste, war auch solch ein Höhepunkt, weil ich so lange auf dieses Ziel hingearbeitet hatte.

Im Laufe der Zeit habe ich jedoch festgestellt, dass es nicht die Auszeichnungen oder die Platzierungen auf Bestsellerlisten sind, die mir am meisten Freude bereiten, sondern es sind die Leserinnen, die mir mitteilen, dass meine Bücher sie in irgendeiner Weise berührt haben. Das ist es, was mich abends zufrieden einschlafen lässt.

Ich möchte dieses Kapitel abschließen, indem ich Ihnen meine persönliche Formel für Erfolg verrate. Ich nenne sie auch die fünf „Sei":

1. Sei stolz

Seien Sie stolz darauf, wer und was Sie sind, denn in Gottes Augen sind Sie etwas Besonderes. Der Verfasser des fünften Buchs Mose schreibt: „Denkt doch an die vergangenen Zeiten! Ist jemals etwas so Wunderbares geschehen wie das, was ihr erlebt habt? Wird irgendwo Ähnliches berichtet, seit Gott den Menschen geschaffen hat? Auf der ganzen Erde werdet ihr nichts Vergleichbares finden!" (5. Mose 4,32). Sie sind ein einzigartiger Mensch; es gibt Sie auf dieser Welt nur ein einziges Mal. Empfangen Sie alles, was Gott Ihnen schenkt, mit offenen Armen, und seien Sie bereit, etwas zurückzugeben.

2. Sei beharrlich

Versuchen Sie, mit allem, was Sie haben und sind, Ihr Ziel zu erreichen. Letztlich gelangen die standhaften Menschen zum Erfolg. Menschen, die auch angesichts von Widrigkeiten nicht aufgeben.

3. Sei kühn

Wagen Sie es zu träumen! Jeder kann die Person sein, die er sein möchte. Gott hat uns nicht dazu geschaffen, um uns dabei zuzuschauen, wie wir uns schmollend zurücklehnen und auf Almosen warten. Er wünscht sich, dass wir aufrecht stehen, mit festem Schritt unseren Weg gehen und alles dafür tun, um unser Ziel zu erreichen, das er uns ins Herz gelegt hat.

4. Sei dankbar

Seien Sie dankbar für die kleinen Dinge im Leben. Seien Sie dankbar dafür, dass Sie einen Traum haben und auch für jede Ermutigung, die Sie auf dem Weg zu seiner Erfüllung bekommen. Und seien Sie dankbar für die Möglichkeit, aus Ihren Fehlern zu lernen.

5. Sei du selbst

Es war noch nie jemand erfolgreich, indem er versucht hat, jemand anderes als er selbst zu sein. Bleiben Sie sich treu, und schauen Sie auf Ihren eigenen Weg, statt sich ständig mit anderen zu vergleichen.

Und schließlich: Haben Sie keine Angst davor, Erfolg anzustreben und ihn am Ende auch zu haben. Es ist ein wichtiger Teil des Weges, der Bestimmung gemäß zu leben, die Gott für Sie vorgesehen hat.

5

Geschaffen, um das richtige Maß zu finden

Nähme ich Flügel der Morgenröte und bliebe am äußersten Meer, so würde auch dort deine Hand mich führen und deine Rechte mich halten.

PSALM 139,9–10; LÜ

„Die meisten Menschen haben Mühe, das richtige Maß zu finden, weil sie einfach nicht den Preis zahlen möchten, den es kostet, sich für das wirklich Wichtige in ihrem Leben zu entscheiden."

STEPHEN COVEY

In Psalm 139 lesen wir, dass Gott uns von allen Seiten umgibt und seine schützende Hand über uns hält (siehe Psalm 139,5). Bildlich gesehen kann man sich das wie den Saum eines Kleidungsstückes vorstellen, der die Nähte fest umschließt und sie zusammenhält.

Mir gefällt dieses Bild sehr, weil es auf wundervolle Weise veranschaulicht, dass Gott Ruhe und Ausgewogenheit in unser Leben bringen will. Kleidungsstücke werden ja gesäumt, damit sich das Gewebe nicht auflöst.

Ich weiß nicht, wie es bei Ihnen ist, aber bei mir kommt es gar nicht so selten vor, dass ich das Gefühl habe, mich regelrecht aufzulösen. Die Last der vielen unterschiedlichen Aufgaben und Aktivitäten, familiäre Probleme, Stress bei der Arbeit oder auch eine Kombination aus allem, können an den Fäden unserer Seele ziehen, aber wir dürfen trotzdem sicher sein, dass Gott uns „säumt". Er schützt und erhält uns, wenn wir die Ruhe und den Ausgleich, die wir so dringend brauchen, bei ihm suchen und dadurch das richtige Maß finden.

Wenn wir wirklich der Bestimmung Gottes für unser Leben folgen wollen, dann ist das richtige Maß dabei ein entscheidender Faktor. Und ich glaube, das richtige Maß können wir nur dann finden, wenn Gott die erste Stelle in unserem Leben einnimmt.

Ich habe einmal die Geschichte von einer Frau gehört, die mit ihrem Mann zum Arzt ging, damit er sich endlich einmal gründlich untersuchen ließ. Als der Arzt mit allen Untersuchungen fertig war, sagte er der Frau, ihr Mann litte unter einer sehr schweren Infektion.

„Und … was hat er gesagt?“, fragte der Mann seine Frau, weil er schwerhörig war.

„Er sagt, dass du krank bist“, antwortete die Frau.

Der Arzt fuhr fort: „Aber es besteht Hoffnung. Sie müssen dafür sorgen, dass er weniger Stress hat. Machen Sie ihm jeden Morgen ein gutes, gesundes Frühstück, seien Sie nett und freundlich zu ihm, machen Sie ihm jeden Tag etwas Leckeres zum Mittagessen und zum Abendessen seine Lieblingsgerichte, und – das ist jetzt sehr wichtig – reden Sie nicht mit ihm über Ihre Probleme, denn das verschlimmert seinen Stress nur noch mehr. Schreien Sie ihn nicht an, und streiten Sie nicht mit ihm, sondern kümmern Sie sich um jedes Wehwehchen, das er hat. Wenn Sie das für ein Jahr durchhalten, dann wird ihr Mann sicher wieder vollständig gesund werden.“

„Was hat er gesagt?“, fragte der Mann jetzt wieder.

„Es tut mir leid, mein Schatz, aber er hat gesagt, dass du sterben musst“, antwortete die Frau darauf traurig.

Geht es Ihnen auch manchmal so wie der Frau in der Geschichte? Alles hängt an Ihnen. Als Frauen haben wir heutzutage aber auch wirklich viel auf dem Zettel, nicht wahr? So viel, dass wir uns immer häufiger überfordert fühlen. Wir kümmern uns nicht nur um unseren Mann, sondern auch um Kinder, Eltern und Freunde.

Wir managen den Haushalt, arbeiten ehrenamtlich in der Gemeinde oder an anderen Stellen mit und viele von uns sind darüber hinaus auch noch voll berufstätig.

Aber nicht nur wir Frauen sind gestresst, sondern wir sind insgesamt ein gestresstes Volk.

Das Washingtoner *Gallup*-Institut hat dazu vor ein paar Jahren eine interessante Untersuchung durchgeführt, aus der hervorgeht, dass 50 Prozent der Erwachsenen in den Vereinigten Staaten nicht die Zeit haben, die sie bräuchten, um die Dinge zu schaffen, die sie eigentlich tun möchten. Dabei überrascht es nicht weiter, dass mehr Frauen als Männer täglich Stress empfinden, und diejenigen, die berufstätig sind und Kinder haben, beschreiben ihn laut Umfrage als besonders stark.[1]

Aber betrachten wir dieses Ergebnis nun noch einmal aus einem anderen Blickwinkel: Wenn die Hälfte der befragten Erwachsenen zu wenig Zeit hat, die Dinge zu tun, die sie eigentlich tun will, dann bedeutet das aber auf der anderen Seite auch, dass die andere Hälfte dazu genug Zeit hat. Da stellt sich natürlich die Frage, wie die zweite Hälfte dies schafft, denn schließlich haben ja alle nur 24 Stunden pro Tag zur Verfügung. Offenbar gibt es also Menschen, die mit ihrer Zeit besser zurechtkommen als andere.

Egal, ob es um Erfolg bei der Arbeit oder im Privatleben geht, der Schlüssel ist immer das richtige Maß, und ich versichere Ihnen, dass es möglich ist, es zu finden.

Der Verfasser von Psalm 119 hebt hervor, dass wir glücklich sind, wenn wir uns an den Plan und das Gesetz Gottes halten.

Glücklich sind die Menschen, denen man nichts Böses nachsagen kann, die sich stets nach dem Gesetz des Herrn richten. Glücklich sind alle, die sich an seine Weisungen halten und von ganzem Herzen nach ihm fragen. Solche Menschen tun kein Unrecht, sie leben

so, wie es Gott gefällt. Was du, Herr, angeordnet hast, das soll jeder genau beachten. Nichts soll mich davon abbringen können, deine Ordnungen treu zu befolgen. Deine Gebote verliere ich nicht aus den Augen. Darum brauche ich mich nicht zu schämen, sondern kann dich mit aufrichtigem Herzen loben. Deine guten Gesetze lerne ich immer besser kennen.
Psalm 119,1–8

Sich an einen Plan halten. Wenn man wirklich eine Leidenschaft für etwas Bestimmtes hat, ist es manchmal schon schwer, sich an einen Plan zu halten, oder? Dann möchte man nicht Schritt für Schritt vorankommen, sondern man möchte losrennen!

Darauf muss ich besonders achten, wenn es um meinen Beruf geht. Ich lasse mich vom Schreiben und vom Austausch mit meinen Lesern so sehr begeistern, dass ich darüber andere Dinge glatt vergesse und dadurch am Ende vielleicht einige kostbare Momente meines Lebens verpasse. Dabei habe ich noch so viele andere wertvolle Dinge in meinem Leben, für die ich dankbar sein kann: meinen Mann, meine Kinder, meine Enkelkinder – und das Stricken.

Gehen Sie noch einmal zurück zu den Versen, die ich gerade zitiert habe. Achten Sie dabei besonders auf die Zeile: „Deine guten Gesetze lerne ich immer besser kennen." In diesen Worten steckt nämlich der Schlüssel zum Finden des richtigen Maßes: Gott gibt uns einen Weg vor, an den wir uns halten sollen, und diesen Weg können wir in seinem Wort finden.

Ein Leben mit dem richtigen Maß

Wie können wir also zu einem ausgeglichenen Lebensstil finden? Viele Frauen kommen mehr schlecht als recht durchs Leben, indem sie mit all ihren unterschiedlichen Aufgaben jonglieren. Sie quetschen dies noch hier hinein, und das passt gerade noch dort dazwischen, und das schieben sie hierhin und jenes noch dorthin, und so schaffen sie es oft mit Müh und Not, alles unter einen Hut zu bekommen und nicht aus dem Gleichgewicht zu geraten. Sie sind wahre Meisterinnen im Multitasking. Aber mal ehrlich, Gott hat doch Eva nicht aus Adams Rippe geschaffen, damit Adam sagen konnte: „Ich will sie *Superfrau* nennen."

Stricken und das richtige Maß

„Der einfache, meditative Vorgang des Strickens bringt vielleicht nicht den Weltfrieden, aber er hat meine Welt auf jeden Fall zu einem friedvolleren Ort gemacht."
Ann Budd, Lektorin *bei Interweave Press*

Gleichmäßigkeit, Beständigkeit und ja, auch das richtige Maß – all das braucht man auch beim Stricken. Nur ordentliche, gleichmäßige Maschen führen am Ende zu einem schönen Ergebnis. Zu feste oder zu lockere Maschen … nun ja, wir alle kennen Strickdecken mit Löchern an Stellen, wo sie nicht hingehören!

Und beim Stricken muss man auch auf das richtige Maß achten. Wie bei allem anderen im Leben, kann man es auch beim Stricken übertreiben und zu viel Zeit damit verbringen. Ich kann stundenlang an einem Projekt sitzen und stricken, aber irgendwann muss ich aufstehen und etwas anderes tun. Warum? Ganz praktisch gesehen, weil ich irgendwann müde werde. Meine Arme und Schultern verspannen sich, meine Augen werden müde und ich komme immer häufiger mit dem Zählen von Maschen und Reihen durcheinander. Wenn aus dem Stricken anstrengende Arbeit wird, dann macht es keinen Spaß mehr.

Aber das meiste, was man strickt, besteht ja aus einzelnen Teilen. Das Projekt entsteht also nicht in einem Rutsch, sondern in Etappen. Ich habe das Gefühl, etwas geschafft zu haben, verliere aber auch das Maß nicht aus dem Blick, wenn ich mir beim Stricken Ziele setze und nicht versuche, das ganze Teil in Rekordgeschwindigkeit zu schaffen. Stricken ist ein Prozess, der Zeit und Ruhe erfordert, wenn er gelingen soll.

Ich neige dazu, mich in meiner Arbeit zu verlieren und dadurch zu viel zu arbeiten. Deshalb ist es mir besonders wichtig, dass ich ein Büro außerhalb unseres eigenen Hauses habe. Es ist seltsam – viele Schriftsteller, die ich kenne, träumen davon, mit dem Schreiben genug zu verdienen, um ihren eigentlichen Beruf aufgeben und von zu Hause aus arbeiten zu können. Ich dagegen konnte es gar nicht erwarten, mit dem Schreiben so viel zu verdienen, dass ich mir endlich ein eigenes Büro mieten konnte.

In der ersten Zeit war es schwierig, denn Schriftsteller haben ja kein geregeltes Einkommen. Ich teilte mir deshalb ein Büro mit einer anderen Schriftstellerin, in der Hoffnung, dass wenigstens eine von uns immer genügend Geld haben würde, um die Miete zu bezahlen – selbst wenn die andere gerade knapp bei Kasse war –, und dass es sich am Ende irgendwie ausgleichen würde. Ich erinnere mich noch genau an den Moment, als wir den Mietvertrag unterschrieben. Mir war dabei sehr wohl bewusst, dass das eine Sache des Gottvertrauens war. Ich musste ihm vertrauen, dass er mich jeden Monat mit dem versorgte, was ich brauchte. Für mich war das ein gewaltiges Glaubenswagnis, aber für meine Familie und mich war es das auf jeden Fall wert.

Ich bin von Natur aus ein sehr strukturierter Mensch, aber nichtsdestotrotz muss ich darauf achten, dass ich die richtigen Prioritäten setze und dadurch das schütze, was mir am wichtigsten ist. Diese Verantwortung nimmt mir niemand ab.

Was ist Ihnen am wichtigsten und warum? Erstellen Sie eine Liste mit fünf bis zehn der wichtigsten Dinge in Ihrem Leben. Wenn Sie dann Ihre persönlichen Prioritäten kennen, fragen Sie sich, was Sie tun können, um diese zu schützen. Führen Sie beispielsweise den Grundsatz ein, dass Arbeit Arbeit ist und zu Hause zu Hause. Oder stellen Sie die Regel auf, dass am Wochenende grundsätzlich nicht gearbeitet wird. Und bestehen Sie darauf, dass Sonntag ein Ruhetag ist und nicht der Tag, an dem alles nachgeholt und aufgearbeitet wird, was während der Woche liegen geblieben ist, bevor dann die nächste hektische Woche beginnt. Niemand außer Ihnen kann solche Prioritäten setzen und wahren. Wenn Sie wirklich ein ausgeglichenes Leben führen wollen, dann müssen Sie sich früher oder später entscheiden, was Ihnen im Leben am wichtigsten ist.

Bei mir ist es zurzeit so, dass ich ein eigenes Büro mit drei Angestellten habe. Arbeit ist Arbeit und zu Hause ist zu Hause, und es gelingt mir ganz gut, beide Bereiche konsequent auseinanderzuhalten. Ich nehme nur sehr selten Arbeit mit nach Hause, sodass mein Mann, meine Kinder und meine Enkel wissen, dass sie meine volle Aufmerksamkeit haben, wenn ich zu Hause bin.

Das richtige Maß bei der Arbeit

Es gibt aber nicht nur eine Ausgewogenheit zwischen meinem Berufs- und Privatleben, sondern ich habe im Laufe der Zeit gelernt, dass es wichtig ist, auch während der Arbeit das richtige Maß zu finden.

Am ersten Tag jedes neuen Jahres plane ich den Urlaub mit meinem Mann und Zeit mit meinen Kindern und Enkeln ein. Ich lege die Monate fest, in denen ich schreibe, und die Zeit, in der ich auf Lesereise bin. Das hilft mir ungemein dabei, mich mit voller Kraft auf das zu konzentrieren, was in dem jeweiligen Moment ansteht. Wenn ich mit einem Buch auf Lesereise bin, dann bringe ich mich dabei voll ein, und wenn ich schreibe, hat die Arbeit meine ungeteilte Aufmerksamkeit. In dieser Zeit nehme ich nicht an Kongressen teil, halte keine Vorträge und nehme keine Verpflichtungen an, die mich von dem Buchprojekt ablenken. Genauso versuche ich es auch mit der Zeit für meinen Mann und für die Familie zu handhaben.

Das richtige Maß in der Ehe

Vor vielen Jahren, als unsere Kinder alle noch klein waren, gingen Wayne und ich einmal abends essen. Das kam nur sehr selten vor, und nachdem wir in dem Restaurant Platz genommen und bestellt hatten, sagte Wayne: „Weißt du was? Wir reden immer nur über die Kinder. Ich möchte, dass dieses Thema heute Abend tabu ist. Kein Wort über die Kinder, ja?"

Dann sahen wir uns verliebt in die Augen und warteten beide darauf, dass der jeweils andere etwas sagte, aber es kam nichts – nur bedrückendes Schweigen. Da dämmerte uns, dass wir nicht wussten, worüber wir reden sollten! Ich lächelte, gab ihm über den Tisch hinweg die Hand und sagte: „Hallo, ich heiße Debbie", und dann mussten wir beide lachen. Kommunikation ist das Wichtigste in der Ehe, aber sie funktioniert nicht automatisch, sondern man muss Zeit und Raum dafür schaffen.

Wayne und ich fahren jeden Winter von unserem Haus in Washington State in unser Winterdomizil nach Florida. Das ist eine Strecke von 6.000 Kilometern, auf der wir im Laufe der Jahre bei den winterlichen Fahrten schon so manches Abenteuer erlebt haben. Einmal sind wir beispielsweise bei Salt Lake City in einen Schneesturm geraten und schon zwei Mal ist unser Wagen liegen geblieben und musste in die Werkstatt. Mein Mann nimmt lieber die Landstraße als die Autobahn, wodurch wir schon in Orten übernachtet haben, in denen das größte Gebäude die Tankstelle war.

Wir werden immer wieder gefragt, wieso wir diese lange Strecke mit dem Auto fahren, statt zu fliegen. Das ist eine gute Frage, und es hat ziemlich lange gedauert, bis mir die Antwort bewusst geworden ist. Die Woche, die wir für die Fahrt brauchen, ist die einzige Zeit im Jahr, in der Wayne und ich garantiert Zeit für uns – und nur für uns – haben. In unserer hektischen Welt wird es ja immer schwieriger, auch einmal längere Zeitspannen füreinander zu haben.

Wenn Sie verheiratet sind, kennen Sie das sicher. Zwischen Kindern, Arbeit, Freunden und all den anderen Dingen, die einen ablenken – Fernseher, Internet und Handy, diese Liste ließe sich beliebig verlängern –, bleibt am Ende des Tages nicht mehr viel Zeit füreinander.

Also ist diese Zeit im Auto auf dem Weg nach Florida die einzige im Jahr, die wir ungestört zu zweit sind und reden können, ohne unterbrochen zu werden. Und es ist immer wieder erstaunlich, wie viel wir uns zu erzählen haben. Es gibt Phasen, da fällt über Hunderte von Kilometern kein einziges Wort, aber dann wieder reden wir über lange Strecken ohne Punkt und Komma. Und Jahr für Jahr verlieben wir uns auf dieser Fahrt wieder neu ineinander.

Ich glaube, jede Ehe braucht solche exklusive Zeit füreinander, und diese Zeit muss man bewusst einplanen. Bei manchen ist das vielleicht ein romantisches Wochenende, für andere sind es Spaziergänge am Strand oder die gemütliche Kuschelzeit am

Samstagmorgen, und für Wayne und mich sind es eben die 6.000 Kilometer, die uns dem Sonnenschein in Florida – und einander als Ehepaar – näherbringen.

Das richtige Maß in der Familie

Es muss aber auch Zeiten geben, in denen wir uns ganz bewusst auf unsere Kinder konzentrieren, besonders wenn sie schon aus dem Haus sind. Als unsere Kinder nach und nach heirateten und die Familie größer wurde, habe ich festgestellt, dass die Zeit uns einfach zwischen den Fingern zerrann, wenn wir nicht bewusst Treffen einplanten.

Deshalb plane ich etwa alle zwei Monate eine Familienaktivität, an der jeder teilnehmen kann, der möchte. Dazu haben wir schon einmal ein Schwimmbad gemietet, die Eisdiele im Ort nur für uns reserviert, sind in einen Wasserpark gefahren und hatten schon diverse Essen bei uns zu Hause, zu denen jeder etwas mitbrachte. Je älter jetzt auch die Enkel werden und je mehr sie eigenen Aktivitäten nachgehen, desto schwieriger wird es, aber ich gebe nicht auf und versuche trotzdem immer wieder, diese gemeinsamen Termine hinzubekommen, weil mir die Familie so wichtig ist.

Auch Feste und Feiertage sind wichtig. Ich finde es gut und richtig, dass unsere Kinder ihre eigenen Traditionen entwickeln und ihre Familienzeiten haben, also versuchen wir es so einzurichten, dass wir als Großfamilie nicht direkt an den Feiertagen zusammenkommen, sondern an einem Termin in zeitlicher Nähe. So treffen wir uns beispielsweise alle am Tag vor Erntedank, und am letzten Wochenende vor Weihnachten kommen wir immer abwechselnd bei einem unserer Kinder oder bei uns zu einem festlichen Essen zusammen. Beim Organisieren solcher Familienaktivitäten ist meiner Erfahrung nach wirklich Kreativität gefragt.

Ich habe lange Zeit ein Wochenende pro Jahr nur mit meinen beiden Töchtern verbracht, aber das ist mittlerweile gar nicht mehr so einfach, weil sie selbst Kinder haben und weil sehr viel Organisation nötig ist, wenn sie die Familie länger als einen Tag allein lassen wollen. Da müssen wir uns als Eltern erwachsener Kinder dann entsprechend anpassen. Statt der gemeinsamen Wochenenden veranstalte ich jetzt jedes Jahr am ersten Freitag im Dezember eine Übernachtungsparty für sie bei mir zu Hause und es ist jedes Mal wieder ein Riesenspaß! Ganz ähnlich plane ich auch Zeit mit meinen Enkelkindern ein – eben ganz besondere Zeiten mit Oma und Opa.

Nein sagen

Wenn man sich dafür entscheidet, Prioritäten zu setzen, um das, was einem besonders wichtig ist, zu schützen, dann muss man unweigerlich auch mal Nein sagen. Doch wie kommt es bloß, dass es uns dermaßen schwerfällt, dieses kleine Wort auszusprechen?

Kate White, Autorin des Buches *Brave Mädchen bringen's nicht – Nur Power-Frauen machen Karriere,* zitiert darin Oprah Winfrey, die gesagt haben soll, dass wir Frauen „diese Krankheit haben, es allen recht machen und gefallen zu wollen". Wir wollen von jedem gemocht werden und niemanden enttäuschen. Wir möchten andere glücklich machen, weil uns das auch selbst glücklich macht. Aber funktioniert das wirklich?

Problematisch wird es spätestens dann, wenn wir die Bedürfnisse der anderen über unsere eigenen stellen und dadurch unsere eigenen Ziele und Prioritäten mehr und mehr in den Hintergrund gedrängt werden. Die alte Weisheit, dass man es nicht jedem recht machen kann, enthält schon ziemlich viel Wahrheit. Eine der Möglichkeiten, diese Weisheit aufs eigene Leben anzuwenden, besteht darin, Nein sagen zu lernen.

Aber ich will doch nicht selbstsüchtig und egoistisch werden, denken Sie sich jetzt vielleicht und haben damit natürlich völlig recht. Sie sollen auch nicht pauschal zu allem Nein sagen, sondern nur zu dem, was Ihnen nicht weiterhilft oder nicht mit Ihren Werten und Prioritäten übereinstimmt.

Kate White gibt einige großartige Tipps, wie wir erkennen können, zu welchen Dingen wir Nein sagen sollen, und vor allem, wie wir das anstellen können.

1. **Auf das Bauchgefühl hören.** Verspüren Sie ein „Grummeln im Bauch", wenn Sie um einen Gefallen gebeten werden, der weder Ihnen noch Ihrer Familie nutzt, dann ist das auf jeden Fall ein Zeichen dafür, die Sache lieber nicht zu übernehmen.

2. **Begründen Sie Ihre kurze und freundliche Absage.** Geben Sie immer einen ehrlichen Grund an, warum Sie eine Aufgabe nicht übernehmen können, beispielsweise eine andere Verpflichtung, die Sie bereits fest übernommen haben. Sagen Sie etwas wie: „Ich fühle mich wirklich geehrt, dass du mich bittest, in deiner Gruppe mitzuarbeiten, aber ich muss leider Nein sagen, weil ich schon in der anderen Arbeitsgruppe mitarbeite und mich voll und ganz darauf konzentrieren möchte."

3. **Niemals „vielleicht" sagen.** Das ist wirklich ein guter Tipp. Wir wollen nicht Nein sagen, denn wir wollen unser Gegenüber nicht enttäuschen, also sagen wir: „Ich schaue mal, ob ich das noch übernehmen kann, und melde mich wieder bei dir." Doch damit zögern wir das Unvermeidliche nur hinaus. Die Person, von der Sie um Hilfe oder einen Gefallen

gebeten werden, versteht Ihr „Vielleicht“ wahrscheinlich als „Beinah-Ja“, weil sie Ihre Hilfe braucht und fest mit Ihnen rechnet. Wenn Sie dann letztendlich doch Nein sagen, wird diese Person enttäuscht sein und sich von Ihnen im Stich gelassen fühlen, weil sie immer wieder unverbindliche Aussagen von Ihnen bekommen hat.[2]

Denken Sie an Folgendes: Wenn Sie Nein sagen zu etwas, das nicht zu Ihren Prioritäten gehört, sagen Sie damit automatisch Ja zu etwas, das Ihren Prioritäten entspricht. Es ist eine Entscheidung dafür, den Weg zu gehen, den Gott für Sie vorbereitet hat, statt sich von Ihren eigenen Ideen und Plänen ablenken zu lassen.

Was wohl passieren würde, wenn ich beim Stricken einer Decke oder eines Pullovers plötzlich auf die Idee käme, erst eine Weile nach dem vorgegebenen Muster zu stricken und dann einfach ein paar Maschen hinzuzufügen? In der betreffenden Reihe würde es vielleicht noch gar nicht auffallen, aber wenn ich dann den Ärmel oder den Kragen abschließen wollte, würde es höchstwahrscheinlich mit Frust enden, weil nichts mehr zusammenpassen würde.

Und noch ein anderes Bild für solch ein Vorgehen: Eine Frau wacht eines Morgens auf und beschließt, drei kleine, selbst gezogene Setzlinge auf einem Hügel einzupflanzen. Sie lädt die Setzlinge auf einen Leiterwagen und macht sich auf den Weg zum Hügel. Ihre Last ist leicht und sie kommt zügig voran. Nach kurzer Zeit trifft sie eine Nachbarin, die beiläufig erwähnt, dass sie ein Paket hat, das eigentlich zu einer Freundin oben auf den Hügel müsste, und fragt, ob sie vielleicht so nett sein könnte, es mitzunehmen?

Weil die Frau gern hilft und auf dem Leiterwagen noch viel Platz ist, erklärt sie sich bereit und legt das etwas sperrige Paket neben die Setzlinge. Dann setzt sie ihren Weg fort, jetzt allerdings etwas langsamer wegen des zusätzlichen Gewichtes auf dem Wagen.

Wenig später trifft sie eine weitere Nachbarin, die, als sie erfährt, wohin ihre Nachbarin unterwegs ist, ihr noch ein paar schwere Wintermäntel für eine Freundin mitgibt, die ebenfalls auf dem Hügel wohnt. Als eine dritte Nachbarin sieht, dass die Frau mit dem Leiterwagen all den anderen Nachbarinnen hilft, packt sie die Gelegenheit beim Schopf und gibt ihr noch eine Dose mit selbst gebackenen Plätzchen für das Gemeinde-Kaffeetreffen in der Kirche auf dem Hügel mit. All die Sachen türmen sich jetzt hoch auf dem Leiterwagen auf und die Frau zieht schwitzend und mittlerweile auch schon ziemlich erschöpft den schwer beladenen Wagen den Hügel hinauf. Die Füße tun ihr weh, und sie merkt, dass sie von der Deichsel Blasen an den Händen bekommt. Sie hat Mühe, den hochbeladenen Wagen im Gleichgewicht zu halten und ist ziemlich außer Atem. Ihr Rücken tut weh, weil sie unter der Anstrengung gebeugt geht, aber anders bekommt sie die schwere Last nicht den Berg hinauf. Auf der Hälfte der Strecke steht eine Bank am Wegesrand. Sie stellt den beladenen Leiterwagen ab, lässt sich auf die Bank fallen, um ein paar Minuten zu verschnaufen, und denkt darüber nach, dass sie sich doch gerade eben noch richtig gut gefühlt und darauf gefreut hatte, den wunderschönen Morgen zu genießen und die Setzlinge zu pflanzen. *Jetzt bin ich verschwitzt, müde und fühle mich gar nicht gut.* Den Rest des Weges empfindet sie nur noch als Last und ihre Freude ist verflogen. *Heißt es nicht, dass Gott mir nichts aufbürdet, womit ich nicht fertigwerde?*, fragt sie sich. *Es liegt bestimmt an mir. Ich strenge mich nicht genug an.*

„Richtig. Ich bürde dir nicht mehr auf, als du bewältigen kannst", hört sie Gott sagen. „Aber habe ich dir den Auftrag gegeben, das Paket mitzunehmen? Habe ich dich gebeten, die Mäntel und Plätzchen dort oben abzuliefern? Das alles sind Lasten, die du dir selbst aufgebürdet hast."

Im Matthäusevangelium lesen wir, dass Jesus gesagt hat: „Kommt alle her zu mir, die ihr euch abmüht und unter eurer Last leidet! Ich werde euch Ruhe geben. Vertraut euch meiner Leitung an und lernt von mir, denn ich gehe behutsam mit euch um und sehe auf niemanden herab. Wenn ihr das tut, dann findet ihr Ruhe für euer Leben. Das Joch, das ich euch auflege, ist leicht, und was ich von euch verlange, ist nicht schwer zu erfüllen" (Matthäus 11,28–30).

Die Last, die Gott uns aufbürdet, ist nicht schwer. Sie ist auf jeden persönlich zugeschnitten, und zwar so, dass wir nie darunter zusammenbrechen, sondern sie mühelos tragen können. Sie hat das richtige Maß. Wenn es um unsere Bestimmung geht und den Weg, den Gott für uns vorbereitet hat, dann ist die Last, die wir tragen, nie zu schwer – sondern genau richtig.

Sperrig werden erst die anderen Dinge, die wir uns selbst noch zusätzlich aufbürden. Sie belasten und bremsen uns, sodass wir uns oft nur noch mühsam vorwärtsschleppen. Der Pastor und Autor Rick Warren hat einmal gesagt, dass wir leichter gestresst, müde und hin- und hergerissen sind, wenn wir etwas tun, das nicht unserer Bestimmung entspricht. Er schreibt: „Es ist normalerweise sinnlose Arbeit und nicht die Menge an Arbeit, die uns die Kraft nimmt und uns die Freude raubt."[3]

Wenn wir maßvoll leben, dann gehen wir mit leichtem Schritt. Das heißt nicht, dass wir nicht auch Probleme hätten, aber wir sind dafür gerüstet und verzetteln uns nicht in anderen Dingen, die die Probleme nur noch verschlimmern.

Nehmen Sie sich auch Zeit für sich selbst

Wenn es um die Frage geht, wie wir das richtige Maß für unser Leben finden, dann richten wir unsere Aufmerksamkeit auf alles Mögliche, vergessen dabei aber oft uns selbst. Doch um uns um andere kümmern zu können, müssen wir auch auf uns selbst achtgeben. Wir können nicht endlos geben, denn dann laufen wir leer. Die Verantwortung für mich selbst liegt bei mir und niemand kann sie mir abnehmen.

Ich weiß, wann ich etwas essen muss, und ich glaube nicht, dass es viele Menschen gibt, die ein, zwei Tage lang das Essen ausfallen lassen, weil sie nicht genug Zeit dazu haben. Doch wenn es um unsere geistliche und seelische Versorgung geht, herrscht oft eine erstaunliche Nachlässigkeit.

Unsere körperliche, seelische, geistige und geistliche Gesundheit ist dabei vergleichbar mit Tischbeinen. Diese vier Gesundheitsaspekte sind die Säulen, die uns tragen. Ein Tisch kann zwar noch stehen, wenn ein Bein fehlt, aber wenn man ihn dann belastet, wackelt er und ist instabil. Und genauso ist es auch bei uns. Wir können nicht mit Leidenschaft unserer Bestimmung nachgehen, wenn wir völlig erschöpft und überfordert sind. Deshalb müssen wir dafür sorgen, dass wir genügend Schlaf und Bewegung bekommen und uns auch hin und wieder während der Woche Freiräume schaffen, um Zeit mit den Menschen zu verbringen, die uns am wichtigsten sind.

Wir müssen für uns selbst sorgen. Ob das geschieht, indem wir uns Zeit für das Wort Gottes nehmen oder in Form eines langen Bades, um uns selbst zu verwöhnen (man kann sogar beides miteinander verbinden): Es ist wichtig, dass wir uns Zeit nehmen, um unseren inneren Akku wieder aufzuladen.

Das ist gar nicht so einfach, denn Gott hat uns Frauen als Bezugspersonen, Versorgerinnen und Ernährerinnen geschaffen, und manchmal widerstrebt es einfach unserem Wesen, uns um uns selbst zu kümmern. Trotzdem ist es sehr wichtig.

Verpflichten Sie sich jetzt sofort verbindlich dazu, sich Zeit für sich selbst zu reservieren. Planen Sie beispielsweise einen wöchentlichen Termin für ein entspannendes Bad ein. Oder machen Sie es wie ich, und füllen Sie eine Kommodenschublade mit Dingen, die Ihnen viel bedeuten, die Sie trösten und Ihnen guttun, wenn Sie niedergeschlagen sind. In meiner Schublade befinden sich beispielsweise ein Brief von meinem Vater, ein Aufsatz, den meine Tochter über mich geschrieben hat, als sie acht war, und ein Tagebuch aus meiner Highschool-Zeit. Suchen Sie sich für Ihre Schublade Dinge aus, die Ihnen Freude bereiten und Sie zum Lachen bringen, und holen Sie sie hervor, wenn Sie eine Aufmunterung nötig haben.

Wir alle brauchen jeden Tag Zeit für die Seelenpflege, denn schließlich ist es unsere Seele, die uns nährt. Das Herz und die Seele sind der Ursprung aller Kreativität. Nehmen Sie sich Zeit für sich selbst. Sie brauchen sie!

Schuldgefühle überwinden

Zu den Dingen, die uns am meisten aus dem Gleichgewicht bringen können, gehören Schuldgefühle, und es gibt unzählige Frauen, die permanent Schuldgefühle haben. Wenn wir mit Konzentration und einem Großteil unserer Aufmerksamkeit etwas verfolgen, was wir uns wünschen, bekommen wir oft sofort Schuldgefühle, weil wir glauben, dass wir eigentlich etwas anderes tun sollten. Und dann fangen wir an, mit uns selbst um Zeit zu feilschen und Kompromisse einzugehen, und am Ende machen wir nichts wirklich richtig.

Auch mich plagen oft Schuldgefühle, besonders wenn es um meine Familie und um meine Enkelkinder geht. Das andere Großelternpaar meiner Enkel ist schon im Ruhestand und konnte deshalb vor einer Weile mit den Enkelkindern eine ganze Woche ans Meer fahren. Ich wiederum hatte sofort Schuldgefühle, denn so etwas wäre bei meinen beruflichen Verpflichtungen einfach nicht möglich. Die Schlussfolgerung daraus ist, dass die Zeit, die ich mit meiner Familie habe, Qualitätszeit sein muss. Dafür muss und kann ich sorgen. In dieser Zeit müssen wir schöne Sachen zusammen unternehmen, wie zum Beispiel im Garten Erdbeeren oder Blaubeeren pflücken. Nicht nur die Aktivität ist dann etwas Besonderes, sondern wir schaffen darüber hinaus auch noch ganz besondere gemeinsame Erinnerungen.

Zu diesen ganz besonderen Erinnerungen gehören auch die Geburtstage der Enkel. Statt ihnen zusätzlich zu den vielen Geschenken, die sie sowieso schon bekommen, noch eines mehr zu überreichen, bringe ich gerne einen Katalog von *World Vision* mit, und dann dürfen sie sich ein Geschenk für ein anderes Kind aussuchen. Aufmerksam und mit großem Interesse schauen sie dann den Katalog durch und suchen etwas aus.

In einem Jahr wählte mein Enkel James beispielsweise eine spezielle Wasserpumpe und einen Fußball aus. Ein anderes Mal wollte meine Enkelin Maddie ein Kamel verschenken, das 700 Dollar kostete. Es gab zwar auch ein „halbes" für den halben Preis, aber sie wollte das ganze Kamel. „Das ist etwas mehr, als ich eigentlich ausgeben wollte, Maddie, aber wenn du bereit bist, mir zwei Monate lang einen Teil von deinem Taschengeld zu geben, dann kaufe ich das ganze Kamel", bot ich ihr an. Maddie zog die Nase kraus, während sie sich das Bild in dem Katalog noch einmal ganz genau anschaute, und ich sah, dass sie angestrengt nachdachte. „Okay, dann reicht auch ein halbes Kamel", sagte sie schließlich.

Diese Geschichte gehört zu meinen liebsten Enkelgeschichten, denn sie enthält eine gute Lehre. Ich hätte mich leicht von Schuldgefühlen leiten lassen können, meiner Enkelin zu geben, was sie wollte. Aber was hätte ich ihr dann vermittelt? Sie können mir wirklich glauben, dass ich meine Enkel nach Strich und Faden verwöhne – so, wie es wohl jede Oma tut –, aber ich hoffe, dass ich auch etwas von meinen Überzeugungen, Werten und Zielen an sie weitergeben kann, so, wie ich es schon bei meinen Kindern getan habe.

Das richtige geistliche Maß

Ich wünschte, ich könnte Ihnen versprechen, dass Ihr Leben von heute an perfekt verlaufen wird, wenn Sie nur ein paar bestimmte Zielsetzungsmethoden oder Strategien zur Alltagsbewältigung anwenden. Aber leider gibt es keine Patentrezepte, weil Gott uns alle ganz unterschiedlich gemacht hat. Es reicht nicht aus, eine perfekt strukturierte To-do-Liste abzuarbeiten und am Ende des Tages ist alles in bester Ordnung.

Es gibt so viele Frauen – bestimmt auch in Ihrem Freundes- und Kollegenkreis –, die nach außen wirken, als hätten sie alles fest im Griff, die aber tatsächlich genauso verzweifelt um das richtige Maß im Leben und ein inneres und äußeres Gleichgewicht kämpfen wie Sie. Und wissen Sie was? Viele dieser Frauen halten im Gegenzug gerade Sie für eine Frau, die alles bestens auf die Reihe bekommt!

Wir kommen später in dem Kapitel über Anbetung noch einmal darauf zurück, aber ich möchte an dieser Stelle schon einmal darauf hinweisen, dass das richtige Maß im Leben viel mit geistlicher Ausgeglichenheit zu tun hat. Was wir nämlich für andere und uns selbst tun, hängt auch davon ab, wie wir innerlich aufgestellt sind – was wir denken und fühlen. Es geht um unsere Einstellung, um unsere Weltsicht und um unser Gottesbild.

Vielleicht denken Sie nun: *Ich sage Ihnen jetzt mal, was ich gerade durchmache, und dann können Sie mir ja noch mal etwas von Einstellung und Perspektive erzählen. Mein Leben ist viel zu schwer!*

Das kann ich gut nachvollziehen, denn auch ich habe schon ziemlich schwere Zeiten durchgemacht, in denen ich Gottes und auch mein Handeln heftig infrage gestellt habe. Zeiten, in denen ich mich gefragt habe, was eigentlich los ist und wieso alle Türen für mich fest verschlossen zu sein schienen.

Aber dann habe ich vor vielen Jahren ein Geheimnis entdeckt, das ich Ihnen jetzt verraten möchte: Ich habe beschlossen, mein Denken zu ändern. An den Umständen kann ich zwar nicht immer etwas ändern, an meinen Gedanken allerdings schon. Und auch an meinen Ängsten kann ich etwas ändern. Und an meiner Einstellung. Und all das verhilft mir zu geistlichem Gleichgewicht.

Der Grund, weshalb ich an meinen Gedanken, meinen Ängsten und meiner Einstellung etwas ändern kann, steht im Wort Gottes:

Alles ist möglich, wenn du mir vertraust.
Markus 9,23

Wenn euer Glaube nur so groß ist wie ein Senfkorn, könnt ihr zu diesem Berg sagen: „Rücke von hier nach dort!", und es wird geschehen. Nichts wird euch dann unmöglich sein!
Matthäus 17,20

Kommt alle her zu mir, die ihr euch abmüht und unter eurer Last leidet! Ich werde euch Ruhe geben.
Matthäus 11,28

Das alles sind Zusagen von Gott, auf die wir uns wirklich verlassen können. Es erfordert eine gewisse Anstrengung, an diese Versprechen zu denken, uns auf sie zu berufen und sie wirklich zu verinnerlichen, aber tun Sie es trotzdem, denn es lohnt sich!

Wenn wir in einen neuen Tag starten, indem wir Ausschau halten nach dem Guten im Leben – dem Guten an unserer Arbeit, an unseren Kindern und an unserem Ehepartner –, dann werden wir es finden. Und natürlich gilt das auch umgekehrt: Auch Negatives lässt sich leicht finden, wenn wir danach suchen.

Wie bereits an anderer Stelle erwähnt, gehört Norman Vincent Peales Buch *Die Kraft positiven Denkens* zu den besten Büchern, die ich jemals gelesen habe. Es hat mir sehr dabei geholfen, zu Beginn meiner Schriftstellerkarriere mit Absagen und Zweifeln fertigzuwerden. 1982 habe ich deshalb dem Autor einen Brief geschrieben und mich bei ihm für sein Buch bedankt. Zu meinem Erstaunen schrieb er mir zurück, und im Laufe der Jahre hatte ich dann das Glück, nicht nur ihn, sondern auch seine Frau Ruth kennenzulernen. Inzwischen ist sie bereits verstorben, aber ihr Leben war ein starkes Zeugnis für die Gnade Gottes, und so manch einer ist davon überzeugt, dass sie die eigentliche Kraft hinter dem Erfolg ihres Mannes war.

Gegen Ende seines Buches nennt Peale einige Schritte, die sich meiner Meinung nach hervorragend anwenden lassen, um geistlich das richtige Maß zu erlangen.[4] Der Verfasser zählt viele mögliche Schritte auf, von denen ich hier einige nennen möchte:

1. **Üben Sie, entspannt zu sein. Drängen und zerren Sie nicht. Alles geht besser, wenn man locker ist.** Es hört sich vielleicht komisch an, dass wir „üben“ sollen, entspannt zu sein, aber gerade in der heutigen Zeit ist das wichtig. Wie in allen anderen Lebensbereichen ist es auch in Bezug auf unseren Geist wichtig, bewusst vorzugehen. Wir müssen uns jeden Tag aufs Neue Zeit nehmen, uns auf das Wesentliche zu konzentrieren. Das bedeutet, an unsere Prioritäten zu denken, uns Zeit für uns selbst zu nehmen und für geistliche Ausgeglichenheit zu sorgen.

2. **Bringen Sie die Disziplin auf, nichts auf morgen zu verschieben, was Sie heute erledigen können.** Aufschieben tut nichts für unseren Seelenfrieden; es sorgt lediglich für unnötigen Stress. Wenn wir unsere Aufgaben im Griff haben, dann empfinden wir innere Ruhe, was sich außerdem auch positiv auf unsere Einstellung auswirkt.

3. **Verlassen Sie sich auf Ihren „unsichtbaren Partner“.** Denken Sie an Gottes Zusagen und lassen Sie ihn Ihre Lasten tragen. Er ist immer für Sie da.

4. **Entscheiden Sie sich dafür, Ihre Arbeit zu lieben.** Und ich füge noch hinzu: „Entscheiden Sie sich dafür, Ihr Leben zu lieben.“ Richten Sie Ihren Blick auf all das Gute in Ihrem Leben. Schauen Sie auf die Menschen, die Gott in Ihr Leben stellt. Das tut er nämlich aus einem ganz bestimmten Grund. Nehmen Sie jeden Tag als Geschenk an. Leben Sie so, als wäre es Ihr letzter, und beziehen Sie Freude und Hoffnung daraus.

5. **Sorgen Sie für die richtige Einstellung.** Peale schreibt: „Ob eine Arbeit schwierig ist oder einem leichtfällt, hängt davon ab, wie man über sie denkt.“ Anders ausgedrückt: Wenn Sie die Arbeit schwer finden, dann können Sie sicher sein, dass sie es auch ist. Wenn Sie sie leicht finden, dann werden Sie sie auch so erleben.

Wir sind so geschaffen, dass wir das richtige Maß in allen Dingen brauchen, und der Schlüssel dazu ist Strukturiertheit. Das bedeutet, dass wir uns im Ausbalancieren von Arbeit, Familie und Freunden von unserer Beziehung zu Gott leiten lassen sollten. Ich verbringe jeden Morgen Zeit mit Gott und mit seinem Wort, um anschließend den Tag zu planen. Wenn meine Beziehung zu Gott im Reinen ist, dann ist auch die Wahrscheinlichkeit größer, dass alles andere in Ordnung ist.

Setzen Sie also Prioritäten und verteidigen Sie sie mit Nachdruck. Lassen Sie sich nicht durch Schuldgefühle am Erreichen Ihrer Ziele hindern. Seien Sie bereit, Nein zu sagen, denn es ist definitiv so, wie Dr. Peale einmal gesagt hat: „Der Bogen bricht rasch, wenn man ihn immer gespannt hält."[5]

Wir haben ja zu Beginn dieses Kapitels über das Säumen gesprochen und darüber, wie Säume verhindern, dass sich Gewebe auflöst. Aber auch Säume reißen manchmal ein. Sie lockern sich und gehen auf. Doch Gott sei Dank lassen sie sich relativ leicht reparieren. Wenn Sie in letzter Zeit das Gefühl hatten, dass Sie sich regelrecht auflösen, dann hoffe und bete ich für Sie, dass Sie mit Gottes Hilfe nach dem richtigen Maß in Ihrem Leben suchen. Denn auch sein Sohn Jesus Christus hat in seinem Dienst, seinen Beziehungen und in seiner Zeit mit seinem Vater erkannt, wie wichtig es ist, das richtige Maß zu finden. Lassen Sie uns seinem Beispiel folgen!

6

Zur Beziehung geschaffen

Wünschte ich mir: „Völlige Dunkelheit soll mich umhüllen, das Licht um mich her soll zur Nacht werden!" – für dich ist auch das Dunkel nicht finster; die Nacht scheint so hell wie der Tag und die Finsternis so strahlend wie das Licht.

PSALM 139,11–12

In guter Gesellschaft ist kein Weg lang.
TÜRKISCHES SPRICHWORT

So, wie uns das richtige Maß Stabilität gibt, sind es unsere Beziehungen zu anderen Menschen, die dafür sorgen, dass wir gedeihen und uns weiterentwickeln. Wir sind für Beziehungen geschaffen. Gott hat uns so gemacht, dass wir ein Gegenüber brauchen – sei es in Form von Verwandtschaft, Freunden oder der Familie.

Zu Gott, unserem Schöpfer, haben wir von Anfang an eine Beziehung. In Psalm 139 betont der Verfasser ganz deutlich, dass Gott immer bei uns ist, wohin wir auch gehen. „Stiege ich in den Himmel hinauf", ist er da. „Wollte ich mich im Totenreich verbergen", ist er auch da (siehe Psalm 139,7–10). Wenn Sie also jemals das Gefühl hatten, dass Gott weit weg ist, dann muss Ihre Frage nicht lauten: „Wo ist er?", sondern „Wo bin ich? Habe ich mich von ihm entfernt?"

Gott ist immer für uns da, er sehnt sich nach Beziehung und liebt die Beziehung, die er zu jedem einzelnen von uns hat. Ich glaube, das ist auch einer der Gründe, weshalb er es so eingerichtet hat, dass uns Menschen Beziehungen so wichtig sind. Und es ist ein wesentlicher Aspekt bei der Erfüllung unserer Bestimmung, denn nicht selten schickt Gott Menschen in unser Leben, um uns dadurch zu helfen, das zu tun, was er sich von uns wünscht.

Schauen Sie sich doch nur einmal all die Beispiele für Beziehungen an, die wir in der Bibel finden. Ruth und Noomi, Maria und Marta, Paulus und Timotheus, Jesus und seine Jünger – um nur einige zu nennen. Jeder Mensch bringt andere Eigenschaften mit in eine Beziehung. Ruth brachte Jugend und Leidenschaft ein, Noomi Weisheit und Reife; Maria war eine Zuhörerin, Marta eine Macherin. Paulus und Jesus waren beide Lehrer, und Timotheus und die Jünger waren als ihre Schüler gewillt zu lernen.

Beziehungen zu anderen Menschen zu unterhalten und zu pflegen ist genauso wichtig wie das Atmen und Essen. Wenn es in unserem Leben kein Gegenüber gibt, dann verkümmern wir und sterben.

Doch wir sollten darauf achten, Beziehungen nicht nur um der Beziehung willen zu suchen, denn es kommt auch darauf an, dass es die richtigen Beziehungen sind. Beziehungen zu schließen und zu pflegen kostet nämlich Zeit und Mühe.

Richtige Beziehungen bringen wahre Freundschaften hervor, und wahre Freunde sind bereit, auch dann offen und ehrlich zu sein, wenn es schwierig wird. Es sind Menschen, die dieselben Werte vertreten wie wir und die uns dabei unterstützen, bessere Menschen zu werden. Und das muss auf Gegenseitigkeit beruhen. Falsche Beziehungen schaden mehr, als dass sie nützen. So nutzen bedürftige Menschen beispielsweise leicht solche aus, die es brauchen, gebraucht zu werden, und fordern dabei so viel Fürsorge ein, dass sie andere dadurch völlig auslaugen.

Ich selbst stamme aus einer Kleinstadt und lebe auch heute wieder in einer. Der Grund dafür ist einfach: In Kleinstädten entsteht nun einmal leichter ein Gefühl enger Verbundenheit als in Großstädten, und ich glaube, ganz tief im Inneren möchte jeder zu einer Gemeinschaft dazugehören, möchte etwas von sich einbringen, anderen ein Freund sein und auch selbst Freunde finden. Bei genauerem Hinsehen werden Sie feststellen, dass Sie zu mehreren Gemeinschaften gehören – zu Ihrer Gemeinde beispielsweise, wenn Sie dort aktiv sind, zu Ihrer Nachbarschaft, zu Ihrem Kollegen- und Freundeskreis und natürlich zu Ihrer Familie. All diese Gemeinschaften bieten Gelegenheit, Beziehung zu leben, und es liegt ganz bei Ihnen, ob Sie sich darauf einlassen oder nicht.

Stricken und Beziehungen

Ich habe festgestellt, dass es zwischen Strickerinnen so etwas wie echte Kameradschaft gibt. Als ich einmal auf dem Weg nach Omaha an einem Flughafen umsteigen musste, sah ich im Wartebereich des Flugsteiges eine Frau sitzen, die strickte. Ich setzte mich neben sie, holte ebenfalls mein Strickzeug heraus, und dann begannen wir ein Gespräch, zeigten uns gegenseitig unsere Strickprojekte und stellten dabei fest, dass sie genau das gleiche Muster strickte, das ich ein paar Wochen zuvor leider verlegt hatte.

Es stellte sich heraus, dass sie in dem Garngeschäft arbeitete, in dem ich eine Signierstunde halten sollte. Sie kam dann tatsächlich zu der Veranstaltung und gab mir bei der Gelegenheit gleich auch noch das Muster, das ich nicht mehr wiederfinden konnte.

Dieses Erlebnis ist ein gutes Beispiel dafür, wie wichtig und schön es ist, Beziehungen zu Menschen zu haben, mit denen man eine Leidenschaft teilt, weil dadurch oft gleich eine enge Verbindung entsteht.

Natürlich ist auch das Stricken manchmal frustrierend, ganz ähnlich wie unsere Beziehungen zu

Familienmitgliedern und Freunden. So habe ich beispielsweise im Laufe der Zeit gelernt, dass Alpakagarn sich dehnt. Es ist ein extrem weiches, strapazierfähiges, warmes und wunderschönes Garn, aber es dehnt sich. Man sollte deshalb immer ein Gemisch aus Alpakagarn und Wolle verwenden. Ich glaube, das ist ein gutes Bild dafür, wie auch Beziehungen – wenn sie richtig geführt werden – uns dabei helfen können, gefestigt und lebendig zu bleiben.

Auch reine Wolle ist ein Material, mit dem man beim Stricken vorsichtig sein muss. Das habe ich auf die harte Tour lernen müssen, nachdem ich einen ganzen Monat an einer Decke für meinen Mann gearbeitet hatte. Sie bestand aus dreißig Quadraten mit dem kompliziertesten Muster, an das ich mich je herangewagt habe. Sie wurde wirklich wunderschön, aber eines Tages erbrach sich eines unserer Enkelkinder darauf. Also nahm ich die Decke aus 100 Prozent Wolle und brachte sie zur Reinigung, wo man sie aber versehentlich in die falsche Maschine steckte, sodass sie auf die Größe einer Babydecke schrumpfte.

Ganz ähnlich ergeht es uns manchmal auch in Beziehungen. Wir behandeln jemanden falsch oder werden falsch behandelt, und statt eine große Decke aus Liebe und Respekt füreinander haben wir plötzlich etwas, das nur noch so groß ist wie ein Gästehandtuch. Passen wir also gut auf das auf, was uns anvertraut wurde, und dazu gehören auch unsere Beziehungen.

Zu den Beziehungen, die mir schon immer besonders wichtig waren, gehört die zu meinen Lesern. Aus diesem Grund habe ich 1986 mit dem Aufbau einer Leserdatei begonnen und später dann auch regelmäßig Newsletter an sie verschickt. Eines Tages beschloss ich, ihnen als Dank für ihre Treue und Unterstützung ein kleines Kochbuch mit Lieblingsrezepten meiner Familie zusammenzustellen. Die Resonanz darauf war so überwältigend, dass ich im darauffolgenden Jahr wieder ein kleines Kochbuch zusammenstellte, dieses Mal mit Rezepten, die mir meine Leserinnen geschickt hatten.

Inzwischen verschicke ich einen monatlichen Newsletter und einen jährlichen Rundbrief mit einem hübschen Lesezeichen an meine Leser, und ich habe außerdem eine Internetseite und einen Blog. Alle paar Tage veröffentliche ich darauf Kommentare und Neuigkeiten, und das alles zu dem Zweck, um mit meinen Lesern in Kontakt zu bleiben und die Beziehung zu ihnen zu pflegen.

Der Grund, weshalb ich über diese Aktionen berichte, ist folgender: Was auch immer Sie dazu bewegt hat, dieses Buch in die Hand zu nehmen – sei es, weil sie nicht wissen, welchen Schritt Sie als Nächstes tun sollen oder weil Sie einfach eine bessere Ehefrau, Mutter oder Freundin sein möchten –, wichtig ist, die Menschen im Blick zu behalten, mit denen Sie Tag für Tag zu tun haben. Pflegen Sie vorhandene Beziehungen, und seien Sie eine gute Freundin – als genau das betrachte ich meine Leserinnen nämlich, als Freundinnen, denen ich etwas Gutes tun möchte. Vielleicht verändern meine Bücher nicht direkt ihr Leben, aber ich hoffe doch, dass sie ihnen zumindest das Wochenende verschönern.

Dreißig Namen

Ich habe vor vielen Jahren einmal das Buch *Der Aladin-Faktor* von Jack Canfield und Mark Victor Hansen gelesen. Am besten gefallen hat mir dabei die Idee von Jack Canfield, eine Liste von dreißig Persönlichkeiten zu erstellen, die er im Laufe seines Lebens unbedingt persönlich kennenlernen wollte. Das waren Schauspieler, Schriftsteller, Musiker – Menschen, deren Arbeit er bewunderte und bei denen er sich bedanken wollte.

Er erzählt in dem Buch die Geschichte, wie er einmal zufällig den bekannten amerikanischen Schauspieler und Komiker Red Skelton traf – auch eine der Personen auf seiner Liste. Canfield war am Flughafen von Los Angeles, als er Red Skelton im Wartebereich bei einem Flugsteig sitzen sah. Zuerst zögerte er noch, ging dann aber entschlossen auf Skelton zu und stellte sich vor. Die beiden unterhielten sich kurz, und schließlich bat Canfield sein großes Vorbild um Rat bezüglich eines Fernsehprojekts, an dem er gerade arbeitete. Red Skelton gab ihm ein paar Tipps, durch die Canfield später eine Viertelmillion Dollar sparte.

Ich war beeindruckt, und mir gefiel die Idee mit der Liste so gut, dass ich auch eine zusammenstellte – eine Liste mit dreißig Personen, die ich im Laufe meines Lebens persönlich kennenlernen wollte. Mit Pat Conroy, einem der talentiertesten Schriftsteller unserer Zeit, fing ich an. Der Nächste auf meiner Liste war Zig Ziglar, ein unglaublich guter Autor und Motivationstrainer, dessen Vorträge mich so sehr inspiriert haben, dass ich ihm einmal sogar einen persönlichen Brief schrieb, um mich für seine großartige Hilfe beim Definieren und Erreichen meiner Ziele zu bedanken.

Nachdem ich meine Liste mit den dreißig Personen begonnen hatte, lag sie auf dem Küchentisch, weil ich sie nach und nach vervollständigen wollte. In dieser Zeit war mein Sohn Dale gerade zu Hause, weil er Semesterferien hatte, und er fragte mich irgendwann, was das für eine Liste sei. Als ich es ihm erklärte, lästerte er nur und fragte: „Wie willst du denn Billy Joel persönlich kennenlernen?“

„Keine Ahnung, das überlasse ich Gott", antwortete ich, und merkte selbst, dass ich ein wenig defensiv klang, weil ich mir diese Frage insgeheim auch selbst stellte.

Am nächsten Morgen hatte Dale die Liste für mich vervollständigt und es standen jetzt auch Namen bereits verstorbener Personen darauf. Unter die Liste hatte er geschrieben: „Na, dann mal los, Mama!"

Als ich Dale darauf ansprach, sah er mich nur mitleidig an und meinte, ich hätte offenbar zu lange in der Sonne gesessen. Ich murmelte etwas vor mich hin und machte mich dann auf den Weg ins Büro, wo ich noch einmal an meine Liste dachte und mehr und mehr zu dem Schluss kam, dass Dale wohl recht hatte. Die Wahrscheinlichkeit, dass ich jemals auch nur eine Person von meiner Liste persönlich kennenlernen würde, war verschwindend gering.

In dem Moment klingelte das Telefon, und meine Assistentin verkündete, Zig Ziglar sei am Apparat. Er hatte den Brief, den ich ihm vor über zwei Jahren geschrieben hatte, aufbewahrt und wollte jetzt wissen, ob ich nicht Lust hätte, zusammen mit ihm und dem Football-Trainer Lou Holtz bei einem Werbespot mitzumachen. Ich versicherte ihm, dass es mir eine Ehre sei, raste dann wieder nach Hause, riss die Haustür auf und rief: „Hinfort mit euch, ihr Ungläubigen!"

Seitdem habe ich bereits achtzehn Personen von meiner Liste persönlich kennengelernt. Ich war bei Michael Crawford in der Sendung *Dallas This Morning*, in der Radiosendung von Mark Victor Hansen und auf einem Schriftstellerkongress habe ich die Erfolgsautorin Elizabeth Berg kennengelernt. Als Zig Ziglar an einem Seminar in Seattle teilnahm, lud er mich in seine Garderobe ein, um ein bisschen mit mir zu plaudern, bevor er auf die Bühne musste, und während wir uns unterhielten, kam niemand Geringerer herein als George Bush Senior.

Lassen Sie mich noch eine Sache anmerken: Der Anruf von Zig Ziglar hatte eine seltsame Wirkung auf meinen Sohn Dale, denn danach hatte er ruck, zuck eine eigene Liste zusammengestellt. Der erste Name darauf war Steve Prefontaine, der als einer der besten Langstreckenläufer Amerikas galt. Ihn zu treffen war allerdings wirklich unmöglich für Dale, weil Steve Prefontaine ungefähr drei Wochen vor Dales Geburt bei einem Autounfall ums Leben kam.

Dale selbst ist auch ein Läufer, und wenn er nicht einen schweren Skiunfall gehabt hätte, wäre er vielleicht Olympiateilnehmer geworden. In jedem Referat, das er in seiner Schulzeit gehalten hat, ging es um Steve Prefontaine. Er hat Prefontaines Trainer, seine Mitbewohner im Studentenwohnheim und Freunde von ihm interviewt, und in seinem ersten Jahr an der Uni nahm mein Sohn Prefontaines Geburtstag zum Anlass, dem Leben seines Helden nachzuspüren.

Dazu unternahm er zusammen mit seinem besten Freund eine Reise zur *University of Oregon* und besichtigte das Gelände und die Wirkungsstätte seines Helden, der dort in vier aufeinanderfolgenden Jahren den ersten Platz beim 5.000-Meter-Lauf belegt hatte. Sie schauten sich die Bahn an, auf der er gelaufen war, bestaunten seine Medaillen und Pokale und fuhren dann nach Coos Bay, wo Prefontaine geboren wurde und aufgewachsen ist. Sie schossen gerade einige Fotos von dem Haus, in dem er als Kind und Jugendlicher gelebt hatte, als ein Mann sie ansprach und fragte, was sie denn da machten. Dale erklärte dem Mann daraufhin ausführlich – und garniert mit vielen Hintergrundinformationen über die Siege und Erfolge seines Helden –, dass dies Steve Prefontaines Elternhaus sei. Das wisse er alles, sagte der Mann daraufhin, er sei nämlich Steves Vater.

Herr Prefontaine lud Dale und Andy in sein Haus ein, zeigte ihnen sogar Steves Zimmer, und als Krönung durfte Dale die Jacke anziehen, die besonders begabte Studenten als Ehrenpreis von der Universität geschenkt bekamen. Dann machte er ein Foto von Dale und lud die beiden zum Essen ein.

Mein Sohn war seinem Helden also tatsächlich so nah gekommen, wie es hier auf Erden nur möglich war.

Gottes Liste mit dreißig Namen

Nachdem ich meine Liste mit den dreißig Namen erstellt hatte, dauerte es gar nicht lange, bis mir noch etwas klar wurde. Ich hatte die Menschen auf meiner Liste ausgewählt, weil sie meiner Meinung nach besonders viel Talent hatten, außergewöhnlich kreativ waren und darüber hinaus eine bewundernswerte Arbeitsmoral an den Tag legten.

Aber als ich dann diese Menschen, deren Arbeit ich so bewunderte, nach und nach persönlich kennenlernte, machte ich noch eine wichtige Erfahrung: Von vielen war ich regelrecht enttäuscht, weil sie egozentrisch, hochnäsig und fast ausschließlich mit sich selbst beschäftigt waren. Auffällig dabei war, dass Gott im Leben derer, die besonders arrogant herüberkamen, offenbar keine Rolle spielte.

Einmal beklagte ich mich nach einer solchen Begegnung bei Gott, weil ich enttäuscht und desillusioniert war. Ich hatte jemanden kennengelernt, den ich schon lange bewunderte, und dabei eine Persönlichkeit erlebt, die ganz und gar nicht so war, wie ich sie mir vorgestellt hatte. Plötzlich fühlte es sich so an, als wolle Gott mich daran erinnern, dass ich ihn doch selbst darum gebeten hatte, mich mit diesen dreißig Leuten bekannt zu machen.

Daraufhin hatte ich das dringende Bedürfnis, eine zweite Liste zu erstellen und darauf die Spalte mit den Namen frei zu lassen, denn ab sofort wollte ich offen sein für die Menschen, von denen Gott sich wünschte, dass ich sie kennenlernte.

Haben Sie schon einmal erlebt, dass ein Mensch genau im richtigen Moment in Ihrem Leben auftaucht und dass es sofort „klick" macht? So ging es mir mit meiner Freundin Lillian Schauer, die in den frühen 1990er-Jahren ein Büro ganz in der Nähe von meinem gemietet hatte. Lillians Lebensgeschichte ist beinahe unglaublich. Sie heiratete im Alter von vierzehn Jahren und bekam fünfzehn Kinder, die sie alle großgezogen hat. Dann holte sie ihren Schulabschluss nach und studierte Jura.

Lillian trat in mein Leben, als ich wirklich dringend eine Freundin brauchte, und seitdem gehört sie zu meinen engsten Vertrauten. Wir sind uns so ähnlich, dass es manchmal fast unheimlich ist. Wir haben die gleichen Lieblingsgerichte, lesen die gleichen Bücher und sie gehört auch zu meinem Frühstücksklub (dazu später mehr).

Wenn ich heute jemanden kennenlerne, dann schaue ich immer etwas genauer hin, denn schließlich kann es ja sein, dass Gott mir diese Person ganz bewusst über den Weg geschickt hat. Ich rechne immer mit dem Besten und halte Ausschau danach.

Ich habe also nach wie vor meine Liste mit dreißig Namen, aber zusätzlich gibt es auch noch „Gottes Liste", wie ich sie nenne: ein einfaches Blatt Papier mit dreißig durchnummerierten, leeren Spalten. Jedes Mal, wenn ich darauf schaue, bin ich ganz gespannt und voller Vorfreude, denn diese Liste lässt mich innehalten und wirft die Frage auf, wen Gott mir wohl heute über den Weg schicken wird …

Was denken Sie: Wen könnte Gott *Ihnen* heute über den Weg schicken?

Suchen Sie sich Mutmacher

Wenn Sie von Menschen immer nur das Beste erwarten, dann werden Sie es in der Regel auch bekommen. Es ist extrem wichtig, sich mit positiven Menschen zu umgeben und anzufreunden, mit Menschen, die groß träumen und an sich selbst glauben. Das hat auch Auswirkungen auf die Einstellung, die Sie sich selbst gegenüber haben. Darüber hinaus ist es wichtig, dass die Menschen, mit denen wir befreundet sind, ein Segen und kein Hemmschuh sind. Es gibt so viele Pessimisten auf der Welt, aber wir brauchen Freunde, die uns ermutigen und motivieren, weiterzumachen!

Ein Mutmacher kann jeder sein – Ihr Mann oder Ihre Mutter, eine Freundin oder Schwester. Ich habe eine ganze Reihe von Mutmacherinnen. Meine Lektorin Paula Eykelhof arbeitet schon seit über zwei Jahrzehnten mit mir zusammen. Wir sind ein gutes Team und ergänzen einander ganz großartig. Sie kennt meine Stärken und Schwächen und holt als Schriftstellerin und Geschichtenerzählerin das Beste aus mir heraus. Paulas Engagement, ihre Unterstützung, ihr Verständnis und ihre Weisheit begleiten mich jetzt schon seit vielen Jahren, und uns verbindet eine unglaubliche gemeinsame Geschichte, aus der sich eine starke Freundschaft entwickelt hat.

Meine Freundin Barb Dooley ist meine geistliche Mentorin. Sie betet für mich und ermutigt mich mit Worten aus der Bibel. Wenn ich etwas auf dem Herzen habe, rufe ich Barb an und frage sie um Rat. Ich empfinde es als großen Segen, dass sie ein Teil meines Lebens ist.

Wer ist Ihr Mutmacher beziehungsweise Ihre Mutmacherin? Finden Sie es heraus, pflegen Sie diese Beziehung und entwickeln Sie sie weiter. Teilen Sie dem betreffenden Menschen mit, wie dankbar Sie für seine treue Unterstützung sind, und finden Sie Wege, wie Sie ihn ebenfalls unterstützen und ermutigen können.

Typisch für solche Mutmacher ist es beispielsweise, dass sie gerne gute Nachrichten und Erfolgsmeldungen von Ihnen hören und sich mit Ihnen darüber freuen können. Vielleicht kennen Sie das ja auch: Es gibt Menschen, die Sie sofort anrufen, wenn etwas Schönes passiert ist, und es gibt andere, bei denen Sie es lieber lassen. Ich habe im Laufe der Zeit viele wertvolle Lektionen zum Thema „Freundschaft“ erhalten, von denen einige auch ziemlich schmerzhaft waren. Oder wie die Schauspielerin Lily Tomlin einmal gesagt hat: „Wenn etwas Gutes passiert, ist das Schwerste, jemanden zu finden, der sich mitfreut.“

Es gibt ziemlich viel Neid und Eifersucht auf der Welt – im Grunde sind beide auch legitime Emotionen. Wenn jemand anderem etwas Gutes widerfährt, dann gibt es diese erste Reaktion – wir wollen aufspringen und jubeln, aber dann stellt sich uns im selben Moment die bohrende Frage: *Wieso kann mir nicht auch mal etwas Gutes passieren?*

Mit zum Wichtigsten und Wertvollsten, was ich in den vergangenen Jahren gelernt habe, gehört es, dass ich mir gut überlege, wen ich anrufe, wenn es gute Nachrichten im Zusammenhang mit meiner Karriere gibt. Vor ein paar Jahren bekam ich während eines Schriftstellerkongresses in New York die Nachricht, dass eines meiner Bücher vielleicht verfilmt werden sollte. Ich erzählte es meiner Lektorin und meinem Pressesprecher, sonst niemandem. Mit solchen Neuigkeiten gehe ich einfach nicht hausieren, weil ich im Laufe der Zeit die Erfahrung gemacht habe, dass es besser ist, wenn ich sie für mich behalte.

Ganz ähnlich ist es, wenn man ein Haus gekauft hat oder befördert worden ist. Man muss immer die Lebensumstände der Leute bedenken, denen man die Neuigkeit mitteilt – wenn ihnen nur selten oder nie etwas Gutes passiert, dann würde ich es nicht erzählen, es sei denn, Sie wissen ohne den Hauch eines Zweifels, dass die betreffenden Personen wirklich damit umgehen können.

Wenn Sie auf der Suche nach Mutmachern sind, dann halten Sie Ausschau nach Menschen mit einer positiven Lebenseinstellung.

Menschen, denen es ein Anliegen ist, andere zu ermutigen. Und seien Sie im Gegenzug dazu bereit, Ihr Gegenüber zu ermutigen, wann immer sich die Gelegenheit dazu bietet.

Beziehung leben in der Ehe

Wenn Sie verheiratet sind, dann wissen Sie, dass die Ehe – neben Ihrer Beziehung zu Gott – die innigste und intimste Beziehung in Ihrem Leben ist. Gleichzeitig ist sie wohl auch diejenige, die am schwierigsten aufrechtzuerhalten ist. Die Statistik ist deprimierend, und man kann es beinahe schon nicht mehr hören, aber jede zweite Ehe in den Vereinigten Staaten wird geschieden. Dabei ist die Wahrscheinlichkeit einer Scheidung bei Christen genauso hoch wie bei Nichtchristen.[1]

Mein Mann Wayne und ich sind der lebende Beweis dafür, dass sich Gegensätze anziehen, denn wir sind auf jeden Fall so grundverschieden, wie es zwei Menschen nur sein können. Wayne ist introvertiert und ruhig; ich hingegen blühe auf, wenn ich unter Menschen bin. Wayne stammt aus einer kleinen Familie, ich aus einer großen mit Unmengen von Cousins und Cousinen. Wayne ist eine Nachteule, ich bin eine Lerche und morgens putzmunter. Doch ich bin davon überzeugt, dass Gott uns ganz bewusst zusammengebracht hat, und größtenteils haben wir es im Laufe unserer Ehe geschafft, die Stärken und Schwächen des anderen zu akzeptieren, auch wenn es oft schwer war und manchmal auch immer noch ist.

Ich erinnere mich beispielsweise an ein Wochenende, als ich ins Kino gehen wollte, Wayne jedoch nicht. Wir blieben deshalb zu Hause, wo ich dann stattdessen wenigstens Freunde zum Essen einladen wollte, aber am Ende landeten wir vor dem Fernseher – nur wir beide.

Dann kam eine große Ausstellung über die Terroranschläge vom 11. September 2001 nach Tacoma, die ich mir unbedingt anschauen wollte, Wayne aber nicht. Frustriert ging ich ohne ihn und grummelte den ganzen Weg über. Ich war noch immer nicht fertig mit Grummeln, als wir uns am folgenden Sonntagmorgen fertig machten, um zur Kirche zu gehen, und nach dem Singen – ich sang, Wayne nicht – begann unser Pastor mit der Predigt. Ich kann mich nicht mehr an das Thema oder den Bibeltext erinnern, um den es ging, doch eine seiner Aussagen traf mich direkt ins Herz: „Das Gras ist nicht auf der anderen Seite des Zaunes grüner, sondern dort, wo es ausreichend Wasser bekommt."

Wayne und ich schauten uns an und mussten beide lächeln. Ich gab ihm meine Hand und wir rutschten ein Stückchen näher zusammen. Wir wissen nämlich genau, was es bedeutet, wenn eine Beziehung dringend Wasser braucht.

Mein Mann und ich haben 1989, kurz nach unserem zwanzigsten Hochzeitstag, für anderthalb Jahre getrennt gelebt. Und wie in vielen anderen Ehen hätte diese Trennung beinah mit unserer Scheidung geendet, weil es einige grundlegende Probleme gab, mit denen wir uns auseinandersetzen mussten. Wayne war in einen anderen Bundesstaat gezogen und ich verbrachte während dieser Zeit eine Stunde am Tag auf meinen Knien und betete. Das war mein Ziel: eine Stunde am Tag für Wayne, unsere Ehe und für unsere Kinder zu beteten. Obwohl ich eigentlich ein optimistischer Mensch bin, war ich das in Bezug auf meine Ehe überraschenderweise nicht. Im Gegenteil, ich war ziemlich sicher, dass es aus und vorbei war.

Eine Woche vor dem Scheidungstermin rief Wayne mich dann an und sagte, er wolle keine Scheidung mehr, doch ich hatte mich inzwischen innerlich schon völlig darauf eingestellt. Für mich kam sein Entschluss leider zu spät. Ich hatte ihn seit Monaten nicht gesehen und auch nichts von ihm gehört und war offen gestanden bereit für die endgültige Trennung. Doch Wayne wollte nicht aufgeben.

„Ich bitte dich ja nur darum, die Scheidung erst einmal auf Eis zu legen", sagte er. „Ich ziehe wieder in eure Nähe und dann versuchen wir es noch einmal miteinander."

Ich stimmte zu, obwohl ich es wirklich leid war, immer wieder diesen Kummer und Herzschmerz zu erleben.

Wayne zog also zurück in unsere Nähe, wir verbrachten wieder Zeit miteinander und stellten uns den Problemen, die überhaupt erst zur Trennung geführt hatten. Im Herbst 1990 zog er dann wieder zu Hause ein und mit Gottes Hilfe ist unsere Ehe wieder heil geworden.

Doch bevor mein Mann wieder bei uns einzog, tat er etwas sehr Kluges. Er bat mich um ein Gespräch und sagte: „Wir haben diese Tür geöffnet, Debbie, die Tür mit dem großen ‚S' wie Scheidung darauf. Wir können jetzt immer wieder hinein- und hinausgehen, wie durch eine Drehtür, oder wir schließen sie ein für alle Mal. Lass uns das Wort Scheidung bitte nie wieder in den Mund nehmen. Scheidung ist keine Option. Wenn wir wieder zusammenkommen, dann muss es für immer sein."

Wir versprachen es uns gegenseitig und konnten so unsere Ehe retten. Natürlich erleben wir wie jedes andere Ehepaar auch heute noch Höhen und Tiefen, aber ich bin unendlich dankbar für meinen Mann – für seine ruhige Stärke und seine Liebe. Doch ich habe gelernt, dass Liebe eine Entscheidung ist, die jeden Tag – manchmal sogar im Minutentakt – wieder neu getroffen werden kann und muss.

Es gibt sicherlich Umstände, unter denen man eine Ehe wirklich beenden sollte. Doch es gibt auch Situationen, in denen man lernen, wachsen und die man bewältigen kann. Wenn man mitten in einer solchen Krise steckt, kann das schon hart sein, aber im Grunde lohnt es sich immer, sie durchzustehen. Wir geben zu oft auf, wenn wir eigentlich weitermachen sollten. Wir denken nur an *unsere* Bedürfnisse und an *unsere* Gefühle, statt das große Ganze im Blick zu behalten. Wenn man sich das Jawort gibt, dann ist das nicht nur ein Bund zwischen zwei, sondern zwischen drei Personen: einem Mann, seiner Frau und Gott, der beide geschaffen hat.

Wie unser Pastor damals ganz richtig feststellte, ist es immens wichtig, dass wir unsere Ehen pflegen. Eine Ehe lebt von Liebe, selbst dann, wenn uns kein bisschen nach Liebe zumute ist. Sie lebt vom Gespräch, wenn wir uns nichts zu sagen haben, und vom Zuhören, wenn wir viel lieber etwas loswerden wollen.

Emerson Eggerichs ist der Verfasser des Buches *Liebe & Respekt,* das ich Ihnen besonders ans Herz legen möchte. Es enthält einige sehr wichtige Erkenntnisse zum Thema „Ehe". Eggerichs stellt die These auf, dass die meisten Ehen irgendwann in einem „Teufelskreis des Ehewahnsinns" enden, den er definiert als „das ständige Wiederholen derselben Dinge mit denselben negativen Auswirkungen". Er gibt dafür ein gutes Beispiel: Jemand kommt in einen Raum, betätigt den Lichtschalter, und als er merkt, dass sich nichts tut, bleibt er einfach dort stehen und knipst weiter den Schalter an und aus, obwohl sich das erwünschte Ergebnis nicht einstellt. Was würde man über so einen Menschen wohl denken? Vielleicht, dass er ein bisschen verrückt ist. Ich jedenfalls würde das denken.[2]

Eggerichs vergleicht dieses Szenario mit unserem Verhalten in Bezug auf unsere Ehe. Ich spiele meine Rolle und mein Mann spielt seine. Ich ärgere ihn, er ärgert mich, nichts ändert sich und die Ehe beginnt zu zerbrechen. Eggerichs zitiert in diesem Zusammenhang die Stelle im Epheserbrief, wo es heißt: „Ein Mann soll seine Frau so lieben wie sich selbst. Und die Frau soll ihren Mann achten" (Epheser 5,33). Er weist darauf hin, dass wir in der Regel das Hauptaugenmerk auf die Liebe legen und darüber hinaus das Achten vergessen. Ich möchte, dass mein Mann mich liebt, und wenn er das nicht tut, dann achte ich ihn auch nicht. Mein Mann möchte geachtet werden, und wenn ich das nicht tue, begegnet er mir auch nicht mit Liebe. Es ist genau wie Eggerichs sagt: der „Teufelskreis des Ehewahnsinns".

Um diesen Kreislauf zu durchbrechen, müssen Paare wissen, was Männer und Frauen sich jeweils wünschen (und nebenbei bemerkt, wünschen wir uns oft sehr unterschiedliche Dinge, oder aber das Gleiche, jedoch in unterschiedlicher Reihenfolge). Es ist diese Mars-kontra-Venus-Denkweise, und ich glaube, dass wir manchmal wirklich extrem unterschiedlich sind. Wir können zwar zusammenkommen, aber das kann keine 50-prozentige Verbindlichkeit sein, sondern wir müssen uns zu 100 Prozent aufeinander einlassen.

Sorgen Sie also dafür, dass Ihre Ehe oberste Priorität hat – vor allen anderen Beziehungen in Ihrem Leben. Gott kann in Ihrem Leben und in dem Ihres Mannes Unglaubliches tun, wenn Sie es zulassen. Wayne und ich sind das beste Beispiel dafür.

Der Frühstücksklub

Wir Frauen neigen ja dazu, uns immer zuerst um die Bedürfnisse anderer zu kümmern, bevor wir unsere eigenen sehen, mit der Folge, dass wir oft seelisch und geistlich ausgelaugt sind, ohne so recht zu wissen, wie und wann es dazu gekommen ist.

Als meine Kinder noch klein waren, nahm ich an, dass alles leichter werden würde, wenn sie erst einmal aus dem Haus wären. Dann, so glaubte ich, würde ich viel mehr Kraft und Freiraum haben und endlich ein paar große Projekte in Angriff nehmen können, die ich jahrelang aufgeschoben hatte. Und eines kann ich Ihnen heute ganz sicher sagen: Das ist definitiv ein Mythos! Ich muss sogar gestehen, dass ich beruflich noch eingespannter war und noch weniger Zeit für mich selbst hatte, nachdem die Kinder aus dem Haus waren. Mein jüngster Sohn ist inzwischen über dreißig, und ich nehme mir noch immer nicht die Zeit, um den Duft der Rosen zu genießen, wenn ich an ihnen vorbeigehe (doch glauben Sie mir – ich arbeite daran).

Ich bin aber nicht die Einzige, der es so geht. Es gibt jede Menge Frauen, die seelisch und geistlich ausgehungert sind. Vor zehn Jahren setzte ich mich mit einer Freundin in Verbindung, die ihren Sohn im Irakkrieg verloren hat. Ich hatte sie schon mehrere Monate nicht mehr gesehen, wusste aber, dass sie in ihrer Karriere als Politikerin zwar gut vorankam, dass es in ihrer Ehe jedoch kriselte. Als wir jetzt miteinander sprachen, erfuhr ich, dass sie sich so lange nicht bei mir gemeldet hatte, weil sie mitten in der Scheidung steckte. Mir dämmerte, dass sie den Kontakt zu allen ihren Freundinnen abgebrochen und sich dadurch selbst isoliert hatte in einer Zeit, in der sie ganz besonders dringend Freundinnen gebraucht hätte.

Nach dieser Begegnung dachte ich über mich und einige meiner engsten Freundinnen nach. Wir waren allesamt starke Frauen, beruflich erfolgreich und als Typ-A-Persönlichkeiten extrem ehrgeizig. Doch emotional waren wir dermaßen erschöpft, dass wir nicht mehr wussten, wie wir für uns selbst sorgen sollten.

Eines Nachmittags lud ich deshalb alle zu mir nach Hause zum Tee ein, um ihnen den Vorschlag zu machen, uns gegenseitig zu unterstützen. Da waren Lillian, die Anwältin, Betty, Vizepräsidentin einer Bank, Diana, eine Sozialarbeiterin, Stephanie, die eine eigene Firma hatte, und Janelle, eine Immobilienmaklerin. Wir hatten einen so guten Nachmittag zusammen, dass wir uns von da an immer donnerstagmorgens in einem Restaurant zum Frühstück verabredeten. Wir wurden eine Gebetsgruppe und eine regelrechte „Selbsthilfegruppe“, deren Teilnehmerinnen sich gegenseitig zur Seite standen. Als Motto wählten wir 2. Timotheus 1, Vers 7:

„Denn der Geist, den Gott uns gegeben hat, macht uns nicht zaghaft, sondern er erfüllt uns mit Kraft, Liebe und Besonnenheit.“

Aus diesen Treffen entwickelte sich der „Frühstücksklub“, und inzwischen treffen wir uns schon seit über zehn Jahren regelmäßig, um uns auszutauschen und zu unterstützen. Ich habe unendlich viel von diesen Frauen gelernt und bin stolz darauf, dass wir Freundinnen sind. Und sie sind nicht nur meine Freundinnen, sondern auch meine Heldinnen. Sie haben mir bei den Vertragsverhandlungen zur Seite gestanden, als ich den Verlag wechselte. Sie hören mir zu, beraten und unterstützen mich.

Eine solche Gruppe ist ein wunderbarer Resonanzboden für all unseren Schmerz und unsere Sorgen und Probleme, die wir nicht unbedingt mit zur Arbeit nehmen und im Büro besprechen möchten. Jede von uns hat doch Kummer und Verletzungen, über die wir nicht gern reden, und die Gruppe bietet die Sicherheit, darüber reden zu können, ohne dass etwas weitergetragen wird. Wir haben beispielsweise zusammen geweint, als bei Stephanie Eierstockkrebs festgestellt wurde und sie nur fünf Monate später starb, und wir haben mit Betty gefeiert, die verwitwet war und dann einen wundervollen Mann kennenlernte, den sie heiratete. Als einer meiner Söhne Eheprobleme hatte, war es diese Gruppe von Frauen, in der ich darüber reden konnte. Und als der Sohn einer Freundin seine Frau und die Kinder wegen einer anderen Frau verließ, war sie völlig verzweifelt und suchte Unterstützung in der Gruppe. Während meine Freundin und ihr Mann die Trennung bewältigten, erlebten wir jede Phase in unserem Frühstücksklub mit. Wir weinten und lachten zusammen – oft auch beides gleichzeitig.

Wenn Sie eine Gruppe von Frauen finden können, mit denen sich eine so enge Beziehung aufbauen lässt, dann entwickeln sich sehr starke Bindungen. Einige meiner kostbarsten Beziehungen sind durch den Frühstücksklub entstanden.

Wenn es schwierig für Sie ist, gute, stabile Beziehungen mit anderen Frauen aufzubauen, dann möchte ich Ihnen Mut machen, nicht aufzugeben, selbst wenn es durch das Tempo und die Hektik unseres heutigen Lebens sicher nicht einfacher geworden ist. Wir können trotz allem Frauen in ähnlichen Lebensphasen kennenlernen, aber auch hier ist es wie mit allem anderen im Leben: Wir müssen es wirklich wollen.

Versuchen Sie nicht, sich einzureden, dass Sie keine Freundinnen brauchen, denn das stimmt nicht – wir alle brauchen welche. Wenn wir die Bestimmung Gottes für unser Leben erfüllen wollen, dann ist es notwendig, aus den Erfahrungen anderer zu lernen und eigene Erfahrungen an andere weiterzugeben. Wir müssen zusammenkommen und füreinander beten, in guten und in schlechten Zeiten. Ich glaube, dass der Widersacher hochzufrieden ist, wenn er es schafft, uns voneinander fernzuhalten. Er weiß nämlich genau, wie viel besser es ist, wenn wir uns mit anderen Christen zusammentun. Lassen Sie nicht zu, dass er Sie in die Einsamkeit treibt!

Denn wo zwei oder drei in meinem Namen zusammenkommen, bin ich in ihrer Mitte.
Matthäus 18,20

7

Geschaffen für das Wort

Du hast mich mit meinem Innersten geschaffen,
im Leib meiner Mutter hast du mich gebildet.
PSALM 139,13

„Niemand entwächst jemals der Bibel, denn dieses Buch wird mit unseren Lebensjahren immer weiter und tiefer."

CHARLES H. SPURGEON

In Psalm 139, Vers 17, ist die Rede davon, wie kostbar Gottes Gedanken sind. Ich glaube, es gibt keinen besseren Ort als die Bibel – sein Wort –, um herauszufinden, was Gott über uns denkt und wie wir leben sollen.

Täglich im Wort Gottes zu lesen ist wie ein Anker für mich. Es erdet mich und hält mich in der Liebe und Gnade Gottes fest. Wenn man die Botschaft Gottes liest und sich Zeit dafür nimmt, dann hat das immer positive Auswirkungen auf unseren Geist und unsere Persönlichkeit; unsere Beziehung zu Gott entwickelt sich weiter.

Ich habe mehrere Freundinnen, die ziemlich weit von mir entfernt wohnen, sodass wir wirklich aktiv werden müssen, um unsere Freundschaft am Leben zu erhalten. Genauso ist es auch mit unserer Beziehung zu Gott. Die einzelnen Bücher der Bibel sind wie Briefe, die er an uns schreibt. Briefe, die unser Leben verändern und uns unsere Bestimmung aufzeigen können.

Als Schriftstellerin sind Worte meine große Leidenschaft. Ich arbeite jeden Tag mit Sprache, um die Gedanken und Gefühle und das Verhalten der Figuren in meinen Geschichten zu vermitteln, und dabei habe ich gelernt, dass Worte Gutes wie Schlechtes bewirken können. Robert Frost hat einmal gesagt: „Die Hälfte der Welt besteht aus Menschen, die etwas zu sagen haben und es nicht können, die andere Hälfte aus solchen, die nichts zu sagen haben, aber nicht den Mund halten können."[1]

Worte können hilfreich, aber auch störend sein, sie können aufbauen, aber auch zerstören, sie können inspirieren und ermutigen, aber auch ernüchtern oder gar jemanden zu Fall bringen. Worte können bohren, aber auch beruhigen. Sie können unsere Fantasie beflügeln, uns etwas vermitteln, was wir noch nicht wussten, uns an Orte bringen, von denen wir gar nicht wussten, dass es sie überhaupt gibt, und uns dazu antreiben, weiter zu lernen.

In unserem Frühstückklub gibt es die Tradition, dass sich jede Frau am Anfang des Jahres ein Wort für das Jahr aussucht, ein Wort, das für sie ganz persönlich von Bedeutung ist. Vielleicht pflegen Sie ja auch diese Tradition oder kennen jemanden, der es so handhabt. Im vergangenen Jahr war mein Wort fürs Jahr „Weisheit". Im Jahr davor war es „Glaube" und im Jahr davor „Vision", weil ich kurz zuvor Rick Warrens Buch *Leben mit Vision* gelesen hatte.

Dieses Jahr hat Gott mir das Wort „Hoffnung" geschenkt. Als ich mir Gedanken darüber machte, was wohl mein Wort für das Jahr sein könnte, ging es in der Predigt am Sonntag um Hoffnung. Dann stieß ich beim Einkaufen auf ein Andachtsbuch mit dem Thema „Hoffnung", und schließlich traf ich bei diesem Einkauf auch noch eine Freundin, die wiederum mit einer Freundin unterwegs war ... deren Name Hope (engl. für „Hoffnung") war. *Okay, Gott*, dachte ich da. *Ich hab's jetzt kapiert.* Ich finde es dann immer besonders spannend, wie Gott im Laufe des Jahres dieses spezielle Wort in meinem Leben einsetzt, damit ich mich weiterentwickle.

Obwohl ich wegen meiner Lese-Rechtschreib-Schwäche immer Probleme mit dem Lesen hatte, tue ich es gern. Ich lese (und höre) die unterschiedlichsten Bücher: Andachtsbücher, Bücher über

Betriebswirtschaft und auch die neuesten Romane von den Bestsellerlisten. Aber es gibt nur ein Buch, in dem ich ausnahmslos jeden Tag lese. Es hat ungefähr 1.189 Kapitel, 783.137 Worte und es wurde von mehr als vierzig Autoren verfasst. Es enthält über 1.260 Versprechen und ist in fast genauso viele Sprachen übersetzt worden.

Viele Menschen mögen dieses Buch aufgrund seiner vielfältigen Geschichten – Geschichten über Liebe, Eifersucht und Betrug. Geschichten über Heldentaten, Herzschmerz, Hass und Leidenschaft. Aber es ist vor allem deshalb so besonders, weil in ihm die großartigste Geschichte zu finden ist, die die Welt je gehört hat.

Gottes Stimme durch sein Wort hören

Kurz nachdem ich Christin geworden war, meldete mich meine Nachbarin Marilyn Kimmel in einem Glaubenskurs an. Dort lernte man, biblische Grundsätze ganz praktisch im Alltag umzusetzen. Gegen Ende des Kurses forderte uns der Kursleiter dazu auf, jeden Tag in der Bibel zu lesen. Als frischgebackene Christin war ich hungrig – wirklich hungrig – nach dem Wort Gottes. Ich wollte wissen, was es damit auf sich hatte, wollte geistliche Nahrung zu mir nehmen – und zwar Vollwertkost.

Ich versprach Gott deshalb, dass ich jeden Tag in der Bibel lesen würde, und daran habe ich mich bis zum heutigen Tag gehalten. Ich sage Ihnen auch, warum: Wenn ich in der Bibel lese, dann ist es, als ob Gott persönlich mit mir spricht. Durch sein Wort höre ich seine Stimme klar und deutlich in meinem Herzen, meinem Kopf und meiner Seele. Sein Wort ist das Steuerruder meines Lebens und das Licht auf meinem Weg. Es hilft mir, geerdet zu bleiben und meine Bestimmung nicht aus dem Blick zu verlieren. Gottes Wort ist der Schlüssel zu dem, was ich tue und wer ich bin.

Bei dem Gedanken, wie Gott durch die Bibel zu mir spricht, kommt mir automatisch Paulus' Gebet für die Epheser in den

Sinn, und jedes Mal, wenn ich die Verse lese, erfüllen und berühren sie mich innerlich so sehr, dass ich sie laut mitlesen muss. Sein Gebet lautet folgendermaßen:

Darum knie ich nieder vor Gott, dem Vater, und bete ihn an, ihn, dem alle Geschöpfe im Himmel und auf der Erde ihr Leben verdanken und den sie als Vater zum Vorbild haben.

Ich bitte Gott, euch aus seinem unerschöpflichen Reichtum Kraft zu schenken, damit ihr durch seinen Geist innerlich stark werdet. Mein Gebet ist, dass Christus durch den Glauben in euch lebt. In seiner Liebe sollt ihr fest verwurzelt sein; auf sie sollt ihr bauen. Denn nur so könnt ihr mit allen anderen Christen das ganze Ausmaß seiner Liebe erfahren. Ja, ich bete, dass ihr diese Liebe immer tiefer versteht, die wir doch mit unserem Verstand niemals fassen können. Dann werdet ihr auch immer mehr mit dem ganzen Reichtum des Lebens erfüllt sein, der bei Gott zu finden ist.

Gott aber kann viel mehr tun, als wir jemals von ihm erbitten oder uns auch nur vorstellen können. So groß ist seine Kraft, die in uns wirkt. Deshalb wollen wir ihn mit der ganzen Gemeinde durch Jesus Christus ewig und für alle Zeiten loben und preisen. Amen.
Epheser 3,14–21

Ist das nicht wunderschön? Diese Worte erinnern auf wunderbare Weise an die Liebe Gottes.

Auch die folgenden Zeilen aus dem Buch der Sprüche gehören zu meinen Lieblingsversen, wahrscheinlich nicht zuletzt deshalb, weil ich in letzter Zeit einige wichtige und weitreichende Entscheidungen zu treffen hatte: „Ich lehre dich, weise zu handeln, und zeige dir den richtigen Weg. Wenn du dich daran hältst, wird kein Hindernis deine Schritte aufhalten; selbst beim Laufen wirst du nicht stolpern“ (Sprüche 4,11–12).

Für mich ist es ganz natürlich, jeden Tag in Gottes Wort zu lesen. Es gehört für mich einfach dazu, so wie Essen und Zähneputzen. Es ist ein Teil von mir, und ich kann mir nicht mehr vorstellen, jemals ohne Gottes Wort zu leben.

Glauben, was wir lesen

Aufgrund meiner Erfahrungen kann ich voller Überzeugung sagen, dass wir Menschen für das Wort geschaffen sind. Und nicht nur dazu, es zu hören oder zu lesen, wie wir einen Roman am Strand lesen, oder vielleicht auch wie ein Lehrbuch. Nein, wir sind dazu geschaffen, es zu verinnerlichen, es zu leben.

Der Verfasser des Hebräerbriefes betont, dass das Wort Gottes „voller Leben und Kraft" ist (Hebräer 4,12). Das Wort Gottes ist der Entwurf zum Leben! Wenn Sie auf der Suche nach Gottes Plan für Ihr Leben sind, dann schauen Sie einfach in der Bibel nach. Dort finden Sie alles, was Sie brauchen, vorausgesetzt, Sie nehmen sich die Zeit.

Das Wort Gottes zu leben setzt natürlich den Glauben daran voraus, dass es auch tatsächlich *sein* Wort ist. Ich weiß, dass es viele Menschen gibt, auch Christen, denen es schwerfällt zu glauben, dass die Bibel wirklich Gottes Wort ist. Sie sagen: „Na ja, sie ist schließlich von Menschen geschrieben und deshalb nicht unfehlbar." Oder sie schauen sich bestimmte Teile der Bibel an und sagen: „Das war eben die damalige Kultur." Sie wollen nur die Teile glauben und verinnerlichen, die ihnen passen, und die anderen Teile lieber weglassen. Ich glaube allerdings nicht, dass das möglich ist.

Mir gefällt es, wie der Pastor Voddie Baucham durch logisches Denken zu dem Schluss kommt, dass die Bibel das unfehlbare Wort Gottes sein muss. Im Hinblick auf den Ursprung der Bibel gibt es laut Baucham nämlich im Grunde drei Möglichkeiten:

1. Die Bibel stammt vom Menschen.
2. Die Bibel stammt vom Teufel.
3. Die Bibel stammt von Gott.

Baucham argumentiert, dass im ersten Fall die Verfasser der Bibel böse Menschen gewesen sein müssten, die den Versuch unternahmen, andere zu täuschen; Menschen, die Dokumente verfassten, die ihnen keinerlei Macht verschafften und letztlich für ihren Tod sorgten. Wenn sie wiederum von guten Menschen stammen würde, hätten diese Geschichten erfunden und damit gelogen, was wiederum dagegen spricht, dass sie wirklich gut waren.

Wenn die Bibel vom Teufel stammte, hätte dieser damit laut Baucham die einzige Sache geschaffen, die die Allianz des Menschen mit ihm infrage stellt – nämlich Gott. Das würde bedeuten, dass der Teufel sich selbst als Bösewicht darstellt und uns den einzigen Weg aufzeigt, wie wir ihm widerstehen und ihn besiegen können. Wieso hätte er das tun sollen?

Und damit bleibt nur noch, dass die Bibel von Gott stammt.[2]

Wenn wir nun davon ausgehen können, dass die Bibel wahr ist, dass sie wirklich die Antworten auf die Fragen des Lebens enthält, wieso sollten wir sie dann nicht auch lesen wollen? Vielleicht ist die Frage gar nicht, ob wir glauben, was darin steht, sondern wofür wir sie halten. Betrachten wir das Wort Gottes als Quelle und Ursprung der Wahrheit oder als eine Art Orakel in Buchform?

Unsere Quelle der Wahrheit

Viele Menschen benutzen die Bibel als eine Art Orakel, wenn sie in kniffligen Situationen stecken. Vielleicht kennen Sie das auch: Sie sind am Ende der Fahnenstange, setzen sich mit der Bibel hin, schließen die Augen, sprechen ein kurzes Gebet, schlagen die Bibel auf und tippen dann mit dem Finger auf einen Vers, von dem Sie glauben, dass er die Lösung für Ihr Problem ist.

So war es auch in der Geschichte zweier Freunde, die sich nach Jahren, in denen sie keinen Kontakt gehabt hatten, wieder trafen. Der eine hatte ein Studium absolviert und war jetzt ziemlich erfolgreich, während der andere nie besonders ehrgeizig gewesen war und es nicht an die Uni geschafft hatte.

Der erfolgreiche Uni-Absolvent fragte seinen Freund: „Wie ist es dir denn so ergangen?"

„Super", antwortete dieser. „Ich habe eines Tages die Bibel aufgeschlagen, mit dem Finger auf eine Stelle getippt und dort stand ‚Öl'. Also habe ich in Öl investiert und die Ölquellen sprudelten nur so. Irgendwann habe ich dann noch einmal mit dem Finger auf eine Stelle getippt und dort stand ‚Gold'. Ich habe also in Gold investiert, und die Goldminen waren wirklich ergiebig, sodass ich jede Menge Geld verdient habe."

Der erfolgreiche Freund war so beeindruckt, dass er zurück in sein Hotel raste, die Bibel aus der Nachttischschublade holte, sie aufschlug und mit dem Finger auf ein Wort tippte. Als er die Augen wieder öffnete, lag sein Finger auf „Kapitel 11". Wie Sie sehen, funktioniert diese Methode also nicht immer.

Aber ich sage Ihnen, was immer funktioniert: regelmäßig Zeit mit Gott zu verbringen. Je öfter man das tut, desto leichter fällt es einem, aber es muss wirklich zur Routine werden, und das erfordert nun mal Zeit – bewusste Zeit mit Gott.

George Mueller hat einmal geschrieben:

Es ist eine gängige Versuchung des Satans, uns dazu zu bringen, mit dem Bibellesen und Beten aufzuhören, sobald wir die Freude daran verlieren; als wäre es sinnlos, in der Bibel zu lesen, wenn es keinen Spaß macht, und als wäre Gebet sinnlos, wenn uns nicht der Sinn danach steht. Die Wahrheit ist, dass wir, um Freude am Wort zu haben, weiter darin lesen müssen, und um den Geist des Gebets zu erlangen, weiter beten müssen. Je seltener wir im Wort Gottes lesen, desto weniger sehnen wir uns danach, und je seltener wir beten, desto weniger verspüren wir den Wunsch, mit Gott ins Gespräch zu kommen“ (Hervorhebung der Autorin).[3]

Als ich anfing, in der Bibel zu lesen, nahm ich mir immer nur kleine Abschnitte vor und lernte diese dann auswendig. Heute ist es mein Ziel, die Bibel einmal im Jahr von vorne bis hinten durchzulesen. Das mache ich so, seit ich Bruce Wilkinsons Buch *The Daily Walk Bible* entdeckt habe. Ich wollte nicht mehr nach der herkömmlichen Methode in der Bibel lesen, bei der man jeden Tag ein Kapitel aus dem Alten Testament liest, ein Kapitel aus dem Neuen Testament und ein paar Verse aus den Sprüchen. *The Daily Walk Bible* beginnt mit dem ersten Buch Mose und geht bis zur Offenbarung, und einmal in der Woche wird wiederholt, was man gelesen hat. Das Buch hat zudem auch die Funktion eines Andachtsbuches, indem das Gelesene erklärt und kommentiert wird.

Noch ein letzter Tipp an dieser Stelle: Ich lese jedes Jahr eine andere Bibelübersetzung, wodurch das Wort für mich frisch und aussagekräftig bleibt. Und immer, wenn ich einen Abschnitt nicht verstehe oder ihn besser verstehen möchte, schaue ich in einer moderneren Übersetzung nach.

Vier Begriffe, die in der Bibel zu finden sind

Es gibt vier Begriffe, die ich als Autorin bei jeder meiner Geschichten als Kriterien zugrunde lege. Diese vier Begriffe habe ich unter die Glasplatte meines Schreibtisches gelegt, damit ich sie beim Schreiben ständig vor Augen habe. Sobald mir die Idee für eine neue Geschichte kommt, überprüfe ich sie sofort anhand dieser Kriterien.

Das erste Wort ist „herausfordernd". Wenn eine Leserin eines meiner Bücher zur Hand nimmt, dann wünsche ich mir, dass sie über den Inhalt nachdenkt, dass sie lacht, weint und sich noch möglichst lange, nachdem sie das Buch aus der Hand gelegt hat, an die Geschichte erinnert. Am meisten wünsche ich mir jedoch, dass sie ein Stück weit herausgefordert wird. Mein Ziel als Schriftstellerin ist es, mehr zu bieten als nur gute Unterhaltung. Eine gute Geschichte können viele Autoren schreiben. Ich wiederum möchte, dass meine Geschichten eine Vielschichtigkeit und Tiefe haben, die die Leser gedanklich herausfordert.

Der zweite Begriff ist „bedeutsam". All meine Geschichten müssen für die Leser irgendeine Bedeutsamkeit haben, denn schließlich geben sie ihr sauer verdientes Geld dafür aus. Meine Leserinnen sollen sich ganz persönlich mit den Figuren in den Büchern identifizieren können. Es ist mein erklärtes Ziel, sie mitten ins Herz zu treffen, und wenn ich Briefe von meinen Leserinnen erhalte, in denen steht, dass sie das Gefühl haben, ich hätte über ihr Leben geschrieben, dann weiß ich, dass ich dieses Ziel erreicht habe.

Das dritte Kriterium, an dem ich meine Arbeit messe, lautet „kreativ". Ich stelle an mich selbst den Anspruch, abseits der ausgetretenen Pfade und außerhalb festgelegter Schubladen zu denken, neue und überraschende Ideen zu entwickeln und altbewährte Geschichten auf erfrischend andere Weise zu erzählen. Ich möchte nicht nur an der Oberfläche kratzen, sondern zum Kern einer Geschichte vordringen und dadurch etwas schaffen, das so herausfordernd, bedeutungsvoll und kreativ ist, dass die Leserinnen noch lange daran zurückdenken.

Der letzte Begriff auf meiner Liste ist „ehrlich". Ich muss aufrichtig und von ganzem Herzen schreiben, muss mir selbst und meinen Leserinnen gegenüber ehrlich sein. Das bedeutet, dass die Figuren in meinen Geschichten Fehler haben, weil nun mal kein Mensch perfekt ist. Sie müssen die Konsequenzen ihres Verhaltens tragen, weil das ein universelles Gesetz ist. Es gibt positive und negative Folgen unseres Handelns, und ich lehne es ab, diese Folgen zu verbergen oder zu unterschlagen, denn ich will niemandem etwas vormachen, auch nicht mit den Figuren meiner Geschichten.

Jetzt fragen Sie sich wahrscheinlich gerade: *Und was hat das alles mit dem Bibellesen zu tun?* Nun ja, diese vier Begriffe, die Kriterien, von denen ich mich beim Schreiben leiten lasse, haben sich aus meiner täglichen Bibellese entwickelt.

Gottes Wort ist bedeutsam für mein Leben. Es gibt jeden Tag etwas, das Gott mir durchs Bibellesen zeigt. Gleichzeitig ist es herausfordernd, denn es gibt in der Bibel so gut wie keine Passagen, die etwas beschönigen oder die man selbst beschönigen kann. Man ist gezwungen, sich mit dem auseinanderzusetzen, was man gerade gelesen hat, und damit, was es für das eigene Leben bedeuten kann. Außerdem ist die Bibel auf jeden Fall ehrlich und authentisch: „Am Anfang war das Wort. Das Wort war bei Gott, und das Wort war Gott selbst“ (Johannes 1,1). Und zu guter Letzt ist sie auch noch unschlagbar kreativ! Die Bibel „atmet“ vom ersten Buch Mose bis zur Offenbarung eine Kreativität, die Gott ganz bewusst geschaffen und zudem auch in jeden von uns hineingelegt hat. Wie fantastisch ist es doch zu wissen, dass meine Kreativität von Gott kommt!

Bringen Sie die Disziplin auf, Gottes Wort zu studieren

Es reicht nicht aus, das Wort Gottes nur zu lesen, sondern wir müssen es studieren, uns gründlich damit beschäftigen und es uns einprägen. Je mehr wir Gottes Wahrheit verinnerlichen, desto besser können wir seine Stimme hören, die uns letztendlich auch

Orientierung für unser Leben gibt. Deshalb ist es so wichtig, die Disziplin aufzubringen, sich jeden Tag mit dem Wort Gottes zu beschäftigen.

Nun gibt es aber einen Unterschied zwischen Disziplin und Gesetzlichkeit. Ich finde es gut, wie dictionary.com „Gesetzlichkeit" definiert, nämlich als „striktes Festhalten am Buchstaben … statt am Geist".

Gehen nicht viele von uns ihre tägliche Zeit mit Gott genau so an – indem sie sich am Buchstaben festhalten und das Wort mechanisch auswendig lernen? Wenn wir das so handhaben, dann ist unsere Zeit mit Gott jedoch nicht mehr als nur ein weiterer Punkt auf unserer To-do-Liste, den es abzuarbeiten gilt. Dann gehen wir nicht mit der richtigen geistlichen Haltung an diese Zeit heran, nicht hungrig und gespannt darauf, was Gott für uns bereithält.

Stricken und das Wort

Nehmen wir einmal an, ich habe gerade Stricken gelernt. Wahrscheinlich ist es dann so, dass ich jedes Mal, wenn ich mein Strickzeug hervorhole, die Anleitung neben mir liegen habe und bei jedem Schritt hineinschaue. Ich stricke die angegebene Anzahl von Maschen, schaue auf die Anleitung, stricke weiter, bis ich für die Schultern Maschen abnehmen muss, dann messe ich nach und schaue wieder auf die Anleitung. Ein ewiges Hin und Her. Ich schaue abwechselnd auf mein Strickzeug und auf die Anleitung, und so kann es am Anfang eine ganze Weile dauern, bis eine Reihe fertiggestrickt ist.

Was passiert nun, wenn ich das Strickzeug nur einmal im Monat hervorhole? Oder vielleicht sogar nur alle paar Monate? Was meinen Sie, wie lange es dann dauert, bis ich ohne Anleitung stricken kann? Sechs Monate? Ein Jahr? Nie? Wenn ich nicht so oft stricke, dass es irgendwann automatisch geht, wird es wahrscheinlich nie dazu kommen. Dann werde ich keine Fortschritte im Stricken machen, sondern bleibe immer Anfängerin.

Ähnlich ist es auch mit dem Bibellesen. Wir entwickeln uns im Glauben nicht weiter, wenn wir keine Zeit investieren, um uns die Anleitung einzuprägen, uns die Worte daraus zu Herzen zu nehmen und entsprechend zu handeln.

Martin Luther hat geschrieben:

Ich lese meine Bibel so, wie ich Äpfel aufsammle. Als Erstes schüttle ich den Baum, damit die reifsten Äpfel herunterfallen. Dann schüttle ich jeden einzelnen Ast, und wenn ich jeden Ast geschüttelt habe, dann rüttle ich an jedem Zweig. Dann schaue ich unter jedes Blatt. Ich betrachte erst die Bibel als Ganzes, so wie ich den ganzen Baum schüttle. Dann rüttle ich an jedem Ast, indem ich meine Aufmerksamkeit auf die einzelnen Kapitel richte. Und dann schaue ich unter jedem Blatt nach, das heißt, ich beschäftige mich sorgfältig mit den einzelnen Abschnitten, Sätzen und Worten und ihrer Bedeutung.[4]

Wenn es ums Bibellesen geht, müssen wir diszipliniert sein, denn Disziplin kann dazu beitragen, dass wir uns geistlich weiterentwickeln. Sie hilft uns dabei, uns ganz auf Gott auszurichten.

Es ist ja allgemein bekannt, dass es Morgenmenschen und Nachteulen gibt. Ich bin eine dieser Personen, die morgens putzmunter aufwachen, fröhlich aus dem Bett steigen und bereit sind für den Tag. Für mich ist der Morgen die beste Zeit, meine Gedanken zu ordnen, Tagebuch zu schreiben und die Kraft zu sammeln, die ich brauche, um im Laufe des Tages etwas zu schaffen.

Ich liebe es, in unserer Frühstücksecke zu sitzen und dem atemberaubenden Schauspiel zuzuschauen, wie die Sonne über dem Kaskadengebirge aufgeht. Dabei lese ich dann in der Bibel, meinem Andachtsbuch oder schreibe etwas in mein Tagebuch.

Wenn man mich fragen würde, was ich für mich selbst tue, um in der Spur zu bleiben, dann würde ich darauf antworten, dass es auf jeden Fall die Zeit ist, die ich jeden Morgen für Gott und mich reserviere. Achten Sie bitte auf das Wort, das ich gerade verwendet habe. Ich *reserviere* diese anderthalb Stunden. Ich sorge dafür, dass sie frei sind, genauso wie ich Zeit für einen Arzttermin freihalten würde. Ich brauche diese neunzig Minuten, um geistlich und emotional für mich zu sorgen, und nur, wenn ich diese Zeit habe, kann ich mich auch von ganzem Herzen meiner Arbeit widmen.

Wenn es aber jemandem unter euch an Weisheit mangelt, so bitte er Gott, der jedermann gern und ohne Vorwurf gibt; so wird sie ihm gegeben werden.
Jakobus 1,5; LÜ

Ich staune immer wieder darüber, dass das, was in meiner täglichen Bibellese vorkommt, oft genau zu der Situation passt, in der ich mich gerade befinde. Vor Kurzem habe ich das Buch Daniel gelesen. Sicher kennen die meisten von Ihnen die unglaubliche Geschichte von Daniel in der Löwengrube und wie er und seine drei Freunde in den Feuerofen geworfen wurden. Was mir dieses

Mal beim Lesen besonders auffiel – und ich weiß genau, dass ich dieses biblische Buch schon mindestens sechs Mal gelesen habe – war Daniels erstaunliche Treue. Soweit ich es erkennen kann, ist er Gott sein ganzes Leben lang treu geblieben – absolut und ganz und gar treu. Ich möchte wie Daniel sein. Debbie, die Treue. Debbie, die Gott vertraut.

Charles Swindoll, einer meiner christlichen Lieblingsautoren, schreibt:

Im Allgemeinen gibt es im Leben zwei Arten von Prüfungen: die Not einerseits und Wohlstand und Erfolg andererseits. Die schwierigere Prüfung von beiden ist letztere. Denn wenn uns Not trifft, geht es einfach ums blanke Überleben. Dann ist es wichtig, für grundlegende Dinge wie Essen, Kleidung und Obdach zu sorgen. Wenn aber Wohlstand einkehrt, dann Achtung! Dann wird es nämlich kompliziert, weil sich alle möglichen unterschwelligen Versuchungen einstellen und befriedigt werden wollen. Das ist der Moment, in dem die eigene Treue auf dem Prüfstand steht.[5]

Wenn alles gut läuft, ist es verlockend, die Bibel für eine Weile beiseitezulegen. Wir betrachten das Wort Gottes dann als eine Art Handbuch zum Überleben, das nur im Notfall zum Einsatz kommt. Wenn uns alles gelingt, wir im Wohlstand leben und das Leben gut zu uns ist, dann machen wir uns vor, dass das tägliche Bibellesen doch eigentlich gar nicht so wichtig ist.

Aber wir müssen begreifen, dass die Bibel kein Fallschirm ist, der uns auffängt, wenn wir uns im freien Fall befinden. Stattdessen zeigt sie uns, wie wir verhindern können, dass wir überhaupt erst fallen.

Mir persönlich hilft es beim Bibellesen immer sehr, ein Wörterbuch zur Hand zu haben. Ich suche mir gerne ein paar Verse aus dem jeweiligen Text heraus, den ich gerade lese, und schreibe sie auf. Ich merke nämlich, dass mir das Aufschreiben dabei hilft, die geistliche Aussage des Textes besser zu erfassen und mir einzuprägen. Nach dem Abschreiben des Verses nehme ich drei oder vier Wörter heraus und schlage sie im Wörterbuch nach. Es kann auch hilfreich sein, sich den Text in unterschiedlichen Übersetzungen durchzulesen. Ich schaue mir jedes Wort im Zusammenhang an und schlage dann nach, was es bedeutet. So lerne ich und wachse im Glauben und Verstehen.

Ganz ähnlich geht es mir auch mit dem Stricken. Ich habe nämlich nicht nur unzählige Wollknäuel auf Lager, sondern auch sehr viele Strickbücher. Ich lese gerne übers Stricken und probiere immer wieder neue Strickmuster aus. Und je häufiger ich stricke, desto leichter fällt es mir und desto schöner werden die Ergebnisse.

Im Prinzip lässt sich das auch aufs Bibellesen übertragen: Je mehr und je intensiver wir uns mit dem Wort Gottes beschäftigen, es uns zu Herzen nehmen und in unserem Leben anwenden, desto besser kann seine Liebe in unserem Verhalten erkennbar werden.

Und noch ein letzter Gedanke: Ich lerne immer wieder Leute kennen, die zwar schon seit Jahren stricken, sich aber an nichts anderes als an Schals heranwagen. Sie trauen sich nicht, auch einmal etwas Komplizierteres zu probieren, und deshalb stricken sie lieber einen Schal nach dem anderen. Dabei ist ihnen anscheinend gar nicht bewusst, dass es nur wenige Grundstrickarten sind, die man beherrschen muss, um selbst die schönsten und ausgefallensten Modelle zu stricken. Sie fühlen sich sicher und wohl mit dem, was sie kennen, und nehmen deshalb nichts Neues in ihr Repertoire auf, obwohl es unendlich viele Möglichkeiten gäbe. Und so entgeht ihnen, ohne dass sie es merken, jede Menge Spaß. Theoretisch könnten sie die schönsten Modelle stricken, tun es aber nicht, weil es ihnen zu kompliziert erscheint.

Und genau so ist es auch mit unserem Leben: Wenn es kompliziert wird, dann macht es Sinn, in die Anleitung zu schauen – gerade dann ist regelmäßiges Bibellesen und Bibelstudium besonders wichtig. Nicht, weil wir unsere Pflicht als Christen tun müssen, und auch nicht, um es als einen Punkt auf unserer To-do-Liste abhaken zu können und uns dann ganz toll zu fühlen, sondern nur, damit unsere Beziehung zu Gott intakt und stark bleibt.

Ein aktives Gebetsleben entwickeln

Ich schreibe nicht nur Bibelverse in mein Tagebuch, sondern auch Gebete. Wenn ich meine Gebete richtig ausformuliere, dann ist das für mich immer eine wunderbare Möglichkeit, mit Gott im Gespräch zu bleiben und mir das von der Seele zu schreiben, was mich bewegt.

Ich bewahre meine Tagebücher auf und lese immer wieder gerne nach, wie Gott meine Gebete erhört hat. Das hilft mir, mich in meinem Gebetsleben weiterzuentwickeln.

Gleichzeitig wird mir beim Lesen meiner alten Tagebücher aber auch bewusst, dass Gottes Wege höher sind als meine Wege. Zum Glück – und aus gutem Grund – hat Gott einige meiner Gebete nicht auf die Art und Weise erhört, wie ich es mir damals gewünscht habe, denn im Gegensatz zu mir hat er den Überblick über mein Leben. Gott sieht schon jetzt das Gesamtbild, wo ich nur einzelne Teile des Weges erkennen kann.

Sich am Wort Gottes erfreuen

Es reicht aber nicht aus, nur diszipliniert die Bibel zu studieren, sondern wir müssen uns auch Zeit nehmen zu genießen, was Gott uns durch sein Wort zeigt.

Ich stehe gerne in der Küche und bekoche meine Familie. Besonders viel Spaß macht es mir, in einem Restaurant richtig gut essen zu gehen und dann zu Hause zu versuchen, ein Gericht, das mir besonders gut geschmeckt hat, nachzukochen.

Ich glaube, ganz ähnlich ist es mit dem Wort Gottes. Wir können und sollen die Anweisungen und die Orientierung, die wir dort finden, mitnehmen und uns überlegen, wie wir sie in unserem eigenen Leben umsetzen.

Wussten Sie eigentlich, dass Gott die Zeit genießt, die wir mit ihm verbringen? Er ist gern mit uns zusammen und freut sich über uns. „Der Herr freut sich über alle, die ihm in Ehrfurcht begegnen und von seiner Gnade alles erwarten“ (Psalm 147,11). Ja, er liebt uns sogar so sehr, dass er jedem von uns einen neuen Namen gibt; nicht unseren irdischen Namen, sondern einen Namen der Liebe und Zuneigung (siehe Offenbarung 2,17). Ich habe herausgefunden, dass ich die Liebe Gottes am besten genießen und das, was ich aus seinem Wort lerne, am besten verinnerlichen kann, wenn ich gemeinsam mit anderen in der Bibel lese. Ich habe bereits an vielen Bibelstunden mit Frauen aus meiner Gemeinde teilgenommen und enorm davon profitiert. Eine weitere Möglichkeit, sich intensiv mit Gottes Wort zu beschäftigen, besteht darin, es anderen Menschen nahezubringen, beispielsweise im Rahmen des Kindergottesdienstes oder anderer Gruppenstunden in der Gemeinde.

Ich möchte dieses Kapitel mit einer persönlichen Geschichte beenden: Als mein Vater 2004 starb, fühlte ich mich völlig überfordert. Es kam mir so vor, als läge plötzlich alle Last auf meinen Schultern. Mein Bruder lebte über 1.500 Kilometer entfernt in Kansas, und obwohl er oft anrief, blieb es letztlich an mir hängen, meine Mutter dabei zu unterstützen, mit dieser gewaltigen Umstellung in ihrem Leben zurechtzukommen. Und auch die juristischen und finanziellen Angelegenheiten überforderten mich.

Gerade als ich dachte, dass jeder weitere Tropfen das Fass zum Überlaufen bringen würde, erlebte Seattle einen extremen Kälteeinbruch und natürlich gab ausgerechnet in dieser Zeit unsere Wärmepumpe den Geist auf. Wayne war unterwegs, sodass ich mich nun auch noch um dieses Problem kümmern musste.

Ich rief den Heizungsinstallateur an, der aber frühestens innerhalb der nächsten ein bis zwei Tage kommen konnte, sodass ich in Wintermantel und Handschuhen im Haus auf und ab gehen musste, um einigermaßen warm zu bleiben. Als der Installateur dann schließlich vor der Tür stand, hätte ich jeden Preis für die Reparatur bezahlt. Ich zeigte ihm, wo der Brenner stand, und wartete dann auf seine Einschätzung. Zu meiner Überraschung tauchte er schon fünf Minuten später mit zwei Filtern in der Hand auf.

„Daran hat es gelegen", sagte er. „Die Filter waren verschmutzt und hatten sich zugesetzt. Stecken Sie sie in den Geschirrspüler, dann ist alles wieder wie neu." Dann ging er und ich musste lachen. Es hatte also nur an verstopften Filtern gelegen? Nur deshalb fühlte ich mich seit zwei Tagen wie ein lebendiger Eiszapfen?

Als ich die Filter in den Geschirrspüler steckte, wurde mir bewusst, dass es nicht nur sie waren, die dringend eine Reinigung brauchten: auch ich selbst brauchte eine. Ich hatte zu viele Lasten mit mir herumgeschleppt, statt sie an Gott abzugeben, und dadurch hatte ich zugelassen, dass sich immer mehr Widerstand und Ablehnung in mir aufstauten. Diese negativen Gefühle blockierten meine Beziehung zu Gott und verstellten mir die Sicht.

Ich bat Gott also um Vergebung, und später beim Einsetzen der sauberen Filter hatte ich Tränen in den Augen, als warme Luft aus dem Ventil strömte und mich wärmte … meinen Körper und meine Seele.

Wenn auch Sie eine innere Reinigung brauchen, dann fangen Sie damit an, indem Sie in der Bibel lesen. Nehmen Sie sich Zeit mit Gott. Beschäftigen Sie sich intensiv mit seinem Wort, und lernen Sie möglichst viel davon auswendig, damit Sie es immer im Herzen tragen. Genießen Sie seine Liebe, und denken Sie daran, dass Sie für das Wort geschaffen sind. Es ist die einzig wahre „Landkarte“, die uns den Weg zeigen kann.

8

Zur Arbeit geschaffen

Herr, ich danke dir dafür, dass du mich so wunderbar
und einzigartig gemacht hast! Großartig ist alles, was du
geschaffen hast – das erkenne ich!

PSALM 139,14

„Der Lohn dafür, etwas gut gemacht zu haben, besteht darin, es gemacht zu haben."
RALPH WALDO EMERSON

Wenn wir anfangen, ernsthaft über unsere Träume nachzudenken, dann ist uns oft gar nicht bewusst, wie viel Arbeit erforderlich ist, um sie zu verwirklichen. Wir schauen erfolgreiche Leute an – Manager großer Konzerne, Promis, berühmte Sportler – und staunen über ihre Erfolge, übersehen dabei aber meist, wie hart diese Leute gearbeitet haben, um dorthin zu gelangen, wo sie sind.

Ein weltberühmter Musiker auf dem Titelbild eines Hochglanzmagazins vermittelt zwar Glitzer und Glamour, sagt aber nichts aus über die Geschichte hinter dem Scheinwerferlicht, den strahlenden Gesichtern und den schicken Frisuren. Wir sehen nichts vom Schweiß, den Tränen und den vielen Jahren harter Arbeit, die dieser Erfolg gekostet hat. Wir vergessen, wie viel Disziplin und Zielstrebigkeit die betreffende Person aufbringen musste, um ihren Traum zu verwirklichen. Aber ich kann Ihnen versichern, dass es so ist.

Denken Sie einmal an all die Mühe und Arbeit, die Gott in die Erschaffung der Welt investiert hat. Sechs Tage lang hat er die Planeten, die Meere, das Land, die Tiere und die Pflanzen geschaffen. Die Welt war sein Traum und sein Ziel. Er hatte einen Plan, und dann hat er sechs Tage gearbeitet, um ihn umzusetzen. Für uns ist dies eine Erinnerung daran, wie wichtig es ist, dass wir selbst uns auch an den Plan halten, den er für jeden von uns hat.

Als ich mein erstes Romanmanuskript an einen Verlag verkauft hatte, fühlte ich mich wie ein Lemming, der in seinem Eifer blindlings auf eine Klippe zuläuft, denn ich wollte einfach möglichst schnell möglichst viele Bücher verkaufen. Erst vier, fünf Jahre später wurde mir klar, wie wichtig es war, einen sinnvollen Plan für meine Arbeit zu erstellen. Wenn ich dauerhaften Erfolg in der Literaturwelt haben wollte, musste ich hart und zielgerichtet arbeiten. Ich brauchte eine Strategie …

Ziele setzen

Mein erster Schritt bestand natürlich darin, in Gottes Wort zu schauen, was dort über Arbeit steht. Im ersten Buch Mose beispielsweise fand ich etwas über die Arbeit Gottes bei der Erschaffung der Welt, von der er sich dann am siebenten Tag ausruhte (siehe 1. Mose 2,2), und im fünften Buch Mose lesen wir, wie Gott die Arbeit von Mose segnet (siehe 5. Mose 2,7).

Die Suche nach dem Begriff „Arbeit" liefert insgesamt 334 Treffer in der Bibelübersetzung *Hoffnung für alle*. Arbeit war und ist also offensichtlich ein ganz wesentlicher Teil des Lebens. Aber wussten Sie auch schon, dass im Wort Gottes mehrfach von Zielen die Rede ist?

… und jage nach dem vorgesteckten Ziel, dem Siegespreis der himmlischen Berufung Gottes in Christus Jesus.
Philipper 3,14; LÜ

Aber am dritten Tage werde ich mein Ziel erreicht haben.
Lukas 13,32

Im zweiten Vers ist es Jesus selbst, der über sein Ziel spricht. Zu Lebzeiten Jesu führte sein Weg ja immer Richtung Golgatha. Alles, was er sagte und tat, führte letztendlich dorthin. Und genauso möchte Gott, dass auch unser Leben eine Richtung und ein festes Ziel hat.

Wenn ich davon spreche, dass ich zur Arbeit geschaffen bin, dann gehört es für mich automatisch dazu, auch über Ziele zu reden, denn es erleichtert die Arbeit ungemein, wenn man auf ein Ziel hinarbeitet. Es gibt so viele Menschen, die sich einfach zurücklehnen und Gott die komplette Verantwortung überlassen, so, als wären wir Marionetten, völlig abhängig vom Puppenspieler, um in Bewegung zu kommen. Aber so geht Gott nicht vor und so sollten auch wir nicht vorgehen.

Warum wir Ziele brauchen

Für mich sind Ziele ungeheuer wichtig. Seit Jahren schreibe ich mir meine Ziele auf, auch wenn ich ihnen früher noch nicht solche Aufmerksamkeit gewidmet habe. Als ich anfing, mit konkreten Zielformulierungen zu arbeiten, notierte ich mir einige und legte den Zettel dann in meine Bibel. Das war meine Art, Gott mitzuteilen, was ich mir wünschte und dass es mir wirklich ernst damit war. Rückblickend finde ich diese Vorgehensweise eher amüsant als zielführend.

Wenn Sie es bisher überflüssig fanden, sich Ziele zu setzen, dann hoffe ich, dass Sie die folgenden Seiten besonders aufmerksam lesen, denn das Setzen möglichst konkreter Ziele ist eines der wichtigsten Hilfsmittel, um erfolgreich durchs Leben zu kommen.

Auf Ziele können wir unseren Blick richten und uns an ihnen orientieren. Aber Ziele sind nicht nur der Endpunkt, den wir erreichen wollen, sondern auch der weiße Mittelstreifen auf dem

Weg, der dafür sorgt, dass wir in der Spur bleiben.[1] Indem wir uns auf unsere Ziele konzentrieren, bleiben wir auf das fokussiert, was wichtig ist, und können besser aussortieren, was uns ablenkt und ausbremst. Ich muss gestehen, dass ich selbst das auf die harte Tour lernen musste.

Weil ich so gerne stricke, machte ich mir zum fünfzigsten Geburtstag selbst ein Geschenk, und zwar die Teilnahme an einem Strickkongress in Pennsylvania – und das, obwohl ich mitten in der Arbeit an einem Romanmanuskript steckte und unbedingt den Abgabetermin des Verlages einhalten wollte. Wenn ich sonst an Kongressen teilnehme, ist es meistens so, dass ich dort entweder Vorträge halte oder Workshops leite. Es war also eine sehr schöne Abwechslung, auf diesem Kongress einmal völlig anonym zu sein. Ich kaufte genügend Wolle, um ein ganzes Land der Dritten Welt damit zu bestricken, und plauderte mit allem, was in der Welt des Strickens Rang und Namen hatte.

Wieder zu Hause angekommen, brauchte ich etwa eine Woche, um bei dem Roman wieder in meinen Arbeitsrhythmus zu finden, und das Ganze endete schließlich damit, dass ich das Manuskript stärker überarbeiten musste als jedes andere zuvor.

Ich habe aus dieser Erfahrung gelernt, wie wichtig es ist, bei allem, was ich tue, stets das Ziel im Blick zu behalten – und dabei hilft es mir sehr, wenn ich mir vorab konkrete Ziele setze.

Vielleicht lesen Sie dieses Buch, weil Sie Ihre derzeitige Situation als ziemlich unbefriedigend und trostlos empfinden. Doch ich versichere Ihnen: Wenn Sie bereit sind, sich aktiv Ziele zu setzen, dann machen Sie damit einen ersten großen Schritt hin zur Verbesserung Ihres Lebens.

Wenn wir uns auf ein Ziel konzentrieren, passiert etwas Wunderbares. In unserem Kopf beginnt es zu arbeiten und er findet Wege zur Verwirklichung unserer Träume. Bitte achten Sie genau darauf, was ich sage. Ich sage nicht, dass man nur positiv zu denken braucht, und schon geht alles in Erfüllung, was man sich wünscht.

Der Verfasser des Philipperbriefes betont, dass wir alles tun können durch Jesus Christus, der uns stark macht (siehe Philipper 4,13). Wir dürfen also glauben, dass mit Gottes Hilfe alles möglich ist – aber das ist etwas anderes, als zu behaupten: „Alles ist möglich, wenn ich es nur will."

Es ist nämlich genau so, wie mein Freund Zig Ziglar sagt: „Positives Denken bewirkt nicht automatisch, dass etwas geschieht, aber es bewirkt, dass Ihnen das, was Sie tun, besser gelingt als mit negativem Denken."[2]

Warum wir oft Angst davor haben, uns Ziele zu setzen

Viele von uns haben Angst davor, sich Ziele zu setzen. Wir haben Angst davor, am Ende enttäuscht und desillusioniert zu sein, wenn die Ziele, die wir uns gesetzt haben, zu hochgesteckt waren. Wir haben Angst vorm Scheitern und vor den emotionalen Folgen, denn es gibt meist ja auch so schon genügend Negatives in unserem Leben.

Ich glaube, zu den Dingen, die uns in dieser Hinsicht am meisten ausbremsen, gehört die tiefe innere Überzeugung, dass wir eigentlich keinen Erfolg verdient haben, auch wenn Gott uns etwas anderes zusagt. Wir konzentrieren uns auf all unsere Fehler und Schwächen und übersehen dabei den Wert, den wir in Gottes Augen haben. Wir reiten auf unseren Fehlern herum, unsere Leistungen dagegen spielen wir herunter und gehen automatisch davon aus, dass Gott uns auch so sieht.

Als mein Sohn Ted acht Jahre alt war, machte er eine tolle geistliche Erfahrung. Damals war mein Leben gerade sehr anstrengend, denn in unserer Gemeinde gab es alle möglichen Probleme, und ich hatte das Gefühl, mittendrin zu stecken.

In dieser Phase wollten Ted und sein Freund Steve eines Tages draußen Fahrrad fahren. Sie waren erst ein paar Minuten weg, als Ted völlig außer Atem wieder zur Tür hereingestürmt kam. Er und Steve hatten versucht, Steves Fahrrad aus der Garage zu holen, hatten aber das Garagentor nicht aufbekommen. Irgendwann hatte Ted aufgehört, es selbst zu probieren und stattdessen still zu Gott gebetet, dass er ihnen bitte helfen möge, das Garagentor aufzubekommen – und tatsächlich, plötzlich hatte sich das Tor öffnen lassen. Ted war völlig begeistert.

„Gott hat mein Gebet erhört, Mama", sagte er. „Ich will jedem davon erzählen. Ich werde Missionar!"

„Das ist wunderbar, Ted", sagte ich ein wenig abwesend. „Aber geh heute bitte nicht direkt nach Afrika, sondern nur so weit, dass du zum Abendessen wieder zu Hause bist, ja?" Es vergingen ein, zwei Stunden und Wayne kam von der Arbeit nach Hause.

„Hallo Schatz, weißt du, was Ted gerade macht?", fragte mich mein Mann.

„Der ist zusammen mit Steve auf dem Fahrrad unterwegs", antwortete ich.

„Nein, Debbie", sagte er und grinste übers ganze Gesicht. „Er steht an der Straßenecke und erzählt den Leuten von Jesus."

Als ich kurz darauf hinausging, um Ted zum Abendessen zu rufen, stand mein kleiner Sohn tatsächlich an der Straßenecke und „predigte" zu jedem, der vorbeikam. Denn dort, wo er stand, hatte er mit Kreide auf den Bürgersteig geschrieben: „Jesus liebt dich! Frag Ted."

Als es an jenem Abend Zeit war, ins Bett zu gehen, kletterte Ted auf meinen Schoß, sah mich ganz ernst an und sagte: „Mama, ich habe den Hammer verbummelt, den Papa schon die ganze Zeit sucht. Und ich habe auch Kekse aus der Keksdose geklaut und in Jodys Tagebuch gelesen."

Ich fragte ihn, wieso er mir das alles erzählte, woraufhin er antwortete: „Wenn ich ein Missionar für Jesus sein will, kann ich doch nicht gleichzeitig auch böse Sachen machen, Mama."

Dieses Gespräch mit meinem kleinen Sohn war für mich eine sehr wertvolle Lektion darüber, wie Gott empfindet, wenn ich zu ihm komme. Er sieht mich mit der gleichen Zärtlichkeit und Liebe an, wie ich sie in diesem Moment für Ted empfand. Als mir der Kleine seine Sünden beichtete, dachte ich keinen Moment an Bestrafung oder Wiedergutmachung, sondern freute mich einfach nur darüber, dass er voller Vertrauen zu mir kam und mir seine Fehltritte gestand.

Gott will unser Bestes, und eine Art, wie wir unser Bestes erreichen können, besteht darin, uns Ziele zu setzen und dadurch das Leben zu leben, das Gott für uns vorgesehen hat. Er möchte, dass wir zu ihm kommen, so, wie Ted an diesem Tag zu mir kam; dass wir ihm unser Scheitern und Versagen bekennen und bereit sind, neue Herausforderungen anzunehmen. Oder wie Eleanor Roosevelt es treffenderweise formuliert hat: „Man muss eben auch Dinge tun, von denen man glaubt, ihnen nicht gewachsen zu sein."

Erinnern Sie sich noch an die fünf Ziele, von denen im ersten Kapitel die Rede war? Ich meine die Ziele, von denen ich geglaubt hatte, ich würde sie niemals erreichen. Sie lauteten:

1. Regelmäßige Platzierung auf der *New York Times*-Bestsellerliste
2. Hörbuchfassungen meiner Bücher
3. Lesereisen
4. Verfilmungen meiner Bücher
5. Auftritte bei der *Book Expo America*

Kurz nachdem ich den Zettel mit diesen Zielen, die ich ein paar Jahre zuvor aufgeschrieben hatte, wiederfand, leitete ich einen Workshop für den Vorstand meiner Bezirksgruppe der *Romance Writers of America*. Ich forderte die Teilnehmer dazu auf, dieselbe Übung zu machen, nämlich fünf Ziele auf leuchtend pinkfarbenen Karteikarten zu notieren, die weit über ihre kühnsten Fantasien und Träume hinausgingen.

Ich blieb mit den besagten Teilnehmern in Kontakt und schon kurze Zeit später hatten alle von ihnen mindestens eines ihrer Ziele erreicht. Ich selbst habe inzwischen sogar alle fünf aufgelisteten Ziele erreicht, aber ich trage noch immer eine pinkfarbene Karteikarte mit mir herum – nun allerdings mit fünf neuen Zielen.

Und jetzt sind Sie an der Reihe. Überwinden Sie noch heute Ihre Angst, nehmen Sie sich eine Karteikarte, und schreiben Sie fünf Ziele auf, die eigentlich weit über ihre kühnsten Träume und Erwartungen hinausgehen. Tragen Sie diese Karte immer bei sich und schauen Sie sich sie immer wieder einmal an. Das wird Ihnen helfen, auf Kurs zu bleiben und unnötige Umwege zu vermeiden.

Und noch ein letzter Gedanke zu der Frage, wie man mit der Angst vorm Zielesetzen fertigwerden kann. In dem Film *Hoosiers* spielt Gene Hackman die Rolle des Norman Dale, eines ehemaligen Basketball-Trainers mit fragwürdiger Vergangenheit, der als Trainer für das Basketball-Team der Highschool von Hickory, einem kleinen Nest in Indiana, eingestellt wird. Dale führt das Team bis zum Endspiel auf Bundesstaat-Ebene und kommt am Tag des Halbfinales mit dem Team im *Butler Field House* an, der gewaltigen Arena mitten in der Stadt, wo das Spiel wenige Stunden später stattfinden soll. Als die Spieler die Arena betreten, bekommen sie vor Ehrfurcht weiche Knie. Sie bestaunen die vielen Plätze, die frei stehenden Körbe, die riesigen Ergebnistafeln und das helle Scheinwerferlicht und sind völlig eingeschüchtert.

Der Trainer fordert einen seiner Spieler auf, ein Maßband zu holen und den Abstand von der Freiwurflinie bis zum Korb zu messen.

„Und, wie weit ist es?“, fragt er.

„4,50 Meter“, antwortet der Spieler.

Dann fordert er den kleinsten Spieler des Teams auf, sich auf die Schultern eines größeren Spielers zu stellen und die Höhe des Korbes abzumessen. „Und, wie hoch ist es?“, fragt er.

„Drei Meter“, antwortet der Spieler.

Daraufhin sagt Dale: „So, jetzt habt ihr alle mit eigenen Augen gesehen, dass es genau dieselben Abmessungen sind wie in unserer Halle in Hickory.“

Wenn wir an die Spitze wollen, fühlt es sich manchmal an, als würden wir nach den Sternen greifen. Achten Sie darauf, dass Sie Ihre Ziele nüchtern betrachten, und machen Sie sich bewusst, dass die Hindernisse oft nicht annähernd so hoch sind, wie wir sie wahrnehmen.

Ziele setzen – wie macht man das?

Wenn wir uns Ziele setzen, ist dabei von entscheidender Bedeutung, dass wir wissen, wer wir sind und was wir erreichen wollen.

Ich habe schon vor langer Zeit akzeptiert, dass meine Bücher wahrscheinlich nicht die Welt verändern werden. Solche Bücher zu schreiben überlasse ich lieber Menschen, die einen größeren Wortschatz haben als ich. Aber ich halte es für meine Pflicht und meine Verantwortung, die Gefühle meiner Leserinnen und Leser anzusprechen. Meine Bücher helfen ihnen vielleicht nicht bei der konkreten Lösung ihrer Probleme, aber es ist mein Ziel, dass sie ihnen ein besseres Gefühl geben, weil sie in meinen Geschichten Figuren kennenlernen, die so sind wie sie selbst und die ihre Probleme mutig und entschlossen angehen. Wenn meine Leserinnen und Leser am Ende der Geschichte dann die Hoffnung haben, dass sie mit ihren eigenen Problemen fertigwerden und sie lösen können, habe ich mein Ziel erreicht.

Nachdem ich dieses Ziel schriftlich festgehalten hatte, konnte ich jede Geschichte, die ich mir ausdachte, daran messen.

Ziele sind wie eine Art Wurfscheibe, die ich treffen will. Ich weiß, wo das Ziel liegt, und kann mir überlegen, wie ich dorthin gelange. Ich habe Wochenziele, die ich gleich am Anfang der Woche festlege, und auch Tagesziele. Einmal im Jahr, normalerweise im Januar, nehme ich mir zusammen mit meinem Mann einen ganzen Tag Zeit, und wir setzen uns für ganz unterschiedliche Bereiche Ziele, die wir auf einem speziell dafür entwickelten Arbeitsblatt festhalten. Ich möchte Ihnen Mut machen, sich das Beispielblatt am Ende des Kapitels einmal genauer anzuschauen, und es lohnt sich, auch die Familie in diese Übung miteinzubeziehen.

Ich habe mir dieses Jahr zweiundsiebzig *erreichbare* Ziele gesetzt, die in acht Rubriken unterteilt sind: körperliche, geistige und geistliche Ziele, Freizeit & Erholung, Familie, Karriere, Geselligkeit & Freundeskreis sowie finanzielle Ziele. Am Anfang jedes Monats schaue ich mir alle acht Bereiche an und überprüfe, was ich geschafft habe. Wenn ich merke, dass ich auf einem Gebiet im Rückstand bin, versuche ich herauszufinden, woran es liegt und was ich verbessern kann. So komme ich innerlich wieder auf Kurs. Schauen Sie sich einfach das Arbeitsblatt zum Zielesetzen an – es kann eine große Hilfe sein.

Es gibt jedoch ein paar Punkte, auf die ich achte, wenn ich meine Ziele plane. Erstens: Ich formuliere sie möglichst konkret. Ich sage nicht: „Ich möchte dieses Jahr viele Bücher verkaufen", sondern eines der ersten Ziele, die ich mir jemals gesetzt habe, lautete, drei Bücher in einem Jahr zu schreiben. *Schreiben* und *verkaufen*. Das ist konkret.

Zweitens bin ich dabei so realistisch wie möglich. Ich achte darauf, mir erreichbare Ziele zu setzen.

Und drittens erlaube ich mir noch eine weitere Kategorie von Zielen. Es sind Ziele, bei denen mein Einfluss darauf, ob ich sie erreiche, begrenzt oder gar nicht vorhanden ist. Ich bezeichne sie als „Manche Dinge muss man glauben, bevor man sie sehen kann"-Kategorie. Diese Formulierung habe ich einmal an einer Plakatwand gesehen und mir gemerkt. Ich habe absolut keinen Einfluss darauf, ob mein Buch Nummer eins auf der *New York Times*-Bestsellerliste wird. Ich kann ein Buch schreiben, von dem ich glaube, dass es das Potenzial dazu hat, aber ich habe keinen Einfluss auf die Verkaufszahlen oder die Rezensionen. Solche Ziele liegen außerhalb meines Einflussbereiches, aber das heißt nicht, dass ich mir nicht wünschen kann, sie zu erreichen.

Als der Schriftsteller John Stoddard sechzehn Jahre alt war, erstellte er eine Liste von Dingen, die er in seinem Leben erreichen wollte. Er sah sich selbst als großen Entdecker und zählte Dinge auf wie: den Nil erkunden, den Mount Everest besteigen, jedes Land der Erde bereisen und zum Mond fliegen. 127 solcher und ähnlicher Ziele standen schließlich auf seiner Liste.

Mit sechzig war Stoddard Autor und Referent und hatte wirklich etliche Entdeckungen gemacht. Als er einmal nach der Liste gefragt wurde, die er vor Jahren erstellt hatte, antwortete er lächelnd: „Jeder hat Ziele und Träume, aber nicht jeder setzt sie auch um. Es gibt Dinge auf meiner Liste, die ich wahrscheinlich niemals tun werde: zum Beispiel in einem Tarzanfilm mitspielen oder den Mount Everest besteigen. So ist das eben mit dem Zielesetzen. Viele sind vielleicht unerreichbar, aber den Traum an sich braucht man deshalb noch lange nicht aufzugeben."[3]

Es gibt also erreichbare Ziele, Ziele für die man hart arbeiten und aktiv etwas tun kann, und dann gibt es „mutige" Ziele, wie ich sie nenne; Träume, an die man glauben und auf die man hoffen muss. Scheuen Sie sich nicht davor, auch diese Art von Zielen auf Ihrem Arbeitsblatt aufzuführen.

Wenn man sich Ziele setzt, ist es außerdem wichtig, ehrgeizig und offensiv zu sein. Damit meine ich Folgendes: Wenn ich mir Ziele setze, dann sorge ich dafür, dass sie realistisch sind, aber das muss nicht heißen, dass sie auch leicht zu erreichen sind. Wenn man sich nur leicht erreichbare Ziele setzt, die man mühelos in der ersten Jahreshälfte abarbeiten kann, was macht man denn dann in der zweiten Hälfte?

Stricken und Arbeit

„Mit etwas Übung und Geduld lernen unsere Hände zu stricken; und dann ist unser Kopf frei, sich an unserem Tun zu erfreuen."
Bev Galeska, *Fiber Trends*

Wenn wir uns Ziele setzen, hilft das bei der Arbeit, denn dadurch schaffen wir uns einen Plan, nach dem wir vorgehen können – ganz ähnlich wie beim Stricken. Ich weiß, dass es Strickerinnen gibt, die sich hinsetzen und ohne Anleitung und Muster die schönsten Kleidungsstücke herstellen. Ich wiederum finde es einfacher, mit einem Muster zu arbeiten.

Beachten Sie, dass es nicht kleinkariert oder unkreativ ist, mit Mustern – also in einem festgelegten Rahmen von Zielen – zu arbeiten. Ich kenne viele Leute, die ein Strickprojekt mit Muster beginnen und dann eigene Ideen einbringen, sodass es trotzdem ein ganz individuelles Stück wird.

Genauso ist es auch mit unseren Zielen und unserer Arbeit. Fangen Sie mit einem Plan an, und lassen Sie Gott kreative und wundervolle Verbesserungen hinzufügen, durch die er dann am Ende noch besser wird.

Ich setze mir gern kurzfristige und langfristige Ziele, von denen manche einfach und andere schwieriger zu erreichen sind. Eines meiner Ziele für nächstes Jahr ist beispielsweise die Planung einer Hawaii-Kreuzfahrt mit meiner ganzen Familie. Um dieses Ziel zu erreichen, muss ich zuerst einmal nur Zeit einplanen, um ins Reisebüro zu gehen, und dann die Termine der Familie koordinieren. Das ist kurzfristig. Die Umsetzung dieses Projektes nimmt kein ganzes Jahr in Anspruch. Ein weiteres Ziel für mich wird es sein, zusammen mit meiner Literaturagentin eine neue Internetseite zu entwerfen. Die Entwicklung einer solchen Seite braucht Zeit und dieses Ziel ist nur in mehreren Etappen erreichbar. Dadurch ist es also eher ein langfristiges Ziel. Und ein letzter Punkt im Zusammenhang mit dem Zielesetzen: Es ist wichtig, darauf zu achten, dass die Ziele stimmig sind und nicht miteinander konkurrieren. Wenn eines meiner Ziele darin besteht, ein Jahr lang die Welt zu bereisen, dann könnte es mit anderen Zielen schwierig werden, zum Beispiel in dieser Zeit die Beziehungen zu den anderen Frauen in meiner Kindergottesdienstgruppe zu intensivieren.

Überlegen Sie also gut, welche Richtung Sie einschlagen, wenn Sie entscheiden, was Sie tun und was nicht. Ziele zu setzen ist dabei ein wichtiges Hilfsmittel, das genauso wichtig ist wie Ihr Computer oder der Rat Ihres Steuerberaters.

Die eigenen Ziele erreichen

Wenn wir uns erst einmal Ziele gesetzt haben, gibt es immer auch Dinge, die wir tun können, um sie wirklich zu erreichen. Egal, ob im Beruf oder im Privatleben: Es ist wichtig, auf das hinzuarbeiten, was wir schaffen wollen, und nicht in die entgegengesetzte Richtung.

Der bekannte Evangelist Billy Graham hat einmal gesagt: „Die größte Verschwendung auf unserer Erde, bei der nichts recycelt oder zurückgenommen werden kann, ist die Verschwendung der Zeit, die Gott uns jeden Tag zur Verfügung stellt."[4]

Ich halte mich an einen konkreten Zeitplan und das Gleiche würde ich Ihnen auf jeden Fall auch empfehlen.

An Wochentagen wache ich normalerweise um 4 Uhr auf und nehme mir dann Zeit, in der Bibel zu lesen und Tagebuch zu schreiben. Dann gehe ich im Schwimmbad der Highschool vor Ort eine Runde schwimmen. Um 8 Uhr bin ich dann im Büro, wo ich meine Post und die E-Mails lese und beantworte. Gegen 10 Uhr fange ich an zu schreiben, und zwar eine festgesetzte Anzahl von Seiten. Ich gehe erst nach Hause, wenn ich mein Soll erfüllt habe. Meistens bleibe ich etwa bis 16 oder 17 Uhr im Büro, und wenn ich dann nach Hause komme, kann ich mich ganz auf meine Familie konzentrieren. Gegen 21 Uhr gehe ich in der Regel ins Bett. Weil der Mittwoch mein „Verwaltungstag" ist und ich samstags länger schlafen kann, bleibe ich dienstags und freitags manchmal etwas länger auf.

Solche Zeitpläne sind hilfreich, weil man dadurch in einen stetigen Rhythmus kommt. Es kann aber auch sein, dass bei Ihnen etwas ganz anderes gut funktioniert als bei mir. Mein Zeitplan hat sich im Laufe der Jahre ziemlich verändert, denn meine Kinder sind inzwischen erwachsen und führen jetzt ihr eigenes Leben.

Sie haben – je nach Lebenssituation und Aufgaben – sicher Ihren ganz eigenen Plan. Wie würden Sie einen typischen Arbeitstag beschreiben? Erstellen Sie eine Liste mit allem, was Sie an einem gewöhnlichen Tag zu tun haben. Seien Sie dabei ganz ehrlich. Führen Sie auch die Dinge auf, die möglicherweise reine Zeitverschwendung sind, wie zum Beispiel das Schauen Ihrer Lieblingsserie, Computerspiele oder häufiger als fünf Mal täglich die E-Mails zu checken. Dann schauen Sie sich das Ganze noch einmal genauer an. Gibt es Dinge, die Sie streichen können, oder Aufgaben und Aktivitäten, die sich zusammenlegen beziehungsweise miteinander verbinden lassen? Es ist völlig in Ordnung, auch Pausen und Auszeiten einzuplanen. Sorgen Sie nur dafür, dass diese Zeiten wirklich zu Ihrer Entspannung beitragen und Ihnen nicht noch zusätzlich Zeit rauben. Gibt es sonst etwas, das Sie in Ihren Zeitplan aufnehmen sollten, um Ihr Ziel zu erreichen?

Stellen Sie einen Zeitplan auf, der für Sie und Ihre Familie passt, und versuchen Sie, sich daran zu halten, so gut es geht, aber lassen Sie sich gleichzeitig von einer warnen, die sich auskennt: Widerstehen Sie der Versuchung, den Plan in Stein zu meißeln, sondern bleiben Sie flexibel. Es wird immer wieder Notfälle geben, Kinder werden krank oder Pläne ändern sich. Lassen Sie sich nicht entmutigen, wenn Ihr Plan scheinbar jeden Tag über den Haufen geworfen wird, aber lassen Sie auch nicht zu, dass es zur Regel wird. Je schneller Sie einen festen Zeitplan aufstellen, desto einfacher wird es, ihn zu befolgen, und desto leichter erreichen Sie auch Ihre Ziele.

Lassen Sie uns an dieser Stelle nun noch einige Zeitspartipps anschauen, die Ihnen dabei helfen können, Ihre Zeit möglichst effektiv zu nutzen.

Zeitspartipp 1

Seien Sie bereit, sich von Dingen zu trennen. Bewahren Sie nichts auf, was Sie nicht mehr brauchen, was Ihnen nicht gefällt oder defekt ist.

Zeitspartipp 2

Sortieren Sie Ihre Post gleich beim ersten Durchschauen. Wenn ich meine Post öffne, halte ich mich dabei an eine Methode, die ich das „ZACK-System“ nenne, und zwar weil ich – zack – mit der Post fertig bin, wenn ich mich daran halte.

„Z“ steht für „zuordnen“ und bedeutet, dass ich gleich beim Öffnen der Umschläge die Post sortiere. Eine Rechnung stecke ich beispielsweise sofort in den Umschlag mit Rechnungen, den ich dann an meine Buchhalterin weitergebe. Briefe gehen mit entsprechenden Anweisungen an meine Assistentin, die sie zeitnah beantwortet.

„A“ steht für „Aktion“. Wenn einer der Briefe verlangt, dass ich etwas noch am selben Tag tue, dann schiebe ich es nicht auf, sondern erledige es möglichst sofort.

„C“ steht für „Click“ wie „abheften“. Dabei sollte man sich allerdings immer gut überlegen, was man abheftet, denn 80 Prozent der Dokumente, die man in einem Ordner abheftet, schaut man nicht noch einmal an. Fragen Sie sich also, bevor Sie etwas abheften: Brauche ich es im Laufe des nächsten Monats? Brauche ich es im nächsten halben Jahr? Wenn Sie dies nicht mit Ja beantworten können, dann ist es Zeit, sich dem letzten Buchstaben von „ZACK“ zuzuwenden.

„K“ steht für „Korb“ wie Papierkorb und damit für „wegwerfen“. Ich habe direkt neben dem Schreibtisch einen großen Papierkorb stehen, und ich scheue mich nicht, ihn auch tatsächlich zu benutzen!

Zeitspartipp 3

Lesen Sie Ihre Post mit einem Textmarker in der Hand. Ich habe diesen Tipp selbst erst kürzlich bekommen, und ich kann Ihnen sagen, dass ich schon jetzt merke, wie nützlich er ist. Markieren Sie das, was Sie sich merken wollen, bevor Sie den Brief beiseitelegen, und wenn Sie ihn dann später noch einmal in die Hand nehmen, wissen Sie mit einem Blick, worum es geht, statt den ganzen Brief noch einmal lesen zu müssen.

Zeitspartipp 4

Ich habe im vergangenen Jahr ein Seminar zum Thema „Zeitmanagement" besucht, in dem der Vorschlag gemacht wurde, sich 43 Mappen anzuschaffen. Der erste Teil wird von 1 bis 31 nummeriert – ein Hefter für jeden Tag des Monats –, der Rest von 1 bis 12 für die Monate. Wenn man dann beispielsweise am 6. Tag des Monats eine Rechnung bekommt, die bis zum 30. bezahlt sein muss, steckt man sie in den Hefter für den 23. Tag und bezahlt sie dann. Ich wende dieses System schon lange an und kann es nur empfehlen, denn es funktioniert hervorragend.

Zeitspartipp 5

Vermeiden Sie Zeitschriftenchaos. Ich habe seit Jahren eine Reihe von Zeitschriften abonniert, sodass mein Mann und ich fast dreißig Zeitschriften im Monat bekommen. Ich hatte keine Ahnung, dass es so viele waren, bis wir umzogen und ich die Adressänderungen ausfüllen musste. Die Zeitschriften stapeln sich und frustrieren und überfordern mich. Deshalb habe ich jetzt ein gutes System für mich entwickelt. Wenn eine Zeitschrift kommt, dann blättere ich sie sofort durch, entscheide, welche Artikel darin für mich von Interesse sind, reiße sie heraus, tackere sie zusammen und hefte sie in einem Ordner ab. Wenn ich Zeit habe, nehme ich mir einen der Artikel vor und lese ihn. Ich vermeide es, wertvolle Zeit zu verschenken, indem ich schon im Vorfeld entscheide, welche Artikel mich interessieren, sodass ich die Zeitschrift kein zweites Mal mehr durchblättern muss. Am Ende des Monats schaue ich dann die Artikel noch einmal durch, die ich noch nicht gelesen habe, und entscheide, ob ich sie tatsächlich noch lesen will oder nicht.

Zeitspartipp 6

Bleiben Sie organisiert. Ordnung zählt. Räumen Sie Ihren Arbeitsplatz auf, und sorgen Sie dafür, dass Sie alles haben, was Sie brauchen, bevor Sie mit einem Projekt beginnen. Lassen Sie nichts herumliegen.

Zeitspartipp 7

Bevor Sie Feierabend machen, denken Sie schon einmal an den nächsten Tag, und erstellen Sie eine Prioritätenliste. Sie schlafen besser, wenn Sie sich keine Sorgen darüber machen müssen, ob Sie vielleicht etwas Wichtiges vergessen haben, das am folgenden Tag dringend erledigt werden muss. Kommen Sie so rechtzeitig zur Arbeit, dass Sie noch eine Viertelstunde Zeit haben, um die Liste durchzugehen, die Sie am Vortag erstellt haben. Dann sind Ihnen Ihre Prioritäten wieder präsent und Sie gehen bei der Arbeit entsprechend effizient vor.

Zu den besten Möglichkeiten, konsequent die selbst gesteckten Ziele zu verfolgen und auch zu erreichen, gehört es, sich mit anderen darüber auszutauschen. Wir alle brauchen Menschen, mit denen wir über unsere Träume und Ziele sprechen können – bei der Arbeit und im Privatleben. Bei mir sind das die Frauen in meinem Frühstücksklub, mein Mann und die Freundinnen, von denen ich weiß, dass sie Mutmacher sind.
Nachdem ich mir Zig Ziglars und Brian Tracys Vorträge angehört und auch anderes Material von ihnen durchgearbeitet hatte, bot sich mir die Gelegenheit, ein Seminar von Zig Ziglar zu besuchen. Dazu gehörte auch der Austausch mit einem „Erfolgscoach", der

den Teilnehmern dabei helfen sollte, die eigenen Ziele konsequent umzusetzen. Glauben Sie mir: Die Teilnahme an diesem Seminar war eine der besten beruflichen und geschäftlichen Entscheidungen, die ich je getroffen habe, und das hat viel mit dem Erfolgscoach zu tun, dem ich Bericht erstatten musste.

Wenn Sie Ihre Ziele festgelegt haben, dann schreiben Sie sie auf, und geben Sie einer Person Ihres Vertrauens eine Kopie; jemandem, der auch wirklich nachfragt, wie der Stand der Dinge ist. Vereinbaren Sie regelmäßige Treffen, und gehen Sie durch, wie weit Sie in Bezug auf Ihre Ziele schon gekommen sind. Wenn Sie mit anderen über Ihre Ziele sprechen, dann motiviert Sie das, genauer hinzuschauen, was funktioniert und was nicht.

Keine Angst vor dem Wort mit „D"

Ich habe es bereits im Kapitel über Erfolg erwähnt, aber eine weitere großartige Möglichkeit, beim Erreichen unserer Ziele voranzukommen, besteht darin zu delegieren.

Nehmen wir einmal an, eines Ihrer Ziele in der Kategorie „Familie" ist es, mindestens dreimal pro Woche gemeinsam zu Abend zu essen. Bitten Sie Ihren Mann oder ein älteres Kind, Ihnen beim Erstellen der Einkaufsliste zu helfen. Wechseln Sie sich mit der Planung und Zubereitung der Mahlzeiten ab, und sorgen Sie auf jeden Fall dafür, dass Sie nach dem Essen Hilfe beim Aufräumen und Saubermachen der Küche haben. Dadurch sparen Sie nicht nur Zeit, sondern Sie bringen Ihre Familie außerdem dazu zusammenzuarbeiten, und langfristig lernen die Kinder dabei mehr als nur Kochen.

Es gibt viele Frauen, die nicht delegieren können und alle möglichen Ausreden dafür finden – sowohl im Beruf als auch im Privatleben. Wir Frauen glauben oft, dass wir es sowieso besser und schneller können als alle anderen, oder wir haben Skrupel, anderen etwas zuzumuten, um uns selbst zu entlasten oder, oder, oder …

Natürlich sollte man auch nicht alles delegieren. Delegieren Sie zum Beispiel nichts, was Sie genauso gut streichen können. Dieses Thema haben wir ja schon im vierten Kapitel angesprochen: Es gibt sicherlich auch in Ihrem Leben Dinge, die nicht nötig sind. Finden Sie diese Zeitfresser, und wälzen Sie sie nicht auf andere ab, sondern streichen Sie sie ersatzlos. Was man in der Regel gut an andere delegieren kann, ist Routinearbeit – sowohl am Arbeitsplatz als auch in der Gemeinde und der Familie.

Wenn man ein Ziel nicht erreicht

Aber was passiert nun, wenn wir ein Ziel nicht erreichen? Streichen wir es einfach und belassen es dabei? Lassen wir beschämt den Kopf hängen und machen uns selbst dafür fertig, dass wir versagt haben? Das will ich nicht hoffen. So habe ich es nämlich früher selbst gemacht, was im Laufe der Jahre ziemlich viele Blessuren bei mir hinterlassen hat.

Erinnern Sie sich noch an meine Worte darüber, wie wichtig es ist, auch kleine Erfolge zu feiern und wertzuschätzen? Ganz ähnlich können wir auch vorgehen, wenn es um Ziele geht, die nur schwer zu erreichen sind. Ich mache die Erfahrung, dass es leichter wird, ein Ziel zu erreichen, für das ein zweiter Anlauf nötig ist, wenn ich den Weg dorthin in kleinere Etappen aufteile und diese dann eine nach der anderen in Angriff nehme.

Wenn wir ein Ziel nicht auf Anhieb erreichen, sollten wir dies zum Anlass nehmen, einen Schritt zurückzutreten und es noch einmal zu überprüfen. Drehen und wenden Sie es, schauen Sie es sich von allen Seiten an, und überlegen Sie, was Sie anders machen können. Teilen Sie den Weg zum Ziel in kleinere Etappen ein und gehen Sie es dann noch einmal an.

Unermüdlich und voller Tatkraft ist sie bei der Arbeit; was getan werden muss, das packt sie an!
Sprüche 31,17

Ziele sind also entscheidend, um unsere Arbeit zu tun, und Arbeit ist entscheidend, um unsere Bestimmung zu erkennen und zu erfüllen. Überfordern Sie sich nicht, indem Sie meinen, Sie müssten sich gleich zu Beginn jede Menge Ziele setzen. Fangen Sie mit einem oder zweien an, und achten Sie darauf, dass Sie sie an dem Traum ausrichten, den Sie letztendlich verwirklichen wollen. Und dann tun Sie alles dafür, was in Ihrer Macht steht. Wenn das Ziel erreicht ist, setzen Sie sich neue Ziele, und Sie werden schon bald feststellen, dass der Weg, den Gott sich für Sie ausgedacht hat, viel Freude für Sie bereithält!

Ziele für dieses Jahr

Nennen Sie drei Dinge, die Sie dieses Jahr erleben möchten

1. ....

2. ....

3. ....

Nennen Sie drei Sachbücher, die Sie dieses Jahr lesen möchten

1. ....

2. ....

3. ....

Nennen Sie drei Dinge an sich, die Sie ändern oder verbessern wollen

1. ....

2. ....

3. ....

I. Körperliche Ziele ....

II. Geistige Ziele ....

III. Geistliche Ziele ....

IV. Freizeit & Erholung ....

V. Familie ....

VI. Karriere ....

VII. Geselligkeit & Freundeskreis ....

VIII. Finanzielle Ziele ....

9

Zum Lachen geschaffen

Schon als ich im Verborgenen Gestalt annahm,
unsichtbar noch, kunstvoll gebildet im Leib meiner Mutter,
da war ich dir dennoch nicht verborgen.

PSALM 139,15

Was die Seife für den Körper ist,
ist das Lachen für die Seele.
JÜDISCHES SPRICHWORT

Wer mich kennt, weiß, dass ich gern lache, und zwar so gern, dass ich sogar ein eigenes „Lach-Tagebuch" besitze. Normalerweise schreibe ich dort all die lustigen Dinge hinein, die meine Enkel sagen, aber auch andere lustige Begebenheiten und Anekdoten aus meinem Alltag – erheiternde Momente eben, die ich nicht vergessen möchte. Wie beispielsweise neulich, als ich meine sechsjährige Enkelin Maddie abholte, weil sie bei mir übernachten sollte. Sie saß hinten auf dem Rücksitz und murmelte irgendetwas vor sich hin, woraufhin ich sie bat, es noch einmal zu wiederholen, weil ich sie nicht verstanden hatte. In ebenso bedauerndem wie um Geduld bemühten Tonfall antwortete sie: „Tut mir leid, Oma, aber das war nichts für Erwachsenenohren." Das musste ich einfach aufschreiben.

Oder ich denke an die Reise nach New York mit meinen Töchtern, als ich an einem Samstagabend im Hotel versuchte, mir eine Strumpfhose anzuziehen. Wenn man eine Strumpfhose anzieht, ist das ja an sich schon kein besonders schöner Anblick. Damit die Strumpfhose richtig sitzt, muss ich immer ein paar seltsam anmutende Dehn- und Streckübungen machen, und dann hüpfe und springe ich im Zimmer herum wie ein Pferd, das nach langer Zeit im Stall endlich wieder auf die Wiese gelassen worden ist. Ich beuge mich nach vorn, gehe in die Hocke – Sie wissen schon ... Als ich merkte, dass mir meine Töchter völlig irritiert bei meinen Verrenkungen zuschauten, erklärte ich ihnen, was ich da tat und wieso, und dass normalerweise nicht einmal ihr Vater dabei zusehen dürfe, wenn ich mir eine Strumpfhose anzöge. Da schaute Jody mich an und sagte: „Na, da haben wir ja richtig Glück gehabt!"

Als wir wieder zu Hause waren, schrieb ich das sofort in mein Tagebuch, direkt unter ein Zitat über den Nikolaus und die unterschiedlichen Lebensphasen.

Man glaubt an den Nikolaus.
Man glaubt nicht mehr an den Nikolaus.
Man ist der Nikolaus.
Man sieht aus wie der Nikolaus.

Wir sind geschaffen, um zu lachen, und ich glaube, dass das Lachen ein zentraler Punkt im Zusammenhang mit unserer Bestimmung ist. Denn wenn wir unserer Bestimmung folgen wollen, begeben wir uns ja auf einen Weg – und welchen Weg will man schon gehen, ohne dabei nicht auch etwas zu lachen zu haben?

Ich bin der Ansicht, in Psalm 139 finden wir indirekt auch etwas zum Thema „Lachen":

Wünschte ich mir: „Völlige Dunkelheit soll mich umhüllen, das Licht um mich her soll zur Nacht werden!" – für dich ist auch das Dunkel nicht finster; die Nacht scheint so hell wie der Tag und die Finsternis so strahlend wie das Licht. Du hast mich mit meinem Innersten geschaffen, im Leib meiner Mutter hast du mich gebildet.
Psalm 139,11–13

Haben Sie herausgefunden, was ich meine? Für mich ist Lachen wie ein Sonnenstrahl, der die Dunkelheit durchbricht, wenn man niedergeschlagen ist, und der einem hilft weiterzumachen, wenn man am liebsten aufgeben möchte. Lachen bringt Licht ins Dunkel, während wir versuchen, unsere Bestimmung zu finden. Gott ist nicht in der Dunkelheit, sondern er strahlt Licht und Freude aus!

Ich glaube, ich habe noch nie einen Menschen kennengelernt, der nicht gerne lacht. Jeder hat das angeborene Bedürfnis zu lächeln, zu kichern und leise vor sich hin zu glucksen oder schallend zu lachen, albern und lustig zu sein. Ich komme aus einer sehr großen Familie, in der Lachen und Spaß immer eine große Rolle gespielt haben. Und das macht auch durchaus Sinn, denn Untersuchungen zeigen, dass Menschen in Gesellschaft dreißig Mal so häufig lachen, als wenn sie alleine sind.[1] Ich bin davon überzeugt, dass wir mit allem im Leben fertigwerden können, solang wir das Lachen nicht verlernen.

Lachen ist gesund

Lachen verursacht nicht nur ein gutes Gefühl, es ist sogar eine regelrechte Medizin, denn es ist gut für Herz und Seele.

In seinem Buch *The Anatomy of an Illness as Perceived by the Patient* schreibt Norman Cousins darüber, wie er in den 1970er-Jahren mit einer seltenen Krankheit ins Krankenhaus eingeliefert wurde, zu deren Symptomen unter anderem starke Schmerzen und Lähmungserscheinungen gehörten. Als man ihm sagte, dass seine Krankheit unheilbar sei, entließ Cousins sich auf eigene Verantwortung aus der Klinik und war fest entschlossen, selbst eine Therapie für seine Krankheit zu finden. Er wusste, dass negative Gefühle dem Körper schaden, und zog daraus den Schluss, dass positive Gefühle ihm im Umkehrschluss helfen müssten. Er lieh sich also einen Filmprojektor aus und entwickelte eine Therapie für sich selbst, zu der unter anderem gehörte, sich die Filme der Marx Brothers und alte Folgen der *Versteckten Kamera* anzuschauen. Schon bald stellte er fest, dass er zwei Stunden schmerzfrei schlafen konnten, wenn er zehn Minuten gelacht hatte, und es dauerte gar nicht lange, bis die belastende Krankheit faktisch durch natürliche Methoden geheilt worden war. Als im *New England Journal of Medicine* von seinem Fall berichtet wurde, bekam Cousins über dreitausend Briefe von dankbaren Ärzten aus der ganzen Welt.[2]

Der Fall Cousins löste eine Serie von Untersuchungen darüber aus, inwiefern Lachen die Gesundheit fördert. Inzwischen ist wissenschaftlich belegt, dass Lachen bestimmte Stresshormone reduziert, die unter anderem das Immunsystem beeinträchtigen und den Blutdruck erhöhen. Außerdem hat man herausgefunden, dass hundert Mal am Tag zu lachen die gleiche Wirkung hat wie zehn Minuten Training auf einer Rudermaschine oder fünfzehn Minuten auf einem Ergometer. Lachen ist demnach genauso wirksam wie ein Ganzkörpertraining! Der Blutdruck sinkt, das Blut fließt besser, der Sauerstoffgehalt des Blutes wird verbessert – was alles zur Heilung beiträgt. Außerdem trainiert Lachen das Zwerchfell, die Bauchmuskeln, die Atmungsorgane, die Gesichtsmuskeln sowie Bein- und Rückenmuskulatur.

Das ist auch der Grund, weshalb man oft richtig müde ist, wenn man mit Freunden zusammen war und gemeinsam viel gelacht hat: Die Wirkung des Lachens ist erwiesenermaßen vergleichbar mit einer Einheit im Fitnessstudio.[3]

Und noch etwas Interessantes hat die Wissenschaft herausgefunden, nämlich dass man keine positiven und negativen Emotionen gleichzeitig haben kann. Wir können nicht gleichzeitig lachen und Schmerzen haben. Ist es Ihnen auch schon mal passiert, dass Sie sich den Kopf gestoßen haben, als sie aufgestanden sind, oder einfach ohne Grund hingefallen sind, weil Sie irgendwie das Gleichgewicht verloren haben? Manchmal ist es dann ja so, dass man die Komik der Situation empfindet, bevor man den Schmerz wahrnimmt. Man beginnt zu lachen, und erst wenn man wieder damit aufhört, merkt man, dass etwas wehtut und man wahrscheinlich einen blauen Fleck bekommen wird.

Lee Berk ist stellvertretender Direktor des Zentrums für Neuroimmunologie und Professor für Pathologie und Anatomie an der *School of Medicine* der *Loma Linda University* in Kalifornien. Er und seine Kollegen haben schon viele Untersuchungen durchgeführt, die zeigen, dass sich Lachen nicht nur positiv auf unsere körperliche Gesundheit auswirkt, sondern auch auf unser emotionales Wohlbefinden. „Wir lachen, weil es sich gut anfühlt", sagt Berk. „Und es fühlt sich gut an, weil es das gesamte limbische System aktiviert."[4]

Humor setzt jene Aktivität im Gehirn in Gang, die nötig ist, um die Durchblutung zu verstärken und dadurch stimmungsaufhellende Hormone und Endorphine auszuschütten. Wir verspüren mehr Energie und die Ausschüttung von Stresshormonen wird unterdrückt.

Und noch etwas Interessantes: Selbst wenn wir lachen, *ohne* einen wirklichen Grund zu haben, werden im Körper die gleichen Aktivitäten in Gang gesetzt. Wenn Sie also das nächste Mal schlechte Laune haben, zwingen Sie sich einfach mal zu lachen, und warten Sie ab, bis die Wirkung der Endorphine einsetzt – dann geht es Ihnen in Nullkommanichts besser.

Kennen Sie den Film *Patch Adams* mit Robin Williams? Es geht darin um die Geschichte des Arztes Patch Adams, einer real existierenden Person. Adams ist ein Arzt, der anders denkt und arbeitet als die meisten Ärzte und der davon überzeugt ist, dass Humor die beste Medizin ist. Der Film beschreibt, wie Adams so ziemlich alles dafür tut, um seine Patienten zum Lachen zu bringen, obwohl er damit seine Karriere aufs Spiel setzt.

Der echte Patch Adams verfolgt im Rahmen seiner Organisation *Gesundheit! Institute* bis heute die Mission, mithilfe von Humor zu heilen. Er und sein Team sind auf der ganzen Welt als Clowns unterwegs und bringen Kinder und Erwachsene zum Lachen.

Er ermutigt alle, die in therapeutischen Berufen tätig sind, nach neuen, unverbrauchten Möglichkeiten zu suchen, Menschen, denen es nicht gut geht, ein Lächeln ins Gesicht zu zaubern.

Eine Krankenschwester berichtet auf Patch Adams' Internetseite, dass Humor ein wichtiger Bestandteil ihrer Aufgabe ist, Patienten dabei zu helfen, nicht nur auf ihr körperliches, sondern auch auf ihr seelisches Wohl zu achten. Sie schreibt: „Eine meiner Lieblingsaussagen von Patienten lautet: ‚Ich hoffe, dass all diese Pillen auch wissen, was sie zu tun haben', denn darauf antworte ich immer fröhlich: ‚Dann will ich mal hoffen, dass Sie keine bekommen haben, die lieber eine Abführtablette sein möchte als ein Blutdrucksenker.' Damit sorge ich eigentlich immer für einen Lacher."[5]

In Israel richten sich sogar Krankenhäuser nach der Erkenntnis, dass Lachen die Heilung fördert. Das *Assaf Harofeh Medical Center* in der Nähe von Tel Aviv bietet beispielsweise einen Kurs für Studenten zur Ausbildung als Krankenhaus-Clown an. Dr. Shai Pintov, einer der Kinderärzte, die diesen Kurs initiiert haben, sagt, die Begleitforschung bei Patienten bestätige die Vermutung, dass „Lachen die beste Medizin" sei und Clown-Therapie eine einzigartige Behandlungsmethode, die zudem noch die Genesung beschleunige.[6]

Nicht so ernst

Wenn Lachen also gesund ist und dazu beiträgt, dass wir uns gut fühlen und besser mit Stress fertigwerden, wieso lachen wir dann als Erwachsene so viel weniger als in unserer Kindheit? Dies ist nämlich das Ergebnis etlicher Untersuchungen zum Thema „Lachen". Wo auf unserem Lebensweg verlieren wir eigentlich unseren Humor, und das, obwohl Gott ihn uns doch regelrecht „verordnet"?

Ein fröhliches Herz macht den Körper gesund; aber ein trauriges Gemüt macht kraftlos und krank.
Sprüche 17,22

Ein fröhlicher Mensch strahlt über das ganze Gesicht, aber einem verbitterten fehlt jede Lebensfreude.
Sprüche 15,13

Wir sind zur Freude geschaffen. Wir sind dazu geschaffen, gerne zu lachen und andere damit anzustecken, aber leider gibt es heutzutage viele Christen, die Angst haben, sich zu freuen, weil sie meinen, dass man als Christ besonders ernst sein muss. Ich erinnere mich noch, wie ich einmal beim Bibellesen wirklich Mühe hatte mit dem Vers: „Da weinte Jesus" (Johannes 11,35; NLB). Als Schriftstellerin kam mir sofort der Gedanke, dass ich die Aussage lieber gestrichen und ersetzt hätte durch: „Und Jesus lachte herzhaft."

Aber sofort ertönte in meinem Inneren eine Stimme, die mich ermahnte: *Du sollst Gott nicht redigieren!*

Wir sind zum Lachen geschaffen. Ich habe im Laufe der Jahre wirklich Tausende von Leserbriefen bekommen und ich hüte jeden einzelnen davon wie einen Schatz. Es sind auch ganz besondere

Briefe dabei, aus denen ich Ihnen gerne eine Auswahl von Lieblingszitaten präsentieren möchte:

„Sie sind meine Lieblingsschriftstellerin. Ich kaufe alles, worauf Ihr Name steht. Ich bin Ihnen so dankbar, *Betty*." Dieser lieben Leserin gefällt anscheinend, was ich schreibe, aber sie hält ständig Ausschau nach Büchern von jemandem namens *Betty!*

Stricken und lachen

„Unter der Hand einer Strickerin wird das Garn zu einem Medium, das Herz und Seele verbindet."
Robin Villiers-Furze, *The Needleworks Company,* Port Orchard

Ich bin der festen Überzeugung, dass man sich dringend ein anderes Hobby suchen sollte, wenn man beim Stricken nicht lachen kann! Ich habe besonders viel Spaß, wenn ich mit ein paar Freundinnen zusammen bin und wir unser Strickzeug herausholen. Dann erzählen wir uns Geschichten und lachen zusammen über alte Zeiten oder komische Situationen, die wir erlebt haben. Genau wie unser Leben, können wir auch das Stricken zu ernst nehmen, sodass daraus regelrechte Arbeit wird und die Kleidungsstücke, die wir machen, eine mühsame Plackerei. Ich möchte Ihnen Mut machen, sich Ihren Humor zu bewahren – nicht nur beim Stricken, sondern in Ihrem gesamten Alltag.

Das ist so ähnlich wie das, was mir eine andere Frau schrieb: „Ihr Roman *Twice Loved* ist das beste Buch, das ich jemals gelesen habe! Danke, dass Sie ein so wundervolles Buch geschrieben haben." Allerdings stammt es gar nicht von mir, sondern von meiner Kollegin LaVyrle Spencer. Ups!

Folgender Kommentar war als Kompliment gemeint, schätze ich: „Ich liebe Ihre Bücher. Jeden Abend schlafe ich beim Lesen ein."

Meine älteren Leserinnen machen sich oft Sorgen darüber, dass ich nicht schnell genug schreibe. Hier ein typisches Beispiel: „Wann erscheint denn das nächste *Cedar Cove*-Buch? Ich bin fünfundachtzig – also beeilen Sie sich bitte."

Natürlich kommen auch hin und wieder Briefe mit mehr oder weniger eindeutigen Angeboten. Eine Mutter schrieb beispielsweise einmal: „Sie klingen so, als wären Sie eine nette Person. Genau der Typ Frau, den ich mir für meinen Sohn wünsche. Er ist zweiundfünfzig Jahre alt und wohnt noch zu Hause. Sind Sie interessiert?" Ich schrieb ihr zurück, dass ich mit Wayne bereits völlig ausgelastet sei.

Und zum Schluss noch eine besonders kuriose Rückmeldung: Ich werde nie vergessen, wie sich einmal eine Leserin bei meiner Lektorin über meine Bücher beschwerte. Der Brief war mehrere, eng bedruckte Seiten lang und bezog sich auf ein bestimmtes Buch. Darin zählte die Leserin Absatz für Absatz auf, was ihrer Meinung nach alles falsch war. Der letzte Satz des Briefes lautete dann: „Ich habe alle Bücher von Debbie Macomber gelesen und kein einziges davon hat mir gefallen." Auch wenn der Frau meine Bücher offenbar nicht gefallen, so ist sie doch eine meiner treuesten Leserinnen!

Erkennen, wo es im Leben etwas zu lachen gibt

Ich erzähle Ihnen all diese kleinen Anekdoten, um zu zeigen, dass ich mich selbst nicht allzu ernst nehme. Es gibt nämlich eine

Gefahr, vor der wir uns in Acht nehmen müssen, wenn wir unseren Traum verfolgen und das tun, wofür unser Herz schlägt: Wir können dabei so ernst und verbissen werden, dass die Lebensfreude auf der Strecke bleibt und wir nur noch kämpfen, um unser Ziel zu erreichen.

Der Bestseller-Autor Charles Swindoll erzählt in seinem Buch *Laugh Again*, wie er einmal mit einem Mann ins Gespräch kam, der in einem „todernsten“ Zuhause groß geworden war. Dort war nie über Gefühle gesprochen worden, aber alle hatten die Bedeutung von Arbeit extrem überbewertet. Der Mann erzählte Swindoll, wie ironisch es ihm vorkäme, dass er jetzt mit Anfang sechzig zwar alles erreicht habe, was er sich je erträumt hätte. „Aber ich habe leider nie gelernt, Spaß zu haben und mich an all dem zu erfreuen, was mir die harte Arbeit eingebracht hat. Ich kann mich nicht erinnern, wann ich das letzte Mal so richtig gelacht habe.“ Und als er sich dann zum Gehen wandte, sagte er zum Abschluss noch, dass er wahrscheinlich nur härter daran arbeiten müsse, glücklich zu werden. Daraufhin erwiderte Swindoll: „Glauben Sie mir – inneres Glück und Fröhlichkeit erreicht man nicht durch harte Arbeit und Überstunden. Wenn das so wäre, dann wären Arbeitstiere die glücklichsten Menschen der Welt. Ich habe allerdings noch nie ein Arbeitstier erlebt, dessen Humor seine innere Anspannung hätte wettmachen können.“[7]

Lernen, über sich selbst zu lachen

Die wohl bekannteste biblische Geschichte über das Lachen handelt von Abrahams Frau Sara. Sie ist neunzig Jahre alt, als Gott Abraham durch zwei Engel mitteilen lässt, dass seine Frau ein Kind bekommen wird. Dass Sara daraufhin lacht, wird meist so gedeutet, dass sie Gott nicht glaubt.

Da sagte der Herr zu Abraham: „Warum lacht Sara? Warum zweifelt sie an meinen Worten, dass sie noch ein Kind bekommen wird? Für mich ist nichts unmöglich! Nächstes Jahr um diese Zeit komme ich wieder zu euch – dann wird Sara einen Sohn haben."
1.Mose 18,13–14

Interessant dabei ist, dass auch Abraham zunächst lacht, als Gott ihm sagt, er werde einen Sohn bekommen (siehe 1. Mose 17,17). Eigentlich möchten wir ja glauben, was Gott uns sagt, und deshalb denke ich, dass Sara an dieser Stelle vielleicht auch ein bisschen über sich selbst gelacht hat. Lesen wir einmal nach, was im ersten Buch Mose steht: „Sie lachte heimlich. Denn Abraham und sie waren beide hochbetagt, und Sara konnte gar keine Kinder mehr bekommen. Darum dachte sie: ‚Ich bin alt und verbraucht, und meinem Mann geht es genauso. Wir werden uns wohl nie mehr über ein Kind freuen können. Nein, die Zeiten sind längst vorbei!'" (1. Mose 18,11–12).

Können Sie sich nun etwas besser vorstellen, was sie gedacht hat, als sie zufällig mithörte, wie die beiden Männer Abraham mitteilten, dass sie ein Baby bekommen würde? Meinen Sie nicht auch, dass sie einfach nur dagestanden, an ihrem neunzig Jahre alten, gebrechlichen Körper hinuntergeschaut und den Kopf geschüttelt hat?

Glauben Sie, dass sie sofort an Babysachen und Windeln gedacht hat, an die viele Wäsche, schlaflose Nächte und Dreimonatskoliken? Ich kann mir ganz genau vorstellen, was sie gedacht hat, nämlich: *Ich bin doch so alt, dass ich selbst kaum noch gehen kann. Wie soll ich denn da mit einem Kleinkind fertigwerden?*

Also, wenn ich in dem Alter solch eine Nachricht bekommen hätte, wäre ich bestimmt auch in Gelächter ausgebrochen.

Gottes perfektes Timing

Das Jahr, in dem mein Mann nicht bei der Familie, sondern in Nevada lebte, war ein schweres Jahr, und finanziell hangelte ich mich von Honorarzahlung zu Honorarzahlung. Kurz: Ich hatte schwer zu kämpfen.

Daher gab es wirklich keinen nachvollziehbaren Grund dafür, dass meine Freundin Linda Miller und ich uns wie Star-Autorinnen aufführten, uns für den *Romance Writers of America*-Kongress anmeldeten und Flugtickets sowie eine riesige Suite in einem tollen Hotel buchten.

Wir hatten alles genau ausgetüftelt: Jede von uns würde noch eine Freundin mitbringen, und wir würden zu viert in der Suite für 200 Dollar die Nacht wohnen, sodass jede von uns 50 Dollar pro Nacht zu zahlen hatte – das passte perfekt. Aber dann sagten die Freundinnen beide im letzten Moment ab, und das Hotel war ansonsten ausgebucht, sodass kein normales Zimmer mehr zu haben war. Auf dem Weg nach Boston hatten wir noch immer keine Ahnung, wie wir unsere Suite bezahlen sollten. Im Hotel angekommen, zeigte ich der Angestellten an der Rezeption unsere Reservierungsnummer und dann warteten wir sehr nervös aufs Einchecken. Wie wir das alles am Ende bezahlen sollten, wusste nur Gott allein. Die Hotelangestellte gab unsere Reservierungsnummer ein und rief dann seltsamerweise den Manager dazu. Der wiederholte den Vorgang noch einmal, runzelte die Stirn und sagte schließlich: „Es tut mir sehr leid, meine Damen, aber leider haben wir für die Suite, die Sie reserviert hatten, eine Doppelbuchung, und jetzt ist sie schon belegt. Wir hätten noch ein kleineres Zimmer frei, das Sie dann nur 50 Dollar pro Nacht kosten würde." Ich erinnere mich noch genau, wie ich Linda ansah und wir beide in schallendes Gelächter ausbrachen, denn gerade eben hatte uns Gott wieder einmal aus der Patsche geholfen!

Wasserflugzeug-Abenteuer

Linda und ich haben viele Abenteuer miteinander erlebt. Einmal hatten wir beispielsweise für einen Tag ein Wasserflugzeug gechartert, weil in einem meiner Bücher ein Wasserflugzeug vorkam und ich gerne wissen wollte, wie es sich anfühlte, darin zu fliegen. Ich beschloss also, Linda an ihrem Geburtstag einzuladen und gemeinsam mit ihr für einen Nachmittag zu einem wunderschönen Wellness-Hotel auf die San Juan Islands zu fliegen. Wir freuten uns schon auf Gesichtsmasken, Maniküre und Massagen, und als wir dann zum Liegeplatz des Wasserflugzeugs aufbrechen wollten, gab uns Wayne noch den guten Rat mit auf den Weg, beim Einsteigen besonders vorsichtig zu sein. „Passt bloß gut auf!", sagte er. „Die Stege können extrem rutschig sein."

Wir machten also beide ganz vorsichtige Trippelschritte, als wir an jenem Morgen auf dem Anlegesteg zum Flugzeug gingen und einstiegen. Ich kletterte nach hinten, Linda setzte sich auf den Platz neben dem Piloten, und wir klatschten uns gerade ab, weil wir den Einstieg so hervorragend bewältigt hatten, als wir ein unglaublich lautes Platschen hörten und feststellen mussten, dass unser Pilot gerade ins Wasser gefallen war! Da saßen wir nun in einem Wasserflugzeug, das langsam vom Anlegesteg abtrieb, gefolgt von einem panisch paddelnden Piloten, der versuchte, irgendwie das Flugzeug zu erreichen.

„Wirf ihm den Schulterriemen von deiner Handtasche zu!", rief Linda.

„Ich werfe ihm ganz sicher nicht meinen Handtaschenriemen zu. Wirf du ihm doch deinen zu!", entgegnete ich.

Schließlich gelang es dem Piloten, ins Flugzeug zu klettern, und wir machten uns auf den Weg zu unserem – inzwischen dringend benötigten – Wellness-Nachmittag.

„Sogar in Ihrer Größe!"

Als Romanautorin genieße ich das Privileg, zu Recherchezwecken an die schönsten Orte der Welt zu reisen, um die Schauplätze meiner Geschichten persönlich zu erkunden.

Ich erinnere mich noch genau an meine Reise nach Hongkong. Es war wunderschön, all die Sehenswürdigkeiten dort zu besichtigen und die fremden Geräusche und Gerüche zu erleben. Eines Nachmittags stand ich auf dem Stanley Market, einem der schönsten Märkte der Welt. Wie allgemein bekannt, sind chinesische Frauen sehr klein, zierlich und anmutig – und damit eher nicht so gebaut wie ich.

Plötzlich sprang eine kleine Asiatin hinter einem der Stände hervor, stellte sich mitten in den Gang zwischen den Ständen, zeigte mit dem Finger auf mich und rief: „Wir haben Größen, die *sogar Ihnen* passen!"

Später fragte mich jemand, ob ich das nicht als Beleidigung empfunden hätte, aber das konnte ich guten Gewissens verneinen. Bis dahin hatte ich nämlich im ganzen Land kein einziges Kleidungsstück gefunden, in das auch nur mein großer Zeh hineingepasst hätte!

Lektionen in Alaska

Eine weitere Recherchereise führte meinen Mann Wayne und mich nach Alaska. Ich hatte dort mehrere Interviews mit Buschpiloten arrangiert, von denen einer einen Flugservice für Pendler betrieb. Er bot uns an, uns auf eine Post-Tour mitzunehmen, und fragte uns nach unserem Gewicht, bevor wir in das winzige Flugzeug stiegen.

Wayne antwortete, ohne zu zögern, aber als der Pilot sich dann an mich wandte, fragte ich stotternd: „Wozu müssen Sie denn wissen, wie viel ich wiege?"

„Wenn Sie es nicht sagen möchten, schreiben Sie es einfach auf", entgegnete er darauf nur, und mir war klar, dass er es wohl schon öfter mit diesem für Frauen so sensiblen Thema zu tun gehabt hatte.

Ich nahm also ein Blatt Papier und schrieb nach langem Überlegen die Zahl auf, die auf meinem Führerschein stand und schon längst nicht mehr stimmte. Dann faltete ich den Zettel zusammen, bis er nur noch die Größe einer Briefmarke hatte, und gab ihn dem Piloten.

Kurz darauf hockte ich dann hinten in der Cessna mit einem Postsack zwischen den Knien, während Wayne vorn neben dem Piloten saß. Das Flugzeug rollte zur Startbahn und wurde immer schneller, aber es hob nicht ab. Das Ende der Startbahn kam näher und näher, mein Herz raste – und meine Gedanken ebenfalls. Der Pilot musste wahrscheinlich mein richtiges Gewicht wissen, um berechnen zu können, wie viel Treibstoff er brauchte. Bestimmt lag es an mir, dass wir nicht starten konnten. Ja, es sah sogar ganz so aus, als ob wir abstürzen, in Brand geraten und sterben würden!

In dem Moment, als ich dachte, wir würden in den Busch am Ende der Startbahn rasen, schrie ich so laut ich konnte: „ICH HABE GELOGEN!"

Natürlich hob das kleine Flugzeug genau in dem Moment ab, als mein Geständnis aus mir herausgeplatzt war, aber da hatten es die beiden Männer bereits gehört. Dafür sprach jedenfalls das breite Grinsen meines Mannes.

Als wir am Ziel ankamen, rannte ich praktisch den ganzen Weg vom Flugzeug zu unserer Unterkunft, weil mir der Vorfall so unglaublich peinlich war. Doch zu allem Überfluss ging der Wahnsinn weiter! Völlig außer Atem stand ich schließlich vor der Eingangstür, über der ein gewaltiges Elchgeweih hing, als sie von innen aufgerissen wurde. Ein Ureinwohner trat heraus, blieb stehen, zeigte mit dem Finger auf mich und sagte mit tiefer rauer Stimme: „Du. Sei meine Frau!"

Ich bekam einen solchen Schreck, dass ich kein Wort mehr herausbrachte, aber dann kam Wayne dazu und ich krallte mich regelrecht an ihm fest. „Hast du gehört, was der Mann gesagt hat?", flüsterte ich, zog ihn ganz nah an mich heran und zeigte dabei auf den Mann, der nur ein paar Meter entfernt stand.

„Was denn?"

„Er will, dass ich seine Frau werde!"

Da hielt Wayne einen Moment inne, sah den Mann an und fragte: „Wie viel bietet er denn?"

Sie sehen: Mein Mann ist wirklich ein Spaßvogel!

Ich wünsche Ihnen, dass auch Sie über möglichst viele Situationen in Ihrem Leben lachen können! Wenn wir die Komik in bestimmten Situationen erkennen können, ist das ein Zeichen dafür, dass unsere Hoffnungen und unser Fokus genau dort liegen, wo sie hingehören. Der Schriftsteller Victor Hugo hat einmal geschrieben: „Das Lachen ist die Sonne, die aus dem menschlichen Antlitz den Winter vertreibt." Und ich glaube, er hat recht. Es geht im Leben doch immer wieder darum, Entscheidungen zu treffen – und die Entscheidung zu lachen ist eine, die wir möglichst häufig treffen sollten.

Ich habe einmal eine Geschichte über einen Mann namens Michael gehört, der eigentlich immer guter Dinge war und auch immer etwas Positives zu sagen hatte. Für ihn war das Glas immer halb voll. Egal, wie die Umstände waren, Michael konnte immer etwas Positives daran finden, aber manche Leute machte seine positive Einstellung wahnsinnig. Irgendwann fragte ihn ein Mann, der seine Neugier nicht zügeln konnte, wieso er die Welt scheinbar immer positiv und optimistisch betrachten könne.

„Das ist ganz einfach", antwortete Michael. „Jeden Morgen, wenn ich aufwache, sage ich mir: ‚Du hast zwei Möglichkeiten, Mike. Du kannst dich entscheiden, gute Laune zu haben oder schlechte.' Und dann entscheide ich mich für die gute Laune. Jedes Mal, wenn etwas Schlimmes passiert, kann ich mich entscheiden, entweder die Opferrolle einzunehmen oder etwas aus der Situation zu lernen, und dann entscheide ich mich, etwas daraus zu lernen. Jedes Mal, wenn jemand zu mir kommt, um sich zu beklagen, kann ich mich entscheiden, entweder sein Klagen anzuhören oder ihn auf die positiven Seiten des Lebens hinzuweisen."

Jahre vergingen, und der Mann verlor Michael aus den Augen, bis er eines Tages erfuhr, dass Michael einen schweren Unfall gehabt hatte. Er war aus achtzehn Metern Höhe von einem Fernmeldeturm gestürzt. Nach einer achtzehnstündigen Operation und Wochen auf der Intensivstation wurde Michael mit unzähligen Titanstangen im Rücken entlassen. Ein halbes Jahr nach dem Unfall stattete der besagte Mann Michael einen Besuch ab, und als er ihn fragte, wie es ihm denn gehe, antwortete Michael: „Es könnte mir nicht besser gehen! Willst du mal meine Narben sehen?"

„Nein danke", sagte der Mann. „Aber mich würde interessieren, was dir durch den Kopf gegangen ist, als du gefallen bist."

„Das Erste, was mir durch den Kopf ging, war meine Tochter, die bald zur Welt kommen sollte", antwortete Michael. „Und als ich dann dort auf dem Boden lag, habe ich mich sofort wieder daran erinnert, dass ich immer eine Wahl habe: Ich konnte mich dafür entscheiden, zu leben oder zu sterben, und ich habe mich fürs Leben entschieden. Als sie mich dann in die Notaufnahme geschoben haben und ich die Gesichter der Ärzte und Schwestern sah, habe ich wirklich Angst bekommen, denn sie sahen aus, als würden sie denken: *Der ist so gut wie tot*. Und da wusste ich, dass ich etwas unternehmen musste."

„Und was hast du getan?“, fragte der Mann.

„Es gab dort eine große, stämmige Schwester, die mir etliche Fragen stellte“, antwortete Michael. „Unter anderem hat sie mich gefragt, ob ich gegen irgendetwas allergisch sei. ‚Ja‘, habe ich da geantwortet. Die Ärzte und Schwestern hörten auf, mich zu behandeln, und warteten darauf, dass ich ihnen sagte, wogegen ich allergisch bin, also holte ich tief Luft und schrie: ‚Gegen die Schwerkraft!‘ Während sie noch lachten, fügte ich hinzu: ‚Ich habe mich dafür entschieden zu leben. Also behandeln Sie mich bitte wie einen, der lebt, und nicht wie jemanden, der schon so gut wie tot ist.‘“

Dank des Könnens der Ärzte – aber sicher auch dank seiner positiven Einstellung – überlebte Michael den Sturz. Er entscheidet sich dafür, glücklich zu sein. Er entscheidet sich dafür zu lachen. Er entscheidet sich dafür, aus den Zitronen, die ihm das Leben serviert, Limonade zu machen.[8]

Auch wir haben die Wahl: Wir können uns entscheiden, zu gehen oder zu rennen. Wir können uns entscheiden, negativ zu denken oder positiv zu handeln. Wir können uns entscheiden, zu weinen oder zu lachen, auch wenn das manchmal ein Lachen unter Tränen ist. Ich möchte Ihnen Mut machen, sich immer wieder vor Augen zu halten, dass wir zum Lachen geschaffen sind.

E. E. Cummings schreibt: „Der vergeudetste aller Tage ist ein Tag ohne Lachen.“ Vielleicht ist der Weg, den Gott für Sie vorgesehen hat, schon morgen zu Ende. Vielleicht hat die Reise aber auch gerade erst begonnen. In jedem Fall sollten Sie den Weg genießen und dabei die Freude und das Lachen nicht vergessen.

10

Geschaffen zur Dankbarkeit

Als ich gerade erst entstand, hast du mich schon gesehen. Alle Tage meines Lebens hast du in dein Buch geschrieben – noch bevor einer von ihnen begann!

PSALM 139,16

„Wenn wir unsere Dankbarkeit zum Ausdruck bringen, dann dürfen wir nicht vergessen, dass die größte Wertschätzung nicht durch Worte ausgedrückt wird, sondern dadurch, dass man nach diesen Worten auch lebt."

JOHN F. KENNEDY

Auf dem Weg ins Büro sah ich neulich ein überfahrenes Tier auf der Straße liegen. Ich versuchte, nicht hinzuschauen, als ich vorbeifuhr, aber dann merkte ich ziemlich schnell, dass es sich hier nicht um irgendein überfahrenes Tier handelte: Meine Nase sagte mir, dass es ein totes Stinktier war.

„Iiigitt", sagte ich und wedelte vor meiner Nase in der Luft herum, um den Gestank wenigstens etwas zu entschärfen.

Es dauerte eine ganze Weile, bis der Geruch verflogen war, und ich dachte darüber nach, wie lange ein solch intensiver Geruch doch anhält, obwohl ich schnellstmöglich die Fenster geschlossen und die Lüftung eingeschaltet hatte. Als ich merkte, dass ich gerade dabei war, in negatives Denken abzurutschen, versuchte ich, der Sache etwas Positives abzugewinnen. *Wenigstens war nicht ich es, die das Stinktier überfahren hat*, dachte ich mit einem dankbaren Lächeln.

Ich bin eigentlich von Natur aus ein positiver und optimistischer Mensch, aber ich gebe zu, dass auch ich nicht immer in der Lage bin, dankbar zu sein. Es ist ja das eine, dankbar zu sein für positive Fügungen und Überraschungen im Leben, aber etwas ganz anderes ist es, eine dankbare Grundeinstellung zu haben und froh zu sein über die kleinen, alltäglichen, vertrauten, völlig unspektakulären, aber dennoch bedeutsamen Freundlichkeiten und guten Dinge, die uns widerfahren. Es ist einfach, jemandem seine Dankbarkeit zu *zeigen*. Viel schwerer ist es jedoch, wirklich auch innere Dankbarkeit zu *empfinden*.

Trotz allem sind wir zur Dankbarkeit geschaffen. Wir sind geschaffen, um dem Schöpfer dankbar zu sein für das, was er uns schenkt.

Im ersten Thessalonicherbrief lesen wir: „Dankt Gott, ganz gleich wie eure Lebensumstände auch sein mögen. All das erwartet Gott von euch, und weil ihr mit Jesus Christus verbunden seid, wird es euch auch möglich sein" (1. Thessalonicher 5,18).

In Psalm 139 tut der Psalmist genau das. Sein Ton ist den ganzen Psalm hindurch von Dankbarkeit bestimmt. „Herr, ich danke dir dafür, dass du mich so wunderbar und einzigartig gemacht hast! Großartig ist alles, was du geschaffen hast – das erkenne ich! [...] Wie überwältigend sind deine Gedanken für mich, o Gott, es sind so unfassbar viele!" (Psalm 139,14.17).

Zur Dankbarkeit geschaffen zu sein, bedeutet mehr, als einfach nur dankbar zu sein oder das Leben positiv zu betrachten. Es bedeutet, stets auf die Güte Gottes ausgerichtet zu sein, eine Art inneren Radar zu haben, der uns dabei hilft, auf unserem Weg durchs Leben automatisch nach dem Guten Ausschau zu halten – und es in der Regel dann auch zu finden.

Wenn wir uns nur einmal die Zeit nehmen, bewusst darüber nachzudenken, werden wir feststellen, dass wir umso glücklicher sind, je voller unser „Dankbarkeitskonto" ist, je mehr Dinge es gibt, für die wir dankbar sind. Es gibt nämlich eine direkte Verbindung zwischen Dankbarkeit und Glücklichsein.

Dennis Prager, Autor des Buches *Happiness is a Serious Problem*, beschreibt es so: „Der Schlüssel zum Glücklichsein ist Dankbarkeit. Alle glücklichen Menschen sind dankbar und undankbare Menschen können nicht glücklich sein. Wir ziehen meist die Schlussfolgerung, dass Menschen klagen, weil sie unglücklich sind, dabei trifft eher zu, dass Menschen durchs Klagen unglücklich werden. Seien Sie dankbar und Sie werden automatisch ein glücklicherer Mensch."[1]

Klagen zieht immer weiteres Klagen nach sich. Dankbarkeit hingegen führt zu einer positiven Lebenseinstellung und dazu, dass wir auch anderen Menschen gegenüber wohlwollend eingestellt sind. Es ist ein Unterschied, ob man sich für reines, frisches Wasser entscheidet oder für Essig. Das eine wirkt erfrischend und schenkt neue Lebenskraft, das andere beißt und hinterlässt einen schlechten Geschmack im Mund.

Wie dankbar sind Sie?

Um eine dankbare Grundhaltung zu erlangen, ist es notwendig, sich zunächst einmal ein Bild davon zu machen, wie es aktuell um die eigene Dankbarkeit bestellt ist. Im Folgenden also ein kurzer Test, um herauszufinden, wie es bei Ihnen gerade in Sachen Dankbarkeit aussieht.[2]

Kreuzen Sie bei jeder Frage den Buchstaben vor der Antwort an, die Ihrer am nächsten kommt.

Es ist Zeit für den Steuerbescheid, und Ihr Steuerberater teilt Ihnen mit, dass Sie dieses Jahr nichts zurückbekommen, sondern sogar noch 200 Euro nachzahlen müssen. Ihre Reaktion:

A: „Das war's dann wohl mit dem Urlaub! Was machen wir denn jetzt?"

B: „Es hätte auch schlimmer kommen können."
C: „Ich bin froh, dass wir nicht mehr nachzahlen müssen, und dankbar, dass wir genügend Geld für die Nachzahlung haben. Jetzt überlegen wir, wie wir trotzdem noch einen schönen Urlaub am Meer machen können."

Ihre Freundin bietet Ihnen an, auf Ihre Kinder aufzupassen, damit Sie ein paar Besorgungen machen können. Ihre Reaktion:

A: „Na toll. Jetzt erwartet sie bestimmt von mir, dass ich dafür auch mal auf ihre Kinder aufpasse."
B: „Vielleicht reicht die Zeit ja sogar noch für eine Maniküre."
C: „Ich überlege mir etwas, womit ich ihr eine Freude machen kann, um ihr zu zeigen, wie dankbar ich für unsere Freundschaft bin."

Ihr Mann kommt von der Arbeit und verkündet, dass er befördert wird, dass die Beförderung aber mit der Versetzung in ein anderes Bundesland verbunden ist. Ihre Reaktion:

A: „Auf gar keinen Fall ziehe ich um! Nicht zu fassen, dass er das überhaupt in Betracht zieht."
B: „Der Gedanke an einen Umzug löst zwar keine Begeisterungsstürme bei mir aus, aber die Gehaltserhöhung ist wirklich nicht zu verachten."
C: „Er arbeitet so hart für uns, und ich weiß ja, dass er schon seit einer ganzen Weile den Wunsch hat, innerhalb der Firma aufzusteigen.

Ich werde alles Mögliche tun, was ich kann, um ihn zu unterstützen."

Wenn Sie überwiegend A angekreuzt haben: Dankbarkeit ist nicht gerade Ihre stärkste Eigenschaft! Suchen Sie nach Möglichkeiten, um mehr Dankbarkeit zu praktizieren. Beginnen Sie, ein Dankbarkeitstagebuch zu schreiben, oder sagen Sie einer Freundin, wie dankbar Sie für ihre Freundschaft sind. Sie werden schnell feststellen, wie gut sich eine dankbare Haltung anfühlt.

Wenn Sie überwiegend B angekreuzt haben: Sie sehen die Dinge bereits mit einem inneren Gefühl der Dankbarkeit, aber es gibt auf jeden Fall Bereiche, in denen in dieser Beziehung noch Luft nach oben ist. Arbeiten Sie daran.

Wenn Sie überwiegend C angekreuzt haben: Dankbarkeit ist eine Ihrer Gaben. Sie wissen, was es bedeutet, dankbar zu sein, und Sie wissen auch, wie viel besser es Ihnen geht, wenn Sie jemand anderem gegenüber Ihre Dankbarkeit zum Ausdruck bringen.

Hoffnung in schweren Zeiten

Der Einstieg ins Buch der Klagelieder im Alten Testament ist nicht gerade ermutigend. Im Gegenteil, denn dort lesen wir Folgendes:

Ach, wie einsam und verlassen liegt Jerusalem da, die Stadt, in der sich einst die Menschen drängten! Sie war berühmt bei allen Völkern, jetzt gleicht sie einer Witwe ohne Schutz. Sie, die über andere Länder herrschte, wird nun zum Sklavendienst gezwungen.
Klagelieder 1,1

In den Klageliedern geht es um die Klage über die Zerstörung Jerusalems. Man nimmt an, dass sie vom Propheten Jeremia verfasst wurden, wissenschaftlich erwiesen ist das allerdings nicht. Der hebräische Titel dieses biblischen Buches ist *'ekah*, das bedeutet wörtlich übersetzt: „Wie?“[3]

Und ist es nicht wirklich typisch für uns Menschen, dass wir als Erstes „Wie“ fragen, wenn uns etwas Schlimmes passiert? „Wie ist das möglich? Wie konnte das passieren?“

Viele von Ihnen können diese Frage sicher nachvollziehen, auch wenn sie wahrscheinlich eher nach dem „Warum“ fragen würden. Das Buch der Klagelieder ist das einzige Buch der Bibel, das – in fünf kurzen Kapiteln – ausschließlich aus Klagen besteht. Es sind allesamt Klagegedichte, wie sie damals normalerweise für Verstorbene verfasst wurden.

Zu klagen bedeutet zu trauern, schluchzen oder weinen, und zu der Zeit, als das Buch der Klagelieder entstand, hatten die Menschen wirklich allen Grund dazu. Die Babylonier hatten die Stadt Jerusalem erobert, und die Bewohner, die nicht umgekommen oder versklavt worden waren, wurden voneinander getrennt und dazu gezwungen, ihre Häuser und ihre Heimat zu verlassen und in der Fremde zu leben. Ihre Anführer wurden in die Verbannung geschickt und auf dem Höhepunkt der Not kam es sogar zu Fällen von Kannibalismus (siehe Klagelieder 2,20 und 4,10).

Nichts war mehr so, wie es einmal gewesen war, und es wäre eine krasse Untertreibung, den Zustand als traurig zu bezeichnen, denn die Babylonier lebten unter katastrophalen Umständen.

Doch im dritten Kapitel der Klagelieder geschieht etwas Interessantes. Nach seitenlangen Klagen betrachtet der Verfasser die Welt plötzlich aus einem anderen Blickwinkel:

Meine Not ist groß, ich habe keine Heimat mehr. Schon der Gedanke daran macht mich bitter und krank. Und doch muss ich ständig daran denken und bin vor lauter Grübeln am Boden zerstört. Aber eine Hoffnung bleibt mir noch, an ihr halte ich trotz allem fest: Die

Güte des Herrn hat kein Ende, sein Erbarmen hört niemals auf, es ist jeden Morgen neu! Groß ist deine Treue, o Herr!
Klagelieder 3,19–23

Das ist der Höhepunkt des Buches, und ich wünsche mir, dass auch wir in unserem Leben letztendlich zu einer solchen Haltung gelangen. Trotz der Zerbrochenheit, trotz der Ausweglosigkeit, die wir manchmal aufgrund unserer Lebensumstände empfinden, können wir immer noch neue Hoffnung schöpfen, weil Gottes Erbarmen *niemals* aufhört und weil er absolut *treu* ist. Und diese Treue zeigt er uns jeden Morgen wieder aufs Neue. „Die Güte des Herrn hat kein Ende", heißt es in Vers 22. Gott ist gut, und es gibt so viele Dinge, für die wir dankbar sein können.

Eine dankbare Grundhaltung

Vor ein paar Jahren fiel mir ein Buch in die Hände, das ich mittlerweile schon zwei Mal gelesen habe. Es heißt *Simple Abundance: A Daybook of Comfort and Joy.* Die Autorin Sarah Ban Breathnach schreibt nicht aus christlicher Perspektive, aber ich nehme das Gute daraus und lasse den Rest. Was mir wirklich gefällt, sind ihre Aussagen über Dankbarkeit. Besonders angesprochen hat mich ihr Vorschlag, ein Dankbarkeitstagebuch zu führen.

Wie ja bereits erwähnt, bitte ich Gott jedes Jahr im Januar, mir ein Wort zu geben, das in dem betreffenden Jahr für mich im Mittelpunkt stehen soll. Im ersten Jahr war es das Wort „Dankbarkeit". Ich wollte mein Leben in einer Grundhaltung der Dankbarkeit führen, wollte mich auf das Positive konzentrieren und nicht mehr im Sumpf des Negativen versinken. Um mich täglich an diesen Vorsatz zu erinnern, kaufte ich mir ein in Leder gebundenes Notizbuch, das ich „Meine Ode an die Freude" nannte, und schrieb jeden Morgen fünf Dinge hinein, für die ich dankbar war.

Am Anfang war es schwierig, weil ich die kleinen Freuden des Alltags leicht übersah. Meine ersten Aufzählungen umfassten ganze Seiten, auf denen ich meine Liebe zu meinem Mann, meinen Kindern und Enkeln aufzählte, aber nach und nach erweiterte sich mein Horizont und ich empfand Dankbarkeit für so einfache Dinge wie den Geschmack einer sonnengereiften Tomate. Ich war dankbar, wenn ich an einem Samstagmorgen ausschlafen konnte oder die erste Tasse Kaffee des Tages trank und dabei den Sonnenaufgang beobachtete.

Auch heute noch schreibe ich jeden Tag fünf Dinge auf, für die ich dankbar bin, und genau wie meine Ziele ordne ich die Punkte auch nach Kategorien. Es gibt immer etwas im Zusammenhang mit der Familie, etwas Persönliches, etwas Berufliches, und das Letzte ist immer etwas sehr Grundlegendes, nämlich Dankbarkeit für etwas, das ich direkt aus dem Wort Gottes erfahre.

Wenn es um biblische Geschichten zum Thema „Dankbarkeit" geht, denke ich oft an die Geschichte von den zehn Leprakranken. Erinnern Sie sich? Der Verfasser des Lukasevangeliums schildert sie folgendermaßen:

Auf dem Weg nach Jerusalem zog Jesus mit seinen Jüngern durch das Grenzgebiet von Samarien und Galiläa. Kurz vor einem Dorf begegneten ihm zehn Aussätzige. Im vorgeschriebenen Abstand blieben sie stehen und riefen: „Jesus, Herr! Hab Erbarmen mit uns!" Er sah sie an und forderte sie auf: „Geht zu den Priestern und zeigt ihnen, dass ihr geheilt seid!" Auf dem Weg dorthin wurden sie gesund. Einer von ihnen lief zu Jesus zurück, als er merkte, dass er geheilt war. Laut lobte er Gott. Er warf sich vor Jesus nieder und dankte ihm. Es war ein Mann aus Samarien. Jesus fragte: „Waren es nicht zehn Männer, die gesund geworden sind? Wo sind denn die anderen neun? Wie kann es sein, dass nur einer zurückkommt, um sich bei Gott zu bedanken,

noch dazu ein Fremder?" Zu dem Samariter aber sagte er: „Steh wieder auf! Dein Glaube hat dich geheilt."
Lukas 17,11–19

Dieser Mann hat eine dankbare Grundhaltung. Er nimmt nicht nur die äußerlichen Vorteile seiner Heilung wahr, sondern seine Heilung geht tiefer – unter die Haut in sein Innerstes, sein Herz –, bis zu den Zehenspitzen. Er läuft zurück zu Jesus, um sich bei ihm zu bedanken, und lobt Gott für das, was er geschenkt bekommen hat, nämlich die Chance auf ein neues Leben.

Beachten Sie, dass der Mann genauso geheilt worden ist wie die anderen neun, die fortgegangen sind, ohne sich bei Jesus zu bedanken. Sein Körper ist bereits frei von Lepra, aber dieser eine Mann entscheidet sich dazu, noch einmal zurückzukommen, weil er innerlich so erfüllt ist. Echte Dankbarkeit zeichnet sich dadurch aus, dass man eine Veränderung zum Besseren nicht nur wahrnimmt, sondern sie auch anerkennt und zu schätzen weiß.

In diesem Zusammenhang muss ich daran denken, was die Stadt Fort Rucker in Alabama tat, um ihre Dankbarkeit für den Baumwoll-Kapselkäfer zum Ausdruck zu bringen. Ja, Sie haben richtig gelesen, für den Baumwoll-Kapselkäfer. Im Jahr 1915 fiel der mexikanische Baumwoll-Kapselkäfer, ein furchtbarer Schädling, in den Südosten des Bundesstaates ein und zerstörte 60 Prozent der Baumwollernte, für die die Bauern dort hart gearbeitet hatten. Aus lauter Verzweiflung bauten sie daraufhin Erdnüsse statt Baumwolle an, und nur zwei Jahre später waren der Erdnussanbau und die Verarbeitung dort so gewinnbringend, dass in Alabama mehr Erdnüsse geerntet wurden als in jeder anderen Gegend der Vereinigten Staaten. Aus Dankbarkeit errichteten die Bewohner der Stadt ein Denkmal mit folgender Inschrift: „In dankbarer Würdigung des Baumwoll-Kapselkäfers und dessen, was er als Herold des Wohlstandes getan hat." Der Verursacher ihres Leides war zum Mitbegründer ihres Wohlstandes geworden, und in Alabama gibt es seitdem das einzige Denkmal auf der Welt, das die Form eines Käfers hat.

Stricken und Dankbarkeit

„Stricken – mein ‚Amazing Grace'."

Nancie M. Wiseman, Herausgeberin der Zeitschrift *Cast on* und Autorin der Bücher *Classic Vests* und *The Knitted Book of Finishing Techniques*

Wenn es ums Stricken geht, gibt es so viele Dinge, für die ich dankbar bin. Neben dem Schreiben ist es meine zweite große Leidenschaft, denn ich verbringe gerne Zeit damit, wunderschöne Decken und Kleidungsstücke zu stricken, um sie dann zu verschenken. Ich bin dankbar dafür, wenn ein simples Strickmuster durch die richtige Qualität oder Farbe des Garns zu einem regelrechten Kunstwerk wird.

Als Strickerinnen können wir außerdem auch dankbar sein für die Freundschaften, die sich durch das Stricken entwickeln. Dabei denke ich zum Beispiel daran, wie viel Freude es mir macht, zum Vorstand der Wohltätigkeitsorganisation *Warm Up America* zu gehören, die für Bedürftige strickt und häkelt. Es gibt viele, die diese Organisation unterstützen, indem sie Quadrate für Decken stricken und häkeln oder Kindern das Stricken beibringen.

Ich bin immer wieder dankbar für die Möglichkeit zu stricken, mit anderen an etwas Schönem zu arbeiten und dadurch selbst reich beschenkt zu werden.

Persönlich Danke sagen

Nachdem ich mit dem Schreiben meines Dankbarkeitstagebuchs begonnen hatte, dauerte es gar nicht lange, und ich verspürte den Wunsch, den Menschen in meinem Umfeld persönlich zu sagen, wie dankbar ich für sie war.

Ich beschloss, zu diesem Zweck ein „Dankeschön-Teekränzchen" zu veranstalten, um den betreffenden Menschen zu zeigen, wie viel sie mir bedeuteten, weil sie mein Leben bereichert hatten und mir zum Segen geworden waren. Da war zum Beispiel meine geistliche Mentorin Barb Dooley, der ich so dankbar war (und noch immer bin) für ihre weisen Ratschläge, für ihr Vorbild als christliche Ehefrau und Mutter und für all ihre Gebete für mich und meine Familie. Meiner Freundin Lillian wollte ich sagen, dass ich durch sie und durch die Zeit, die ich mit ihr verbracht hatte, überhaupt erst auf die Idee mit dem Frühstücksklub gekommen war, der mittlerweile zu einem solchen Segen für mich geworden ist. Meine Cousine Cherie wollte ich wissen lassen, dass sie in unserer Kindheit ein ganz besonderer Mensch für mich war, und dass ich sie immer dafür bewundert habe, wie sie sich nach dem Tod der Mutter so liebevoll um ihre jüngeren Geschwister kümmerte, obwohl sie damals selbst erst dreizehn Jahre alt war.

Das alles notierte ich auf kleinen Dankeskärtchen. Bevor ich diese schließlich vorlas, bat ich die betreffende Person aufzustehen. Am Ende gab es kaum noch ein trockenes Auge im Raum. Was mich allerdings am meisten überraschte, war die Tatsache, dass alle Frauen zu mir kamen und fragten, ob sie die Karte mit dem, was ich über sie gesagt hatte, haben könnten.

Nach dieser Erfahrung beschloss ich, fortan regelmäßig Dankeschön-Teekränzchen zu veranstalten, sodass daraus schließlich eine Tradition werden konnte, von der ich hoffe, dass meine Töchter sie einmal fortsetzen werden. Vielleicht werden sie ja dann auch eines Tages die Frauen einladen, die eine besondere Rolle in ihrem Leben spielen, und ihnen persönlich sagen, wodurch sie ihnen zum Segen geworden sind. Denn auf diese Weise unsere Dankbarkeit zum Ausdruck zu bringen ehrt Gott und auch unsere Freundinnen, und es sorgt für viele positive Gefühle in einer Welt, in der es so viel Negatives gibt.

Jeder Mensch wünscht sich Wertschätzung, und es tut gut, sie mit eigenen Ohren zu hören. Warten Sie nicht zu lange damit, anderen Leuten zu sagen, dass Sie ihnen dankbar sind und warum.

In allem dankbar sein

Aber Dankbarkeit beschränkt sich ja nicht nur auf die Familie und Freunde. Ich versuche deshalb, auch in meinem Berufsleben mehr Dankbarkeit zum Ausdruck zu bringen. Es gibt eine Reihe ganz wunderbarer Profis, die mir in meiner Karriere weitergeholfen haben und es noch immer tun.

Vor ein paar Jahren verspürte ich den Wunsch, einmal den Buchhändlern zu danken, die sich immer wieder für meine Bücher einsetzen und mich dadurch unterstützen. Zu diesem Zweck veranstaltete ich am Valentinstag ein Mittagessen für sie. Mittlerweile ist auch dieses Treffen zu einer lieb gewonnenen Tradition geworden, und natürlich unterhalten wir uns dabei über Bücher, weil sie unsere gemeinsame Leidenschaft sind. Ich habe im Laufe der Jahre so viel von diesen Menschen gelernt, und meine Gäste wiederum haben sich im Laufe der Jahre immer besser untereinander kennengelernt, sodass unter ihnen zahlreiche Freundschaften entstanden sind.

Der direkte Kontakt zu meinen Leserinnen ist mir ungeheuer wichtig, und vor einiger Zeit war ich deshalb auf der Suche nach einer Idee, wie ich Ihnen für ihre treue Unterstützung danken konnte. Schließlich kam mir die Idee, ein kleines Kochbuch mit

Familienrezepten zusammenzustellen und es zu Weihnachten als Dank für alle Unterstützung und Ermutigung zu verschicken. Diese Tradition setze ich inzwischen fort in Form eines jährlichen Newsletters, Lesezeichen und anderer kleiner Geschenke, mit der Folge, dass ich sehr treue Leserinnen habe, die sich mit mir genauso persönlich verbunden fühlen wie ich mich mit ihnen. Sie teilen mir mit, was ihnen gefällt und was nicht, und ihre Rückmeldung hilft mir in meiner Entwicklung als Autorin weiter.

Das Geschenk der Dankbarkeit weitergeben

Zu den positiven Auswirkungen von mehr Dankbarkeit im Alltag gehört auch, dass sie sich auf unsere Kinder überträgt. Zu diesem Schluss kommt die Autorin Karol Ladd in ihrem Buch *The Power of a Positive Mom*, und einer ihrer Tipps, wie man bei Kindern Dankbarkeit fördern kann, besteht darin, beim gemeinsamen Essen darüber zu sprechen, wofür man dankbar ist. Auch vor dem Zubettgehen kann man ein solches Ritual einführen. Man vergegenwärtigt sich noch einmal, wie viele Dinge es gibt, für die man dankbar sein kann, und dankt Gott dann gemeinsam für all das Wunderbare, was man an diesem Tag von ihm erhalten hat.

Außerdem macht Ladd den Vorschlag, gemeinsam mit den Kindern ein „Dankbarkeitsplakat" zu basteln und es mit Stickern und Glitzerstiften zu dekorieren – so, wie es dem jeweiligen Kind gefällt. Dann kann sich die Mutter jeden Tag ein wenig Zeit nehmen, um in einem Satz kleine und große Dinge auf das Plakat zu schreiben, wofür das Kind Gott an diesem Tag besonders dankbar ist. Auf diese Weise merkt das Kind, dass Dankbarkeit etwas Schönes ist, das sich positiv auf sein Leben auswirkt, und Dankbarkeit kann bei ihm zu einer Grundhaltung werden, die ihm auch später als Erwachsenem erhalten bleibt.[4]

Die Kunst der Zufriedenheit

Ich habe kürzlich die Geschichte von einer Frau gehört, die sich ständig über alles und jeden beklagte. Irgendwann fand dann ihr Pfarrer etwas, worüber sie sich nun wirklich nicht beklagen konnte. Die Kartoffelernte der Frau war nämlich die beste weit und breit, also sagte er zu ihr: „Das gefällt Ihnen doch sicher, wenn jeder Ihnen sagt, wie hervorragend Ihre Kartoffeln in diesem Jahr sind, oder?"

Daraufhin sah ihn die Frau aber nur missmutig an und entgegnete: „Na ja, die Kartoffeln sind gar nicht so schlecht, aber woher soll ich denn jetzt bitte schön die schlechten für die Schweine nehmen?"

Statt dankbar zu sein, blieb sie mürrisch und quengelte weiter. Statt zu merken, welchen Segen sie bekommen hatte, betrachtete sie das, was sie hatte, als selbstverständlich. Es war, als würde sie sagen: „Na und? Ich habe doch immer gute Kartoffeln, aber es müssten einfach noch mehr sein."[5]

Und darum geht es letztlich: Um dankbar sein zu können, müssen wir uns in Zufriedenheit üben. Wie sieht es denn mit Ihrer Zufriedenheit aus? Sind Sie dankbar für das, was Sie in diesem Augenblick haben, oder grübeln Sie bereits darüber, was der morgige Tag wohl bringen wird? Sind Sie zufrieden mit den kleinen Dingen, oder fressen die großen, scheinbar unerreichbaren Dinge Sie innerlich auf und zerstören das Glück, das Sie eigentlich empfinden könnten?

Halten Sie einmal einen Moment lang inne, legen Sie dieses Buch beiseite und schauen Sie sich selbst im Spiegel an. Was sehen Sie? Strahlen Ihre Augen oder ist Ihr Blick müde und verhangen? Haben Sie ein Lächeln auf den Lippen oder sind die Mundwinkel nach unten gezogen? Ist in Ihrem Blick Freude und Begeisterung zu erkennen oder eher Missmut und Freudlosigkeit? Sehen Sie abgespannt oder munter aus? Sehen Sie Glück und Freude, wenn Sie sich selbst anschauen, oder aufgestaute Sehnsüchte und den Wunsch, endlich auch das zu bekommen, was die anderen längst haben?

Ich kann gar nicht genug betonen, meine Lieben, dass weder die größten Anstrengungen, Ihre Träume zu verwirklichen, noch der größte Erfolg der Welt etwas zählen, wenn Sie nicht einen Punkt erreichen, an dem Sie zufrieden sind mit dem, was Sie jetzt haben. Damit will ich nicht sagen, dass Sie Ihre Träume aufgeben sollen. Ich sage nur, dass wir in all unserem Streben nach Erfolg, auf der Suche nach unseren Träumen und unserer Bestimmung daran denken müssen, zufrieden zu sein – und zwar unabhängig davon, wie die äußeren Umstände gerade aussehen.

Es ist so, wie Paulus im Philipperbrief schreibt:

Ob ich nun wenig oder viel habe, beides ist mir durchaus vertraut, und ich kann mit beidem zufrieden sein: Ich kann satt sein und hungern; ich kann Mangel leiden und Überfluss haben.
Philipper 4,12

Ist das nicht stark? Wie es wohl wäre, wenn wir immer und in jeder Situation zufrieden sein könnten? Wären wir dann nicht glücklicher? Würden wir uns nicht viel lebendiger fühlen? Ich glaube, es würde sich anfühlen, als würde uns eine große Last von den Schultern genommen, und wir hätten ein Gefühl von Freiheit, wie es viele in dem Moment erleben, wenn sie ihr Leben Jesus Christus anvertrauen.

Der Verfasser des Hebräerbriefes schreibt: „Seid nicht hinter dem Geld her, sondern seid zufrieden mit dem, was ihr habt. Denn Gott hat uns versprochen: ‚Ich lasse dich nicht im Stich, nie wende ich mich von dir ab'" (Hebräer 13,5).

In seinem Buch *Jesus, Lord of Your Personality* betont Bob Russell, dass materieller Besitz und Reichtum nicht automatisch zu einem Gefühl von Dankbarkeit führt.

Haben Sie schon mal einen Geschmack vom Besten bekommen, was die Welt zu bieten hat? Wenn Sie schon einmal Urlaub auf Hawaii gemacht haben, fällt es Ihnen jetzt schwerer, das Naturschutzgebiet in der Nähe zu genießen. Wenn Sie schon mal ein Steak im weltbesten Steakrestaurant gegessen haben, finden Sie es gar nicht so leicht, dankbar zu sein für ein Essen im Steakhaus um die Ecke. Sie haben schon mal einen Mercedes gefahren, sodass Sie sich jetzt nicht mehr mit einem gebrauchten VW zufriedengeben können. Sie haben schon einmal für einen Meister gejubelt, und jetzt ist es schwierig, dankbar zu sein, wenn Ihre Fußballmannschaft zwar eine gute Saison hat, aber nicht den Titel holt … Ganz allgemein kann man wohl sagen, dass wir undankbarer sind, je mehr wir haben. Dabei sollte es eigentlich umgekehrt sein; je mehr wir haben, desto dankbarer sollten wir sein. Aber normalerweise funktioniert es nicht so, oder? Es kommt nur selten vor, dass jemand, dessen Becher häufig überläuft, Gott dafür dankt, statt sich darüber zu beschweren, dass der Becher so klein ist.[6]

Überlegen Sie einmal, wie es damals für die Israeliten gewesen sein muss, nachdem sie Ägypten verlassen hatten. Gott hatte ihnen ein Land versprochen, in dem angeblich Milch und Honig flossen, oder etwas moderner ausgedrückt, in dem es ständig Steak und Hummer zu essen geben sollte. Nach so vielen Jahren der Sklaverei waren sie dafür auch wirklich bereit! Aber was passierte stattdessen? Nach ein paar Tagen in der Wüste wären die Israeliten am liebsten wieder umgekehrt und zurück nach Ägypten gegangen – an den Ort, wo sie als Sklaven unterdrückt und ausgebeutet worden waren. Ihnen war heiß, sie waren müde und hatten Hunger. Deshalb sagten sie Mose und Aaron, dass sie genauso gut auch wieder zurück unter die Herrschaft des Pharaos gehen könnten, denn dort hätten sie wenigstens nicht zu hungern brauchen (siehe 2. Mose 16,3).

Sie murrten! Sie beklagten sich! Statt das Gute in ihrer Situation zu sehen und zu erkennen, dass sie unterwegs waren in ein besseres Leben, sahen sie nur ihre gegenwärtigen Lebensumstände, die ihnen so schlimm vorkamen, dass alles, was früher gewesen war, dagegen geradezu verlockend erschien.

Doch Gott war voller Mitgefühl, hörte ihre Klagen und sorgte für sein Volk, indem er morgens Manna vom Himmel fallen ließ und abends Wachteln schickte, die gefangen und gebraten werden konnten. An diese Versorgung war jedoch eine Bedingung geknüpft: Die Israeliten durften sich immer nur so viel nehmen, wie sie für den jeweiligen Tag brauchten. Sie durften nichts horten und keine Vorräte anlegen.

Leider gab und gibt es ja immer auch Menschen, die Gott nicht gehorchen.

Diejenigen, die nicht taten, was Mose ihnen gesagt hatte, merkten jedoch sehr schnell, wieso es so wichtig war, sich an die Regeln zu halten: Die Nahrung, die sie in ihren Zelten gehortet hatten, wurde von Maden und Fäulnisbakterien befallen, sodass sie schon zu stinken begonnen hatte, als sie sie am nächsten Tag hervorholen wollten.

Jeder bekam genau so viel, wie er oder sie an einem Tag brauchte, mit Ausnahme des Abends vor dem Sabbat, denn dann versorgte Gott die Menschen mit einer doppelten Ration, damit sie am darauffolgenden Tag nicht zu arbeiten brauchten. Gott versuchte also, ihnen zu zeigen, dass er für sie sorgte, und genau das ist eine Lektion, die auch wir lernen sollen.

Doch die Israeliten kannten einfach keine Zufriedenheit. Ständig dachten sie: *Und was ist morgen? Was ist, wenn wir morgen keine Hilfe mehr bekommen? Was dann?* Die Kunst der Zufriedenheit besteht jedoch darin, *heute* glücklich zu sein, und weil das den Israeliten sehr schwerfiel, dauerte die Lektion, die sie darin bekamen, sage und schreibe vierzig Jahre.

Geht es Ihnen auch manchmal so wie den Israeliten? Machen Sie sich auch oft so große Sorgen um morgen, dass Sie das Heute gar nicht genießen können? Ich jedenfalls kenne solche Tage. Und auch Wochen! Denn genauso, wie der Widersacher uns die Freude und das Lachen nehmen will, versucht er auch, uns unsere Zufriedenheit zu rauben. Unzufriedenheit oder Leid lenken uns nämlich von unserer Bestimmung und unserem Traum ab.

Lassen Sie den Widersacher diesen Kampf auf gar keinen Fall gewinnen! Lernen Sie stattdessen, wie Sie Dankbarkeit und Zufriedenheit mit dem Plan in Einklang bringen können, den Gott für Sie hat. Hier ein paar Vorschläge, wie das gehen kann.

Seien Sie ganz bewusst dankbar

Genau wie in unseren Beziehungen, bei der Arbeit oder beim Finden des richtigen Maßes brauchen wir Übung, wenn es um Dankbarkeit geht. Das kann zum Beispiel in Form eines Dankbarkeitstagebuches geschehen oder indem wir es uns zur Gewohnheit machen, Dankeschön-Karten zu schreiben oder einfach laut auszusprechen: „Ich bin dankbar für …" Bereits wenn wir morgens ins Auto steigen, können wir darüber nachdenken, für welche Dinge wir dankbar sind.

Geben Sie Ihr Geld klug aus

Seien Sie dankbar für das, was Sie haben, aber machen Sie sich auch bewusst, dass Sie nicht alles haben müssen! Wenn wir Dinge kaufen, dann haben wir am Ende nur noch mehr von dem, was wir doch nicht mitnehmen können. Leben Sie in materieller Hinsicht unter Ihren Möglichkeiten.

Genießen Sie das Heute

Hören Sie auf, immer schon heute auf morgen zu schielen und zu sagen: „Ich wünschte …", oder: „Würde ich nur …" Finden Sie stattdessen Zufriedenheit in dem, was das Leben Ihnen *heute* schenkt. Es ist völlig in Ordnung, nach vorn zu schauen, zu planen und sich etwas zu wünschen, aber wir überschreiten eine Grenze, wenn wir uns durch all das Planen und Träumen nur noch in der Zukunft aufhalten und darüber das Hier und Jetzt verpassen.

Lernen Sie, sich an den einfachen Dingen zu erfreuen

Wenn Sie im Stau stecken, hören Sie ein Hörbuch, und danken Sie Gott für diese geschenkte Zeit, in der Sie sich etwas Gutes tun können. Freuen Sie sich über den blauen Himmel und den Sonnenschein oder über den Regen, der Ihren Blumen guttut und Ihnen darüber hinaus das Gießen erspart. Freuen Sie sich über jedes Bild, das Ihr Kindergartenkind mit nach Hause bringt, in dem Wissen, dass diese Zeit viel zu schnell vorbei ist.

Finden Sie Möglichkeiten für „ein Lächeln am Tag"

Stellen Sie sich folgende spielerische Aufgabe: Bringen Sie mindestens einmal am Tag einen anderen Menschen zum Lächeln. Beispielsweise, indem Sie der Kassiererin im Supermarkt ein Kompliment für ihre gute und schnelle Arbeit machen oder indem Sie eine Freundin anrufen, die eine Aufmunterung gebrauchen kann. Wie auch immer Sie es anstellen, suchen Sie nach Möglichkeiten, jemanden zum Lächeln zu bringen. Wenn Ihnen das gelingt, stehen die Chancen gut, dass auch Sie selbst lächeln.

Wenn wir lernen, uns von Gott versorgen zu lassen, indem wir annehmen, was er uns schenkt, und damit zufrieden sind, dann können wir tatsächlich an allen Situationen etwas Gutes finden, in die Gott uns stellt. Diese dankbare Grundhaltung verdrängt egoistische Gedanken und hilft uns dabei, unsere Bestimmung im Blick zu behalten. Sie macht es uns leichter, das zu werden, worum es im nächsten Kapitel geht: ein Segen für andere.

11

Zum Segen geschaffen

Wie überwältigend sind deine Gedanken für mich,
o Gott, es sind so unfassbar viele!
PSALM 139,17

Gott gebe dir für jeden Sturm einen Regenbogen, für jede Träne ein Lächeln, für jede Sorge eine Aussicht und eine Hilfe in jeder Schwierigkeit. Für jedes Problem, das das Leben schickt, einen Freund, es zu teilen, für jeden Seufzer ein schönes Lied und eine Antwort auf jedes Gebet.

IRISCHER SEGEN

Als Menschen, die zu Gott gehören, sind wir ständig auf seinen Segen aus. Wir halten uns an Bibelverse, wie beispielsweise „Denn du, Herr, segnest die Gerechten, du deckest sie mit Gnade wie mit einem Schilde" (Psalm 5,13; LÜ). Oder Psalm 37, Vers 22: „Denn die Gesegneten des Herrn erben das Land" (LÜ).

Im Jahr 2001 gab es einen Buchbestseller mit dem Titel *Das Gebet des Jabez*, von dem allein in den USA über acht Millionen Exemplare verkauft wurden. Dieses Gebet ist im ersten Buch der Chronik zu finden und lautet: „Bitte segne mich doch und erweitere mein Gebiet! Steh mir bei mit deiner Kraft und bewahre mich vor Unglück! Kein Leid möge mich treffen!" (1. Chronik 4,10).

Das Bitten um Gottes Segen ist auch für uns wichtig, wenn wir an unsere Bestimmung denken, denn natürlich wünschen wir uns ganz besonders, dass Gott unsere Bestimmung segnet!

Einen Segen zu empfangen bedeutet, dass uns Gottes unverdiente Gunst zuteilwird. In der Bibel wird immer wieder von Gottes Gunst gesprochen. Wir erfahren von seiner Gunst Noah, Mose,

Gideon, David und Maria gegenüber – um nur ein paar wenige zu nennen. In unserem eigenen Leben erfahren wir die Gunst Gottes, wenn wir erleben, wie unsere Gebete erhört werden oder wie Gott uns beispielsweise eine Überraschung schenkt, die uns den Tag verschönert.

Wenn ich an den Segen Gottes denke, dann kommt mir dabei automatisch auch das Wort „Gnade“ in den Sinn. Der Grund: Gott braucht uns nicht zu segnen, aber er tut es trotzdem. Seine Liebe ist bedingungslos, und richtig begreifen werden wir sie wahrscheinlich erst, wenn wir ihn von Angesicht zu Angesicht sehen. Der Verfasser des Johannesevangeliums betont: „Von seiner Fülle haben wir alle genommen Gnade um Gnade“ (Johannes 1,16; LÜ). Gottes Segen bekommen wir nur deshalb, weil er gnädig ist.

So viele Ziele wir uns auch setzen mögen, welche Erfolgsstrategien wir auch anwenden und egal, wie hart wir arbeiten – die Gnade Gottes können wir uns nicht verdienen. Trotzdem erwischen wir uns immer wieder dabei, wie wir versuchen, uns ganz besonders anzustrengen, um Gott zu gefallen, statt seine Liebe und den Segen einfach als Geschenk anzunehmen.

Dabei fällt mir eine Geschichte von Charles Stanley über einen seiner Professoren ein, der seinen Studenten etwas über Gnade vermitteln wollte. Am Ende eines Kurses zum Thema „Evangelisation“ verteilte er die Klausuraufgaben und sagte den Studenten, sie sollten bitte erst alle Aufgaben genau durchlesen, bevor sie sich an die Beantwortung der Fragen machten. Dieselbe Aufforderung stand auch noch einmal fett gedruckt auf der ersten Seite der Klausur.

Als die Studenten dann die Fragen durchlasen, stellte sich schnell heraus, dass keiner von ihnen auch nur annähernd gut genug auf diese Klausur vorbereitet war. Die Fragen wurden von Aufgabe zu Aufgabe schwerer und manche der Studenten begannen laut zu stöhnen. Es war wirklich eine unverschämt schwere Klausur – bis die Studenten zur letzten Seite kamen, wo sie folgende Anmerkung ihres Professors fanden: „Sie haben die Wahl: Sie können diese Klausur entweder bearbeiten oder die Aufgaben überspringen, am Ende des Dokuments unterschreiben und dadurch automatisch eine Eins bekommen."

Im Hörsaal wurde es ganz still, als die Studenten über diese Wahl nachdachten. *Meinte der Professor das wirklich ernst? Eine Eins für eine einfache Unterschrift?* Aber dann begriffen sie langsam den Sinn dieser Wahlmöglichkeit, standen einer nach dem anderen auf, gaben die Klausur ab und verließen schweigend den Hörsaal.

Nach der Klausur sprach Stanley mit dem Professor darüber, und dieser berichtete von einigen Reaktionen, die es im Laufe der Jahre auf seine Lektion schon gegeben hatte. Manche Studenten begannen sofort, die Aufgaben zu bearbeiten, ohne die Klausur bis zum Schluss durchzulesen, und schwitzten die gesamten zwei Stunden darüber, bevor sie schließlich bei der letzten Seite mit dem Angebot ankamen. Andere lasen sich die ersten Seiten durch, stellten fest, wie unerhört schwer die Aufgaben waren, wurden ärgerlich und gaben den Test einfach unbearbeitet ab, ohne vorher zu unterschreiben. Sie bekamen gar nicht mit, welche Chance ihnen am Schluss geboten wurde, und kamen dadurch bei der ganzen Sache besonders schlecht weg.

Einmal gab es auch einen Studenten im Kurs, der zwar erst die gesamte Klausur einschließlich der Bemerkung am Ende durchlas, dann aber beschloss, die Aufgaben trotzdem zu bearbeiten. Er wollte nichts geschenkt haben, sondern sich seine Note durch eigene Leistung verdienen. Das tat er dann auch und bekam eine Drei plus, obwohl er mühelos eine Eins hätte bekommen können.[1]

Könnten Sie einfach unterschreiben und dann gehen? Es ist gar nicht so einfach, oder? Wären Sie nicht misstrauisch und würden vermuten, dass es sich um einen Trick handelt? Oder wären Sie einfach nur dankbar und würden die Gnade, die Ihnen da zuteilwird, mit Dank und Wertschätzung annehmen?

Es gibt so viele Menschen, die sich so verhalten wie der zuletzt beschriebene Student. Selbst wenn Gott uns seinen Segen direkt vor die Nase hält und wir eigentlich nur noch zugreifen müssen, gehen wir starrsinnig darüber hinweg, fest entschlossen, ihn uns lieber zu verdienen.

Was ist denn meist unser erster Gedanke, wenn jemand etwas Nettes für uns tut? *Ich muss mich revanchieren …* Wie reagieren Sie, wenn Ihnen jemand wiederholt ein Geschenk macht? *Ach, jetzt habe ich ja gar kein Geschenk für ihn. Da muss ich wohl etwas kaufen.* Aber die Geschenke von Gott bekommen wir aus Gnade, ohne dass sie mit Erwartungen oder gar Forderungen verknüpft wären oder mit einer Liste von Dingen, die wir erst abarbeiten müssen, bevor wir das Geschenk bekommen. Gottes Gnade und Segen kosten uns nichts; wir müssen sie einfach nur annehmen.

Ich weiß: Im Leben gibt es nicht viel umsonst. Leider sind wir durch die Werbung so konditioniert, dass wir es nicht mehr glauben, wenn uns etwas kostenlos versprochen wird. Autoverkäufer versprechen eine kostenfreie Garantie, aber dann stellt sich heraus, dass die Kosten für die Garantie zuvor schon auf den Kaufpreis aufgeschlagen wurden. Man suggeriert uns: „Kostenlos! Kostenlos!", und ein genauerer Blick auf das Kleingedruckte offenbart dann, dass es eben doch etwas kostet. Aber Gottes Gnade kostet uns wirklich nichts und sie zeigt sich in seiner unglaublichen, überwältigenden Liebe zu uns. Diese Liebe schenkt er uns wirklich, ohne dafür etwas von uns zu verlangen. Er schenkt sie uns nicht auf fordernde Art und Weise, sodass wir ständig Angst haben müssten zu versagen. Er gibt großzügig und bereitwillig und von ganzem Herzen. Wir müssen nur bereit sein, diese Liebe anzunehmen – und sie zu erwidern.

Das Geschenk der Gnade

Einer meiner Lieblingsautoren ist Philip Yancey, Autor des Buches *Gnade ist nicht nur ein Wort.* Yancey war auch eine der Personen auf meiner Liste der dreißig Menschen, die ich persönlich kennenlernen wollte, und ich hatte dann tatsächlich die Ehre, ihn bei einem Abendessen in Denver kennenzulernen. Er hat einen pragmatischen Glauben und eine Intelligenz, die mich regelrecht sprachlos machten.

Yancey hat einige der fundiertesten Bücher über unseren Glauben geschrieben, die ich kenne. In dem Buch *Gnade ist nicht nur ein Wort* schreibt Yancey:

Gnade bedeutet, dass wir nichts tun können, was Gott dazu bringen könnte, uns mehr zu lieben, als er es tut. Kein noch so großes Maß an geistlichen Übungen oder Verzicht, kein noch so umfassendes und tiefgründiges Wissen, das wir uns auf Tagungen und Seminaren angeeignet haben, und auch nicht das größte Engagement für die gute Sache. Gnade bedeutet aber auch, dass wir genauso wenig etwas tun können, was Gott dazu brächte, uns weniger zu lieben […] Gnade bedeutet, dass Gott uns so sehr liebt, wie ein unendlicher Gott überhaupt nur lieben kann.[2]

Gnade ist für sich selbst bereits ein Segen, den Gott uns schenkt, und nicht die Folge einer Beurteilung, bei der wir als gut genug befunden werden. Gnade ist all das Gute, das Gott uns unverdient zuteilwerden lassen möchte, einfach weil er uns liebt und unser Bestes will.

Wir sind zum Segen geschaffen. Ich habe ja an anderer Stelle schon ausgeführt, wie schwer wir uns als Christen manchmal damit tun, uns Erfolg zu wünschen. Aber es ist nichts falsch daran, uns Gottes Segen oder seine Gnade zu wünschen. Der schmale Grat, auf dem wir uns dabei bewegen, ist der, dass wenn wir Gottes Segen für unser eigenes Leben erwarten, wir gleichzeitig auch gewillt sein müssen, anderen Menschen zum Segen zu werden.

Geschaffen, um anderen ein Segen zu sein

Ich bin zutiefst dankbar für all den Segen, den Gott über meinem Leben ausgießt, aber ich bin auch dankbar für schwere Zeiten, weil ich durch sie diesen Segen noch mehr zu schätzen weiß. Und obwohl es ganz normal ist, dass wir uns Gutes für unser Leben wünschen, sollten wir uns dennoch der Gefahren bewusst sein, die damit einhergehen, wenn wir uns nur darauf konzentrieren, Segen zu *empfangen*, statt auch zum *Segen für andere zu werden*.

Eine meiner Empfehlungen an die Autoren in meinen Workshops ist es, sich Mentoren zu suchen, aber genauso wichtig ist auch die Bereitschaft, selbst ein Mentor für andere zu sein. Es ist wichtig, so viel zu geben, wie wir nehmen, und ich würde sogar behaupten, dass wir mehr geben als nehmen sollten. Ich habe nämlich die Beobachtung gemacht, dass ich selbst auch umso mehr bekomme, je mehr ich gebe.

Der Tag, an dem ich auf die folgende Bibelstelle im ersten Buch Mose gestoßen bin, war ein Tag, der mein Leben zum Besseren verändert hat. Dort lesen wir, wie Gott zu Abraham sagt: „Und ich will dich zum großen Volk machen und will dich segnen und dir einen großen Namen machen, und *du sollst ein Segen sein*" (1. Mose 12,2; LÜ, Hervorhebung der Autorin).

Diese Worte sprangen mir eines Tages beim Bibellesen ins Auge, als wären sie mit einem Textmarker gekennzeichnet. Das war mein Missionsauftrag; ich wusste, dass das der Auftrag war, den Gott mir für mein Leben gab. Ich denke viel über diesen Vers nach und wende ihn an – in den Büchern, die ich schreibe, und in den Geschichten, die ich erzähle. Ich frage mich immer wieder, wie das, was ich schreibe, anderen zum Segen werden kann.

Dabei fällt mir das Jahr ein, in dem meine Söhne beide an der Uni waren und es ihnen richtig schwerfiel, sich ein Weihnachtsgeschenk für die Großeltern zu überlegen, denn die Jungs hatten nur sehr wenig Geld. Sie wollten meiner Mutter und meinem Vater zeigen, wie lieb sie sie hatten, aber in diesem einen Jahr fanden sie einfach kein passendes Geschenk, das in ihr Budget passte.

Während des Erntedankfestes erwähnte mein Vater dann, wie gut es ihm früher immer gefallen hatte, in der Vorweihnachtszeit das Haus mit Weihnachtsbeleuchtung und Lichterketten zu schmücken, und dass er traurig sei, es nicht mehr zu können.

Kurz nach diesem Gespräch mit ihrem Großvater kamen Ted und Dale mit einer Idee zu mir. Sie wollten nach Yakima (etwa drei Stunden Autofahrt von zu Hause) fahren, das Haus ihrer Großeltern mit Weihnachtsbeleuchtung schmücken und im Januar dann noch einmal hinfahren, um alles wieder wegzuräumen. Diese ganze Aktion wollten sie ihren Großeltern zu Weihnachten schenken.

Die Jungs machten ihre Sache großartig. Ich half bei der Finanzierung der Dekoration und die beiden statteten das Haus im Laufe von zwei Tagen mit einer großartigen Festbeleuchtung aus. Jeder Baum und jeder Strauch im Garten war mit einer Lichterkette versehen, und mein Vater strahlte vor Stolz darüber, dass sein Haus die schönste Weihnachtsbeleuchtung in der ganzen Gegend hatte. Und was noch wichtiger war: Die Zeit, die meine Söhne dabei mit ihren Großeltern verbrachten, war das beste Geschenk, das sie ihnen hätten machen können. Von da an fuhren sie alle paar Monate hin, um den beiden in Haus und Garten zur Hand zu gehen. Meinen Eltern bedeutete das sehr viel, und dieses Weihnachtsgeschenk war für sie schöner als alles, was meine Söhne ihnen für Geld hätten kaufen können.

Auch ich habe in dem Jahr etwas sehr Wertvolles gelernt. Noch ein Spielzeug mehr unter dem Weihnachtsbaum bedeutet meinen Enkelkindern nicht halb so viel wie eine gemeinsame Partie Monopoly oder eine altmodische Tee-Party mit Verkleidung und allem Drum und Dran. Geschenkte Zeit ist ein Segen, mit dem es kein Geld der Welt aufnehmen kann.

Sich Möglichkeiten zu überlegen, wie man anderen zum Segen werden kann, erfordert Zeit, die Bereitschaft, sich Gedanken zu machen, und vor allem auch viel Liebe. Im Laufe der Jahre habe ich viel Spannendes über die Macht der Liebe gelernt. Die erstaunlichste Geschichte ist dabei wahrscheinlich die von meiner Freundschaft mit Willie Jackson und Darryl Pruitt, zwei Häftlingen, mit denen ich durch die Gefängnisarbeit meiner Gemeinde in Kontakt gekommen bin. Durch sie habe ich auch Philip Yancey kennengelernt und Kontakt zu Chuck Colson von der Organisation *Prison Fellowship* bekommen.

Ich begann, den beiden Häftlingen Bibelarbeiten zu schicken, betete für sie und auch meine Familie freundete sich mit ihnen an. Sieben Jahre lang schrieben wir Willie und freuten uns, als er auf Bewährung entlassen wurde. Leider haben wir danach nur noch zwei Mal von ihm gehört, aber wir beten weiter für ihn und legen ihn Gott immer wieder ans Herz. Darryl ist noch immer in Haft.

Durch den Kontakt mit der Organisation *Prison Fellowship* habe ich auch Andre Supek kennengelernt, der vehement behauptete, er wolle mit Glauben und Kirche nichts zu tun haben. Ich ignorierte diese Aussage aber einfach und fragte ihn, ob er irgendwelche Fragen über Gott habe, woraufhin er zurückschrieb: „Frau Macomber, Sie sind bestimmt eine sehr nette Frau, und ich finde, dass Religion für andere gut und schön ist, aber diese ganze Sache mit Gott ist nichts für mich."

Doch so schnell war ich nicht bereit aufzugeben. Ich schrieb Andre, dass Gott ein unglaubliches Angebot für ihn habe. Er wolle nämlich die Ketten, mit denen Andre gefesselt sei, gegen Flügel austauschen. Doch Andre lehnte höflich ab. Jeden Morgen betete ich für ihn, Tag für Tag, Woche für Woche. Gelegentlich schrieb er mir, und ich antwortete ihm und erinnerte ihn jedes Mal an das Angebot, das Gott ihm machte. Am 19. April 1997 entschied sich Andre schließlich für ein Leben mit Jesus und schrieb mir danach, er habe so lange nicht geweint, dass sich die Tränen auf seinen Wangen angefühlt hätten wie Säure.

Als ich damals von meiner Gemeinde gefragt wurde, ob ich mich nicht an der Gefängnisarbeit beteiligen wolle, machte ich zwar mit, allerdings eher widerstrebend, denn ich glaubte nicht, dass es zu meinen Stärken gehörte, Briefe an Gefängnisinsassen zu schreiben. Inzwischen habe ich keinen Zweifel mehr daran, dass sich Gott genau das von mir gewünscht hat.

Wie bereits erwähnt, schrieb ich den Häftlingen nicht nur Briefe, sondern betete auch für sie. Ich kannte zu diesem Zeitpunkt jedoch noch niemanden, der im Gefängnis war, und deshalb wusste ich gar nicht richtig, wie und was ich beten sollte. Da kam mir die folgende Stelle aus dem Epheserbrief in den Sinn: „Mein Gebet ist, dass Christus durch den Glauben in euch lebt. In seiner Liebe sollt ihr fest verwurzelt sein; auf sie sollt ihr bauen. Denn nur so könnt ihr mit allen anderen Christen das ganze Ausmaß seiner Liebe erfahren" (Epheser 3,17–18). Das war jetzt mein Gebet für Willie, Darryl und Andre, aber am Ende war ich es selbst, die dabei die Liebe Gottes spürte, die beschenkt und gesegnet wurde.

Im Laufe der Jahre, in denen ich in der Gefängnisarbeit mitarbeite, hat Gott mein geistliches Leben mehr gesegnet als je zuvor.

Mein Glaube ist neu entfacht worden und Gott hat mich an unglaublichen Dingen teilhaben lassen.

Der Segen des Gebets

Vieles von dem, was mit Andre und den anderen passiert ist, hatte mit Gebet zu tun, und das bringt mich auf einen sehr wichtigen Punkt: Wir können anderen zum Segen werden, wenn wir für sie beten.

Gebet kann eine starke Waffe sein, durch die wir den Menschen, an denen uns etwas liegt, aktiv helfen können. In der Bibel steht, dass wir etwas bekommen, wenn wir beten (siehe Matthäus 21,22 und Markus 11,24), und dass unsere Gebete große Kraft haben (siehe Jakobus 5,16).

Vor einigen Jahren habe ich damit angefangen, mir zu Beginn eines Jahres drei Menschen herauszupicken, für die ich ganz konkret bete, jedoch ohne dass sie es wissen. Irgendwann im Laufe des Jahres schenke ich ihnen eine Bibel und bedanke mich bei ihnen, dass sie ein Teil meines Lebens sind. Dann bitte ich den Heiligen Geist, diesen Menschen die Sehnsucht zu schenken, Jesus kennenzulernen und sie seine Liebe auf ganz persönliche Weise erfahren zu lassen.

Zu den ersten Menschen, für die ich auf diese Weise regelmäßig gebetet habe, gehörte die Autorin Susan Plunkett, die gerade von Texas nach Seattle gezogen war. Ich glaube, es war kein Zufall, dass sie nur eine Straße von mir entfernt ein Haus fand. Ich kannte sie damals noch gar nicht gut, aber sie war eng befreundet mit einer anderen Autorin aus der Gegend, die ich wiederum gut kannte.

Eines Tages gingen wir gemeinsam essen. Im Gespräch mit Susan merkte ich, dass sie bereit war, Jesus näher kennenzulernen, und so begann ich, ernsthaft für Susan zu beten, dass sie Zugang zu Jesus finden und ihn als persönlichen Herrn und Erlöser annehmen möge. Jedes Mal, wenn ich das tat, merkte ich, wie ich in Gedanken und mit dem Herzen bei ihr war.

Genau das geschieht nämlich, wenn wir für jemanden beten und ihn Jesus ans Herz legen. Er sorgt dann dafür, dass dieser Mensch auch uns mehr und mehr ans Herz wächst. Deswegen sage ich auch immer, dass wir besonders für diejenigen beten sollen, auf die wir wütend sind und mit denen wir nicht zurechtkommen. Ich gebe zu, dass es nicht leicht ist, sich dazu aufzuraffen, aber wenn man es dann trotzdem tut, ist es erstaunlich, was Gott an einer vermeintlich kaputten Beziehung noch alles tun kann.

Ich betete also für Susan, lud sie in unseren Bibelkreis ein und besorgte ihr die nötigen Arbeitsmaterialien. Und was soll ich Ihnen sagen – der Tag, an dem sie zum Glauben kam, war wie eine Explosion! Susan war schon bald Feuer und Flamme für Jesus, und es dauerte gar nicht lange, da kamen auch ihre Schwester, ihr Schwager und die Familie ihrer Schwester zum Glauben. Das alles ging rasend schnell wie ein Buschfeuer. Als Susan dann bereit war, sich taufen zu lassen, bat sie mich, ihre Taufpatin zu sein, und ich empfand es als große Ehre, neben ihr zu stehen, als sie öffentlich ihren Glauben an Jesus Christus bekannte und sich taufen ließ.

Nicht jeder Mensch, für den ich gebetet habe, ist zum Glauben an Jesus Christus gekommen. Eine Freundin beispielsweise, die es immer wieder abgelehnt hat, schloss sich stattdessen einer anderen Glaubensbewegung an, aber ich bete weiter für sie und vertraue darauf, dass Gott sich Theresa zu seiner Zeit und auf seine Art offenbaren wird.

Stricken und Segen

Wenn ich über Segen nachdenke, kommt mir dabei oft auch mein Stricken in den Sinn. Zu den Freuden des Strickens gehört es, anderen etwas zu schenken. Was soll ich mit hundert Pullovern? Weil ich so viele selbst nicht brauche, verschenke ich sie eben an Menschen, die ich lieb habe.

An meine Großmutter kann ich mich kaum noch erinnern, weil sie gestorben ist, als ich noch klein war, aber mir wurde erzählt, dass sie leidenschaftlich gern gehäkelt hat. Meine älteren Cousinen erinnern sich, dass sie sogar mit geschlossenen Augen häkeln konnte – sie konnte tatsächlich in ihrem Schaukelstuhl sitzen und vor sich hin dösen, aber ihre Hände häkelten einfach weiter. Weil in meiner unmittelbaren Verwandtschaft und Familie niemand strickt, bin ich sicher, dass ich die Liebe zu Garn und Wolle von meiner Großmutter geerbt habe.

Als ich zwölf Jahre alt war, nahm mich meine Mutter dann einmal mit in ein Wollgeschäft, kaufte mir Stricknadeln und Garn und ließ mich für den Nachmittag dort, damit mir die Inhaberinnen das Stricken beibrachten. Als Erstes habe ich dann meiner Mutter eine wunderschöne lila Weste gestrickt, die sie immer noch hatte, als sie im März 2005 starb.

Stricken ist auf jeden Fall eine Art, Liebe zu zeigen und anderen dadurch zum Segen zu werden.

Es hat sicher auch schon eine Reihe von Situationen gegeben, in denen Gott mich gebrauchte, um die Saat für seinen Segen zu legen, ohne dass ich selbst bereits die Frucht sehen konnte. Ich kann mich aber trotzdem darauf verlassen, dass das, was ich gesät habe, zu seiner Zeit Frucht bringen wird.

Hier noch ein anderes Beispiel dafür, was es heißt, Jesus einen Menschen im Gebet anzuvertrauen. Gerade, als ich dachte, die Sache mit dem Elternsein so richtig gut draufzuhaben, verließen unsere Kinder eines nach dem anderen das Nest. Deshalb beschloss ich, Kontakt mit der örtlichen Highschool aufzunehmen und zu fragen, ob ich nicht eine Art Patin für eine ihrer Schülerinnen werden könnte. Vielleicht gab es ja sogar ein Mädchen, das Schriftstellerin werden wollte und dem ich mit Rat und Tat zur Seite stehen könnte; eines, wie ich selbst es damals gewesen war – mit einem Feuereifer, alles zu lernen, was es über das Schreiben zu lernen gab. Aber stattdessen schickte mir Gott in seiner unergründlichen Weisheit Syrena.

Syrena war achtzehn Jahre alt und hatte bereits ein Kind. Sie lebte von Sozialhilfe, jobbte am Wochenende in einem Stripklub und beschäftigte sich außerdem noch mit schwarzer Magie.

Das Allerletzte, wovon Syrena etwas wissen wollte, war Gott. „Hab ich alles schon mal gehört, ist nichts für mich, kein Interesse“, meinte sie dazu nur.

Aber Gott schenkt mir Liebe für sie, und wenn seine Liebe und seine Macht zusammenkommen, dann ändert das alles. Ich treffe mich jetzt schon seit ein paar Jahren mit Syrena und eine Zeit lang hat sie sogar in meinem Büro für mich gearbeitet. Irgendwie taucht sie immer wieder in meinem Leben auf, um nach einer Weile wieder zu verschwinden. Ich habe Syrena in Jesu Hände gelegt, sie ganz und gar ihm und seiner Liebe anvertraut, und ich glaube fest daran, dass sie ihn eines Tages als ihren Herrn und

Erlöser in ihr Leben einladen wird. Sie weiß, dass sie jederzeit zu mir kommen kann, wenn sie Hilfe oder Gebet braucht, und dass ich dann für sie da bin.

Wenn man Segen weitergibt, dann führt das nicht selten zu einer Art Kettenreaktion. Letzten Sommer hatte ich beispielsweise mit einer christlichen Hilfsorganisation zu tun, die armen Menschen in Innenstädten hilft. Das Gebäude der Organisation war durch einen Brand vollkommen zerstört worden, und jetzt überlegte man, wie man das Geld von der Versicherung am besten verwenden sollte. Der Leiter der Organisation hatte meine *Blossom Street*-Reihe gelesen und daraufhin beschlossen, in einer Gegend, in der Menschen aus unterschiedlichsten Regionen der Welt zusammenleben, einen Wollladen zu eröffnen. Mit dem Geld von der Versicherung und etwas Startkapital wurde dann auch tatsächlich ein wunderschöner Wollladen eingerichtet, in den jetzt die unterschiedlichsten Frauen kommen, um Stricken zu lernen. Manche Richter in der Stadt schicken sogar Prostituierte, die vor Gericht stehen, „zur Strafe" in den Laden, damit sie stricken lernen und dann für wohltätige Zwecke etwas stricken können, statt Sozialstunden zu leisten. Mütter, die in der Nähe des Ladens wohnen, lernen wunderschöne Decken und Kleidung zu stricken, und ohne dass das Wort „Kirche" oder „Gemeinde" auf der Tür steht, bietet der Laden Raum für Gespräche über Gott.

Freundlichkeit

Manchmal sind Menschen nicht bereit, anderen zu helfen, weil sie Angst davor haben, sich langfristig festlegen zu müssen, oder dass es sie mehr kostet, als sie zu zahlen bereit sind. Doch so vieles, was wir tun können, um anderen zum Segen zu werden, hat nichts mit Geld zu tun. Was kostet es uns denn schon, die Kassiererin an der Supermarktkasse anzulächeln? Wie viel Mühe macht es, für die

Nachbarin die Mülltonne vom Bordstein wieder zurück zu ihrem Haus zu bringen? Das alles sind Kleinigkeiten, aber der Segen, den kleine Freundlichkeiten wie diese bewirken, ist unbezahlbar.

Die *Random Acts of Kindness Foundation* mit Sitz in Denver, Colorado, ist eine Organisation, die Menschen dazu ermutigen will, „Freundlichkeit zu praktizieren und andere damit ‚anzustecken'." Nach Aussage der Organisation belegen Untersuchungen, dass es sowohl die körperliche als auch die psychische Gesundheit verbessert, wenn man freundlich zu anderen Menschen ist. Freundlichkeit hat außerdem noch weitere positive Folgen:

- Eine geringere Auswirkung von Krankheiten und Störungen, sowohl ernsthafter als auch leichterer, sowohl körperlicher als auch psychischer Natur.
- Die Verbesserung von gesundheitlichen Problemen, die durch Stress hervorgerufen werden. Anderen zu helfen, wirkt depressiven Verstimmungen entgegen; es stärkt zwischenmenschliche Kontakte und vermindert Gefühle von Feindseligkeit und Isolation, die zu Stress, Essstörungen oder Magengeschwüren führen können. Eine Abnahme von Stress kann Verengungen in den Bronchien verringern, die zu Asthmaanfällen führen können.
- Freundlichkeit verstärkt Gefühle von Freude, Ausdauer und Vitalität. Außerdem kann sie ein ungesundes Maß an Isolation verringern.
- Sie kann sowohl die Intensität als auch die Wahrnehmung von körperlichen Schmerzen verringern.
- Freundlichkeit kann zu einer Verbesserung des Selbstwertgefühls und mehr Optimismus führen sowie eine Abnahme des Gefühls von Hilflosigkeit und Depression zur Folge haben.[3]

Mike Brown lebt in Sandpoint, Idaho, und handelt mit Fertighäusern und Mobilheimen. In dem besonders kalten Winter 2004 erfuhr er von einem Ehepaar, dessen Haus bis auf die Grundmauern niedergebrannt war, sodass sie jetzt obdachlos waren. Sofort kam ihm ein älteres, zwanzig Meter langes Mobilheim in den Sinn, das er gerade hereinbekommen hatte und normalerweise sofort wieder hätte verkaufen können. Doch er beschloss, es stattdessen dem Ehepaar zu schenken. „Ich habe gar nicht großartig nachgedacht", sagte Brown. „Ich habe es immer gut gehabt in diesem Ort und wollte einfach etwas zurückgeben. Ein erfolgreiches Jahr lag hinter mir, für das ich sehr dankbar war, und außerdem brauchten die Leute doch ein Dach über dem Kopf. Da lag meine Entscheidung eigentlich nah."

Zwei Jahre später erlebte der Geschäftsmann dann, wie seine gute Tat als eine Art Segensbumerang zu ihm zurückkam. Das Ehepaar suchte ihn eines Tages in seinem Büro auf, nachdem es ein 20.000 Quadratmeter großes Stück Land verkauft hatte, um bei ihm das größte und teuerste Mobilheim zu kaufen, das er auf Lager hatte. Und was noch besser war: Das Ehepaar schenkte das Mobilheim, das es selbst geschenkt bekommen hatte, an eine andere Familie in Not weiter.[4]

Wenn wir Segen an jemanden weitergeben, dann hat das nicht nur Auswirkungen auf die betreffende Person, sondern es steigt auch die Wahrscheinlichkeit, dass auf diese Weise schließlich noch weitere Personen gesegnet werden.

Steve Elliot hat 2005 ein Buch mit dem Titel *The Grassfire Effect: How One Small Spark Can Change Your World* geschrieben. Es geht darin um die Annahme, dass nur eine einfache Idee nötig ist, „ein Funken Kreativität, um einen regelrechten Flächenbrand positiver Veränderungen und persönlichen und geschäftlichen Erfolgs auszulösen". Ähnlich ist es auch mit dem Segen: Es ist nur ein

Mensch nötig, der bereit ist, im Leben eines anderen etwas zum Positiven zu verändern, und schon kann sich dieser Segen weiter ausbreiten – in einem Büro, einer Gemeinde, einer Stadt oder auch auf der ganzen Welt.

Seien Sie heute der Funke, der einen solchen „Segensbrand“ auslöst, und dann schauen Sie staunend zu, wie Gott Sie im Gegenzug mit Segen überschüttet.

12

Geschaffen zur Anbetung

Wollte ich sie zählen, so wären sie mehr als der Sand: Wenn ich aufwache, bin ich noch immer bei dir.

PSALM 139,18; LÜ

„Wir sind zur ewigen Beschäftigung mit Gott berufen."

A. W. TOZER

Dies ist nun das letzte Kapitel auf unserem gemeinsamen Weg und gleichzeitig wahrscheinlich der wichtigste Aspekt, den es im Zusammenhang mit dem Finden unserer Bestimmung zu bedenken gilt. Das Beste habe ich mir nämlich für den Schluss aufgehoben!

Lassen Sie uns über Anbetung sprechen – also darüber, wie wir unserem Schöpfer, Herrn, Tröster und Hoffnungsspender gegenübertreten und mit ihm reden können. Wie viele andere Psalmen enthält auch Psalm 139 etliche Bilder der Anbetung, und er bewirkt dadurch automatisch eine anbetende Haltung in uns – ein Grund, warum ich mich in meiner Stillen Zeit gerne mit dem biblischen Buch der Psalmen beschäftige.

Weder ein hohes Maß an Arbeit, Risikobereitschaft oder Leidenschaft noch das Erkennen meiner Bestimmung oder das Finden des richtigen Maßes beim Streben nach Erfolg kann es mit dem aufnehmen, was den größten Einfluss auf mein Leben hat – nämlich regelmäßig Zeit mit Gebet und in der Anbetung Gottes zu verbringen. Das habe ich von Beginn an so gehandhabt, seit ich vor vielen Jahren mein Leben Jesus Christus anvertraut habe, und ich bezweifle, dass ich ohne diese Verbindung zu meinem Schöpfer meine Bestimmung überhaupt gefunden hätte.

Je nachdem, wen man fragt, erhält man ganz unterschiedliche Definitionen von „Anbetung". Manche glauben, dass Anbetung die Zeit im Gottesdienst ist, in der gesungen wird, manchmal wird auch der gesamte Gottesdienst als Anbetung betrachtet. Manche Leute verbringen eine Zeit der Anbetung auf dem Golfplatz, denn schließlich hat Gott doch auch all die schönen Bäume und den blauen Himmel gemacht, oder? Ich kenne sogar Leute, die ihren Sonntagmorgen im Kunstmuseum beim Betrachten schöner Bilder und Skulpturen verbringen mit der Erklärung, dass Gott ja Schönheit sei und damit das Betrachten von etwas Schönem auch eine Form der Anbetung.

Viele Menschen meinen auch, dass Anbetung ein Musikstil ist, der in bestimmten Gemeinden praktiziert wird. In diesem Zusammenhang habe ich tatsächlich schon von regelrechten „Anbetungskriegen" gehört, wenn es darum ging, welcher Musikstil denn nun der richtige sei. Doch ich glaube, wir verfehlen den Kern dessen, was Anbetung ist, wenn wir uns in einer Debatte darüber verstricken, ob es uns heiliger macht, zum Klavier, zur Orgel oder in Begleitung einer Lobpreisband zu singen.

Was ist Anbetung?

Aber was genau ist denn dann Anbetung? Sind es die Dinge, die ich gerade aufgezählt habe, oder steckt noch mehr dahinter? Ich bin vor einer Weile auf eine wundervolle Buchreihe zu diesem Thema gestoßen, und zwar von Dr. Mark D. Roberts.

In *The Soul of Worship* schreibt Roberts: „Was auch immer wir sonst noch über christliche Anbetung glauben, sie ist *stets und im Wesentlichen eine Reaktion auf Gott*. Sie ist unsere Reaktion auf einen Gott, der den ersten Schritt getan hat in der Beziehung zu uns, indem er in Liebe und voller Gnade durch Jesus Christus auf uns zugekommen ist".[1]

Gott möchte, dass wir ihn anbeten. Er sehnt sich nach dieser Beziehung zu uns. Und letztlich sehnen auch wir uns danach, obwohl es uns manchmal gar nicht bewusst ist. Ganz tief in unserem Inneren gibt es etwas, das anbeten will, weil wir dazu geschaffen sind und uns deshalb danach sehnen. Manchmal schieben wir diese Sehnsucht ganz bewusst weg und ignorieren sie, aber sie ist trotzdem da. Doch am glücklichsten sind wir nun mal, wenn wir das tun, wozu uns Gott geschaffen hat.

Der Begriff „Anbetung" hat in seinem Ursprung etwas mit Ehre und Wert zu tun. Wenn wir Gott anbeten, dann erkennen wir also an, wer er ist und was er tut. Wir geben ihm die Ehre, die ihm gebührt.[2]

Viele Leute halten Anbetung für eine Formsache. Sie gehen in die Kirche zum Gottesdienst und anschließend nach Hause zu einem guten Mittagessen.

Aber Anbetung bedeutet nicht nur, im Chor mitzusingen oder gemeinsam das Abendmahl einzunehmen. Anbetung ist nichts, was man einmal pro Woche im Gottesdienst praktizieren und dann für den Rest der Woche ausklammern kann, sondern sie gehört genauso in unseren Alltag.

Ich beginne jeden Tag mit Anbetung, indem ich mir anderthalb Stunden Zeit nehme, um zu beten, in der Bibel zu lesen und mir Gedanken darüber zu machen, was Gott gerade in meinem Leben tut. Es geht dabei nicht nur darum, dass ich mit ihm rede, sondern auch darum, dass ich hinhöre, was er mir zu sagen hat.

Jesus Christus anzubeten ist ein sehr persönlicher Aspekt meines Alltags. Es ist einerseits etwas, das ich aktiv tue, andererseits aber auch eine innere Haltung – und zwar eine der Ehrfurcht und des Respekts. In dieser Zeit am Morgen, die ich bewusst allein verbringe, in der ich in Andachtsbüchern lese und mir Dinge aufschreibe, richte ich mich ganz auf Gott aus.

Gott wünscht sich, dass ich nicht nur am Sonntagmorgen sein Kind bin, sondern auch während der restlichen Woche. Er möchte, dass ich mein Leben durch die Brille meines Erwähltseins betrachte und das, was ich durch diese Art inniger und persönlicher Anbetung erfahre, auch in meinem Alltag anwende.

In seinem Buch *How Now Shall We Live?* schreibt der Autor Charles Colson, dass „echtes Christsein mehr ist, als eine Beziehung zu Jesus zu haben, [...] zur Kirche zu gehen, die Bibel zu lesen und sich für wohltätige Zwecke einzusetzen. Es ist mehr als Nachfolge, mehr als ein System von Lehrsätzen über Gott. Echtes Christsein ist ein Lebensstil, eine Art, die Realität zu betrachten und zu begreifen. Es ist eine Weltsicht."[3]

Ob jemand eine persönliche Beziehung zu Jesus hat oder nicht – jeder hat ein Weltbild, also seine ganz eigene Art, die Welt zu sehen und zu begreifen. Es sind diese Grundüberzeugungen, die einen zu dem Menschen machen, der man ist. Ich glaube, dass bei Christen die Anbetung der Kern ihrer Weltsicht sein kann und sollte, denn wenn wir Zeit in dieser innigen, persönlichen Beziehung mit Gott verbringen, dann beschäftigen wir uns automatisch auch mit den grundlegenden Dingen, die unserem himmlischen Vater wichtig sind.

Vieles von dem, was wir tun, funktioniert nach einiger Zeit wie von selbst. Dazu gehört zum Beispiel das Fahrradfahren, das Schwimmen oder uns morgens anzuziehen. Dabei kommt das zum Einsatz, was Ärzte und Wissenschaftler das Muskelgedächtnis nennen – das Gehirn und der Muskel lernen gemeinsam, was schließlich dazu führt, dass die Reaktion automatisch erfolgt, sobald die jeweilige Aktivität ausgeführt wird.

Eine christliche Weltsicht erfordert eine Art geistliches Muskelgedächtnis; eine automatische und gleichzeitig natürliche Reaktion des Herzens, durch die die Liebe Gottes im Alltag praktiziert werden kann. Und ich bin der Überzeugung, dass Anbetung die beste Methode ist, um dieses geistliche Muskelgedächtnis zu entwickeln und zu trainieren.

Anbetung und Gemeinschaft

Ein Pastor besuchte einmal einen Mann, der nur sehr unregelmäßig in den Gottesdienst oder zu Gemeindeveranstaltungen kam. Der Mann saß vor einem Feuer und betrachtete das warme Leuchten der Kohlen. Es war ein kalter Wintertag, aber die Kohlen waren rot glühend und das Feuer wärmte. Der Pastor bat den Mann eindringlich, regelmäßiger die Gemeinschaft mit anderen Christen zu suchen, aber das schien gar nicht richtig bei ihm anzukommen.

„Ich glaube, ich kann genauso gut alleine zu Hause beten wie in der Kirche", sagte er zu dem Pastor.

Dieser dachte einen Moment lang nach, nahm die Kohlenzange, holte ein Stück Kohle aus dem Feuer und legte sie neben das Kohlengitter. Dann schauten die beiden Männer gemeinsam zu, wie das Glühen der Kohle langsam nachließ und sie sich grau verfärbte.

Der Mann hatte nun verstanden, was der Pastor ihm sagen wollte. Nach einer langen Pause sagte er: „Nächsten Sonntag komme ich zum Gottesdienst."[4]

Ich mag diese Geschichte so sehr, weil sie auf wundervolle Weise veranschaulicht, wie wichtig Anbetung in Gemeinschaft ist. Dabei ist es ganz gleich, ob es sich um ein eher traditionelles Gemeindeumfeld handelt oder um ein modernes, wie beispielsweise einen Hauskreis. Gott hat uns so geschaffen, dass wir einander brauchen, um ihn gemeinsam anzubeten.

Schauen wir doch einmal, wie es in der Urgemeinde war:

Wenn es an irgendetwas fehlte, war jeder gerne bereit, ein Grundstück oder anderen Besitz zu verkaufen und mit dem Geld den

Notleidenden in der Gemeinde zu helfen. Tag für Tag kamen die Gläubigen einmütig im Tempel zusammen und feierten in den Häusern das Abendmahl. In großer Freude und mit aufrichtigem Herzen trafen sie sich zu den gemeinsamen Mahlzeiten. Sie lobten Gott und waren im ganzen Volk geachtet und anerkannt. Die Gemeinde wuchs mit jedem Tag, weil der Herr viele Menschen rettete.
Apostelgeschichte 2,45–47

In dieser Gemeinde wurde echte Gemeinschaft gelebt. Die Menschen dort teilten Freud und Leid, gute und schlechte Zeiten – und auch alles dazwischen.

Im Jahr 2005 führte das *Gallup*-Institut eine Umfrage durch, um herauszufinden, inwiefern Freundschaften sich auf den Glauben auswirken. Dabei stellte sich heraus, dass Mitglieder von Kirchengemeinden ihren Glauben besser in einer Atmosphäre praktizieren konnten, in der Freundschaften begrüßt und gefördert wurden, als allein auf sich gestellt. Es gab sogar Hinweise darauf, dass die geistliche Verbindlichkeit stärker war, wenn der beste Freund oder die beste Freundin des Befragten in dieselbe Gemeinde ging – über 82 Prozent der betreffenden Personen „stimmten stark zu, dass sie geistlich verbindlich lebten"; 74 Prozent „stimmten stark zu, dass ihr Glaube Auswirkungen auf jeden Aspekt ihres Lebens habe", und 69 Prozent verbrachten „jeden Tag Zeit mit Anbetung beziehungsweise Gebet".[5]

Aber im Grunde ist doch gar keine repräsentative Umfrage nötig, um zu wissen, dass es uns besser geht und wir uns besser entwickeln, wenn wir Gemeinschaft mit anderen Menschen haben.

Es gibt jedoch eine zunehmende Gefahr, die diesen wichtigen Aspekt der Gemeinschaft bedroht, und das ist die Tendenz, ununterbrochen beschäftigt zu sein. Denn so sehr wir andere Menschen auch brauchen, die meisten Familien sind doch schon überfordert damit, genügend Zeit füreinander zu haben. Zusätzliche Freundschaften kommen da oft gar nicht mehr infrage. Unser Zuhause ist kein Ort der Gemeinschaft mehr, sondern ein Rückzugsort, und viele von uns runzeln bereits die Stirn, wenn jemand an die Tür klopft oder wenn eine Freundin unangekündigt vorbeischaut, um ein bisschen zu plaudern.

Ständig zu tun zu haben kann unsere Zeit der Anbetung auf ein Minimum reduzieren. Die christliche Autorin und Referentin Jill Briscoe schreibt in diesem Zusammenhang: „Wir können uns Sorgen machen oder wir können Gott anbeten. Seltsamerweise finden Menschen, die sehr beschäftigt sind, es oft viel einfacher, sich Sorgen zu machen als Gott anzubeten."[6]

Aber wenn wir uns die Zeit zur Anbetung nehmen und wenn wir *gemeinsam anbeten*, dann nehmen unsere Sorgen exponentiell ab.

Persönliche Anbetung ist etwas Intimes

In unserem Leben ist beides gleich wichtig: die gemeinschaftliche und die persönliche Anbetung Gottes. Manchmal habe ich den Eindruck, dass wir glauben, die Anbetung in der Gemeinde ersetze unsere persönliche Anbetung und damit auch unsere Verantwortung für eine persönliche Beziehung mit Gott. Wir müssen deshalb aufpassen, dass zwischen beidem ein Gleichgewicht besteht.

Lassen Sie uns noch einmal auf den Begriff „Verantwortung" zurückkommen. Wussten Sie eigentlich, dass uns in der Bibel regelrecht befohlen wird, Gott anzubeten? Schauen wir einmal genauer, was dort steht:

Ein Schriftgelehrter hatte diesem Wortwechsel zugehört und war von der Antwort beeindruckt, die Jesus den Sadduzäern gegeben hatte.

Er ging zu ihm hin und fragte ihn: „Welches ist von allen Geboten Gottes das wichtigste?" Jesus antwortete: „Dies ist das wichtigste Gebot: ‚Hört, ihr Israeliten! Der Herr ist unser Gott, der Herr allein. Ihr sollt ihn von ganzem Herzen lieben, mit ganzer Hingabe, mit eurem ganzen Verstand und mit all eurer Kraft.'"
Markus 12,28–30

Uns wird befohlen, Gott von ganzem Herzen zu lieben, mit ganzer Hingabe und mit all unserer Kraft – also mit allem, was wir sind – und genau das tun wir durch Anbetung. Beachten Sie, dass Jesus dieses Gebot als das „wichtigste" bezeichnet.

Ich persönlich glaube allerdings, dass wir das wichtigste Gebot leider manchmal vergessen und es stattdessen gegen den Missionsbefehl austauschen, den wir im Matthäusevangelium finden:

„Deshalb geht hinaus in die ganze Welt und ruft alle Menschen dazu auf, meine Jünger zu werden! Tauft sie auf den Namen des Vaters, des Sohnes und des Heiligen Geistes! Lehrt sie, alles zu befolgen, was ich euch aufgetragen habe. Ihr dürft sicher sein: Ich bin immer bei euch, bis das Ende dieser Welt gekommen ist!"
Matthäus 28,19–20

Aber wie sollen wir seine Liebe und das, was er lehrt, weitergeben, wenn wir selbst es nicht verinnerlicht haben? Deshalb ist die persönliche Anbetung so wichtig und absolut notwendig, wenn wir möchten, dass sich unsere Beziehung zu Gott weiterentwickelt.

Die *Barna Group* hat im Jahr 2005 eine landesweite Befragung zur geistlichen Entwicklung von Christen durchgeführt. Das Ergebnis: Bei den Fragen nach der Aufrechterhaltung intakter Beziehungen, dem Dienst an anderen, dem Praktizieren des Glaubens, der geistlichen Leitung in der Familie und der Anbetung schätzten sich die meisten Befragten als durchschnittlich ein, während sie sich auf den Gebieten Bibelwissen und Weitersagen des Glaubens sogar für unterdurchschnittlich hielten.

Ich finde es auffällig, dass die Mehrheit der Befragten sich in geistlicher Hinsicht als durchschnittlich einschätzte. Ich glaube nämlich, dass Gott sich mehr für uns und unser geistliches und irdisches Leben wünscht als nur Durchschnitt.

Wenn Sie also damit beginnen, an all den unterschiedlichen Bereichen zu arbeiten, von denen in den vergangenen Kapiteln die Rede war, dann legen Sie ein besonderes Gewicht auf die Anbetung.

Stellen Sie sie in den Mittelpunkt, legen Sie überdurchschnittlich viel Wert darauf und seien Sie absolut voller Leidenschaft für Gott!

Mit Gott reden

Eine der Möglichkeiten, wie wir unsere Leidenschaft und unsere Begeisterung für die Anbetung verstärken können, besteht darin, mehr Zeit mit Gebet zu verbringen – also im direkten Gespräch mit Gott.

Ich bin mit einer sehr formalen Art des Gebets aufgewachsen. Kurz nachdem ich dann mein Leben Jesus anvertraut hatte, hielt der Pastor meiner Gemeinde eine Predigt zum Thema „Gebet“. Er sagte, Gebet sei so, als würde man mit seinem Vater reden. Für viele von Ihnen ist das wahrscheinlich nichts Neues, aber für mich war es das. Fortan war es leichter für mich zu beten, denn mein Vater hatte eine Polsterei, und als ich das nächste Mal betete, stellte ich mir vor, wie ich mit Jesus in einer Polsterei redete – an einem Ort, der sehr viel Ähnlichkeit mit einer Zimmermannswerkstatt hatte.

Stricken und Gebet

Ich bete oft beim Stricken. Besonders, wenn ich im Flugzeug sitze oder wenn ich am Flughafen warten muss. Dann hole ich mein Strickzeug heraus und bete für die Person, für die ich gerade einen Pullover oder eine Decke stricke. Für mich gehören Kreativsein und Anbetung einfach zusammen. Wenn wir in der Lage sind, die Begabungen einzusetzen, die Gott uns schenkt, dann ist das bereits eine Form von Anbetung. Abraham Lincoln hat einmal gesagt, dass wir vielleicht die einzige Bibel für jemanden sind, in der er jemals lesen wird. Umso wichtiger ist es, dass Anbetung für uns zu einem Lebensstil wird, also zu etwas, das sich in unserem Leben widerspiegelt.

Während ich also mit Jesus redete und ihm meine Anliegen mitteilte, stellte ich mir vor, wie Jesus mich ansah und sagte: „Ich habe großartige Bücher für dich, die du einmal im Himmel schreiben sollst, Debbie."

Plötzlich hatte sich alles verändert – nicht nur meine Vorstellung von Gebet, sondern auch meine Sicht auf das Leben nach dem Tod. Mir wurde bewusst, dass Gott auch im Himmel noch etwas für uns zu tun hat. Dass uns das, was uns auf der Erde Freude macht, auch im Himmel erwartet.

Becky Tirabassi erzählt in ihrem Buch *Let Prayer Change Your Life* von ihren eigenen Erfahrungen mit dem Gebet und von dem Tag, als sie sich vor Gott verpflichtete, täglich eine Stunde lang zu beten. Auch sie schreibt ihre Gebete gerne auf, um ihre Gespräche mit Gott auf diese Weise festzuhalten.

Ich erwähne Becky Tirabassi hier nicht, weil sie jeden Tag *eine Stunde* lang betet, sondern weil sie *täglich* betet. Anbetung verlangt Disziplin. Keine Gesetzlichkeit, sondern das Entwickeln guter Gewohnheiten. Denken Sie daran, dass wir ja ein geistliches Muskelgedächtnis entwickeln wollen, und je mehr Zeit wir in der Anbetung unseres himmlischen Vaters verbringen, desto mehr Freude werden wir daran haben und desto mehr Verlangen bekommen wir wiederum danach.

Hier ein paar Dinge über das Gebet, die Becky Tirabassi entdeckt hat:

- Das Gebet bestärkt den Glauben, zu träumen und zu hoffen und etwas zu riskieren.
- Das Gebet führt zum Lesen in Gottes Wort, weil es in uns das Bedürfnis weckt, Gottes Antwort auf unsere Bitten zu hören.
- Das Gebet lehrt uns, Gott zu vertrauen, indem wir auf den aus *seiner* Sicht richtigen Zeitpunkt warten.
- Das Gebet offenbart Gottes Plan und unsere Bestimmung, indem es uns offen macht für konkrete Anweisungen in Bezug auf die Gegenwart und die Zukunft.
- Das Gebet setzt Gottes Kraft frei, durch den Heiligen Geist in uns zu wirken.
- Das Gebet setzt wahre Liebe zu Gott frei – emotional, echt und verzehrend.[7]

Ich folge beim Aufschreiben meiner Gebete einem bestimmten Schema. Ich fange mit Lobpreis an. Dazu nehme ich meistens einen Psalm, dessen Inhalt ich mit meinen eigenen Worten wiedergebe. Dabei flechte ich dann Ereignisse aus meinem Leben mit ein und danke Gott für seine Güte. Dann kommen Gebete für meinen Mann und die Kinder. Ich nenne sie alle beim Namen, damit jeden Morgen jeder einzelne von ihnen vor Gott gebracht wird. Danach kommen die drei besonderen Menschen, die ich mir immer für ein Jahr als Gebetsanliegen aussuche. Manchmal zähle ich auch nur ihre Namen auf. Gott weiß viel besser als ich, was sie brauchen. Ich danke Gott einfach dafür, dass er diese Menschen in mein Leben geschickt hat, und bitte ihn, dass er in ihnen die Sehnsucht danach wecken möge, ihn besser kennenzulernen. Als Nächstes stehen mein Pastor, seine Familie und die Verantwortlichen in unserer Gemeinde auf meiner Liste. Als Letztes bete ich dann für mich selbst. Ich bitte Gott um seinen Segen für das, was ich schreibe. Er ist es, der mir die Ideen für meine Geschichten schenkt; er ist das Licht auf meinem Weg. Und dann schließe ich mein Gebet wieder mit Lobpreis ab. Beim Gebet muss allerdings jeder für sich herausfinden, wie es für ihn am besten passt. Was ich Ihnen gerade beschrieben habe ist nur eine von unendlich vielen unterschiedlichen Möglichkeiten. Machen Sie Ihr Gebet zu etwas ganz Persönlichem, und schauen Sie dann, was passiert.

Im Matthäusevangelium lesen wir, dass Jesus gesagt hat: „Wenn du beten willst, zieh dich zurück in dein Zimmer, schließ die Tür hinter dir zu und bete zu deinem Vater. Denn er ist auch da, wo niemand zuschaut. Und dein Vater, der auch das Verborgene sieht, wird dich dafür belohnen“ (Matthäus 6,6).

Gottes Stimme hören

Anbetung in Form von persönlichem Gebet ist immer etwas sehr Intimes; es ist ein Gespräch unter vier Augen mit dem einen, der uns geschaffen hat und der uns liebt. Aber ein Gebet zu sprechen oder es aufzuschreiben ist nur ein Teil dessen, worum es in unserer Gebetszeit gehen sollte. Wir sollen nämlich auch hinhören, was Gott uns zu sagen hat.

Ich persönlich habe die Stimme Gottes noch nie akustisch wahrgenommen, so wie die Stimme einer Freundin oder des Ehepartners. Es gibt jedoch Menschen, die das von sich behaupten. Wie dem auch sei: Ich bin der festen Überzeugung, dass Gott auf vielfältige Weise zu uns spricht – durch unsere Gedanken, unsere Lebenssituation und sogar durch Gespräche mit anderen.

Becky Tirabassi empfiehlt, Gott zu bitten, zu uns zu sprechen und einfach hinzuhören, nachdem wir unser Gebet gesprochen oder aufgeschrieben haben. Schreiben Sie genau auf, was Sie dann in Ihrem Inneren hören; Sie werden staunen und dankbar sein für die Möglichkeit, Gottes Stimme zu hören.

Es ist ganz normal, wenn Sie anfangs Zweifel daran haben, dass das, was Sie da aufgeschrieben oder im Wort Gottes gelesen haben, wirklich auch das ist, was Gott Ihnen zu sagen versucht. Ich empfehle Ihnen, sich selbst dann folgende Fragen zu stellen:

- Stimmt das, was ich gehört habe, mit der Bibel überein?
- Hat das, was ich gehört habe, die Kraft, mich aus meiner Komfortzone herauszuholen? (Das tut Gott nämlich besonders gern!)
- Wie werde ich auf das, was ich gehört habe, reagieren?

Wenn wir unser eigenes Gebetsleben und unsere eigene Art der Anbetung entwickeln, wenn wir aktiv etwas tun, um Gott auch gemeinsam mit anderen Christen anzubeten, dann schaffen wir dadurch gute Voraussetzungen, um uns geistlich weiterzuentwickeln, und genau das ist Gottes Wunsch für uns. Er möchte, dass wir ihm unsere Zeit zur Verfügung stellen. Er möchte unsere Liebe und unser Herz gewinnen. Er möchte, dass wir in allem unser Bestes geben und ihm unsere Begabungen zur Verfügung stellen.

Lassen Sie mich an dieser Stelle noch einmal zusammenfassen, was wir im Hinblick auf Gottes Vorstellung für unser Leben herausgefunden haben:

Wir sind zu einem ganz bestimmten Zweck geschaffen. Gott hat in jeden von uns eine Bestimmung hineingelegt, und er möchte, dass wir gemeinsam mit ihm herausfinden, was unsere Leidenschaft und unsere Berufung ist. Während wir uns dazu bereits ein Stück weit mit unserer Zukunft beschäftigen müssen, legt Gott dennoch großen Wert darauf, dass wir auch die Gegenwart genießen, dass wir bereits jetzt Freude haben und unseren Lebensweg gespannt und voller Begeisterung gehen.

Wir sind zum Träumen geschaffen. Gott sehnt sich danach, dass wir unsere Träume in lebendigen Farben vor uns sehen und dass wir eine Vorstellung davon bekommen, welchen guten Plan er für unser Leben hat. Er möchte, dass wir das Wagnis eingehen und unseren Träumen auch wirklich nachgehen. Er möchte, dass wir die Lügen, die wir selbst und andere uns auftischen, ignorieren, und dass wir aufhören, uns selbst in Schubladen zu stecken, die uns letzten Endes daran hindern, unsere Ziele zu erreichen.

Wir sind dazu geschaffen, etwas zu riskieren. Gott möchte, dass wir Chancen ergreifen und uns auf unbekanntes Terrain wagen, weil sich dadurch unser Glaube am besten weiterentwickeln kann. Denn dort erleben wir am ehesten, wie Gott Wunder tut und dass Gehorsam letztendlich belohnt wird.

Wir sind dazu geschaffen, Erfolg zu haben. Gott wünscht sich, dass wir mit all unserem Sein der Bestimmung nachkommen, die er in uns hineingelegt hat. Dabei sollte es unser erklärtes Ziel sein, unser Bestes zu geben und Erfolg zu haben, denn dadurch wird Gott verherrlicht. Auf dem Weg zum Ziel sollten wir daran denken, auch die kleinen Erfolge im Leben zu würdigen und zu feiern.

Wir sind dazu geschaffen, im Leben das richtige Maß zu finden. So sehr Gott möchte, dass wir Erfolg haben, wünscht er sich auch, dass wir geistlich ausgewogen leben. Das bedeutet, dass wir ihn an die erste Stelle setzen; als Nächstes kommen dann unsere Familie, unsere Arbeit und das, wofür wir eine Leidenschaft haben. Glauben Sie mir: Es lebt sich sehr viel friedvoller, wenn unsere Prioritäten im Leben stimmen.

Wir sind dazu geschaffen, in Beziehungen zu leben. Gott hat uns nicht zum Alleinsein geschaffen, sondern er möchte, dass wir gemeinsam dienen, arbeiten und leben, dass wir uns gemeinsam freuen und auch unseren Kummer und unsere Sorgen miteinander teilen.

Wir sind geschaffen für das Wort. In der Bibel ist all unsere Hoffnung verankert, durch sie können wir unsere Beziehung zu Gott weiterentwickeln. Wir können lernen und wachsen und all die Fähigkeiten entdecken und verbessern, die er in uns hineingelegt hat.

Wir sind geschaffen, um zu arbeiten. Gott hat uns mit unserem Verstand, unseren Händen und Füßen geschaffen, und er wünscht sich, dass wir sie auch gebrauchen. Das bedeutet, dass wir uns Ziele setzen, nach vorn schauen und auf die Stimme Gottes hören, die uns den Weg weisen möchte.

Wir sind zum Lachen geschaffen. Gott wünscht sich, dass wir fröhlich sind und uns ein frohes Gemüt bewahren – in guten wie in schlechten Zeiten.

Wir sind zur Dankbarkeit geschaffen. Gott liebt ein dankbares Herz; eines, das sich an seine guten Taten erinnert – wie das des Leprakranken. Er möchte, dass wir ihm danken für seine Wunder und für seine Gnade, mit der er uns jeden Tag aufs Neue beschenkt.

Wir sind dazu geschaffen, Gottes Segen zu empfangen und für andere zum Segen zu werden. Denken Sie immer daran, etwas von dem Guten weiterzugeben, das Sie von Gott empfangen haben.

Und schließlich sind wir zur Anbetung geschaffen, also dazu, Gott die Ehre zu geben. Wenn es um die Beziehung zu unserem Schöpfer geht, dürfen wir die Rolle der Anbetung nicht außer Acht lassen, denn es ist Gottes sehnlichster Wunsch, Zeit mit uns zu verbringen.

Nun, da Sie wissen, wozu uns Gott alles geschaffen hat, möchte ich mit dem wichtigsten Punkt im Hinblick auf unsere Bestimmung schließen: Wir sind für die Liebe geschaffen; dazu, von Gott geliebt zu werden und ihn zurückzulieben. Wir sind dazu geschaffen, andere zu lieben wie uns selbst, und dazu, das Leben zu lieben, das Gott uns geschenkt hat.

Danke, dass Sie gemeinsam mit mir am Ball geblieben sind auf der Suche nach den bunten Farben Ihres Lebens. Ich bete, dass Sie sich durch dieses Buch persönlich von Gott angesprochen fühlen, denn er liebt Sie sehr!

Ich möchte mit der Bibelstelle schließen, die ich schon am Ende des ersten Kapitels zitiert habe:

Darum soll jeder sein Leben genau prüfen. Dann wird er sich über seine guten Taten freuen können, aber keinen Grund zur Überheblichkeit haben. Denn jeder ist für sein eigenes Tun vor Gott verantwortlich. Das ist schon schwer genug!
Galater 6,4–5

Wir sind von Gott zu einem bestimmten Zweck geschaffen. Möge das Werk seiner Hände in Ihrem Leben heute und an jedem neuen Tag sichtbar werden!

Danksagungen

Eigentlich bin ich ja Romanautorin, und der Gedanke, einen Ratgeber zu schreiben, war mir zunächst ziemlich fremd. Ein Kochbuch wäre vielleicht noch denkbar gewesen. Oder ein Buch über Schreibtechniken und das Entwickeln von Geschichten. Aber tief in meinem Inneren hege ich schon lange den Wunsch, etwas von dem weiterzugeben, was ich auf meinem persönlichen Glaubensweg gelernt habe. Allerdings bin ich immer davon ausgegangen, dass es bis dahin noch eine ganze Weile dauern würde und dass dies vielleicht ein geeignetes Projekt für den (Un)Ruhestand wäre.

Ein Anruf von Wendy Lawton veränderte jedoch alles. Wendy und ich waren schon lange befreundet, bevor sie meine Agentin wurde, und wir hatten gemeinsam schon etliche Schriftstellerkongresse besucht, bei denen ich hin und wieder auch Vorträge gehalten hatte. „Eigentlich hast du doch schon einen fertigen Ratgeber in der Schublade liegen", sagte Wendy während des besagten Telefonats. Sie schlug vor, dass ich einmal alle Vorträge, Artikel und Andachten, die ich verfasst und in der Schublade liegen hatte, ausdrucken sollte. Als ich dies schließlich tat, kamen dabei mehr als 700 Seiten Text heraus. Meine Freundin hatte also recht. Das Buch war im Grunde schon geschrieben und so entstand nach Dutzenden Romanen schließlich mein allererster Ratgeber mit dem Titel *Die bunten Farben deines Lebens.*

Außer Wendy Lawton möchte ich noch ein paar weiteren Personen danken, die mich auf meinem geistlichen Weg begleitet und bereichert haben. Meine beiden Nachbarinnen Marilyn Kimmel und Jackie Watson haben mich unter ihre Fittiche genommen und in die Bibelstunde eingeladen, wo ich Jesus Christus als Herrn und Erlöser in mein Leben aufgenommen habe.

Kevin Hestead, langjähriger Pastor der *First Christian Church* in Port Orchard, und seine Frau Marcia begleiten mich schon sehr lange auf meinem Weg mit Jesus Christus und haben meine Beziehung zu ihm in vielerlei Hinsicht geprägt.

Meine Freundinnen Barb Dooley, Lillian Schauer, Betty Roper, Sandy O'Donnell, Susan Plunkett, Krysteen Seelen, Linda Nichols und viele andere beten für mich und haben mich einfach gern. Sie alle sind ein wunderbares Beispiel dafür, was es heißt, eine Freundin und Glaubensschwester zu sein.

Ich werde Gott ewig dankbar dafür sein, dass er Wayne Macomber in mein Leben geschickt hat. Die Ermutigung, die stetige Unterstützung und die Liebe meines Mannes verleihen mir Flügel. Er ist ein wahres Geschenk und ein Segen für mein Leben.

Und zum Schluss: Es ist wirklich eine Freude, mit Anne Goldsmith, Sara Horn und allen anderen bei der *Hachette Book Group USA* zusammenzuarbeiten. Wenn dieses Buch auch nur einer einzigen Frau zum Segen wird, dann liegt das an diesem unglaublichen Verlagsteam und dessen Überzeugung, dass ich anderen Frauen etwas zu geben habe – eine Chance, für die ich sehr dankbar bin.

Debbie Macomber

Quellenangaben

Kapitel 1

1 Lewis, Clive S.: *Überrascht von Freude.* Brunnen Verlag, Gießen 1994.

2 Chambers, Oswald: *Mein Äußerstes für sein Höchstes.* Blaukreuz-Verlag, Wuppertal 1998, S. 327.

Kapitel 2

1 Swindoll, Charles: *Living Above the Level of Mediocrity.* W Publishing Group, Nashville 1989, S. 104.

Kapitel 3

1 Ortberg, John: *Das Abenteuer, nach dem du dich sehnst.* Gerth Medien, Asslar 2014, S. 160–161.

2 White, Kate: *Brave Mädchen bringen's nicht – Nur Power-Frauen machen Karriere.* Droemer Knaur, München 1995.

3 Peale, Norman Vincent: *Die Kraft positiven Denkens.* Oesch Verlag, Zürich 2010.

4 Abraham Lincoln, zitiert auf http://www.brainyquote.com/ (abgerufen am 25. September 2006).

5 Maxwell, John: *The Success Journey.* Thomas Nelson, Nashville 1997, S. 49.

Kapitel 4

1 Goertzel, Victor und Mildred George Goertzel: *Cradles of Eminence*. Little, Brown & Company, New York 1962.

Kapitel 5

1 Saad, Lydia: „Half of Americans Pressed for Time; a Third Are Stressed Out". Auf: Gallup.com, 3. Mai 2004. http://www.gallup.com/poll/11545/half-americans-pressed-time-third-stressed.aspx.

2 White, Kate: *Brave Mädchen bringen's nicht – Nur Power-Frauen machen Karriere*. Droemer Knaur, München 1995.

3 Warren, Rick: *Leben mit Vision*. Gerth Medien, Asslar 2014, S. 39.

4 Peale, Norman Vincent: *Die Kraft positiven Denkens*. Oesch Verlag, Zürich 2010.

5 Norman Vincent Peale, zitiert auf http://www.brainyquote.com/ (abgerufen am 25. September 2006).

Kapitel 6

1 Barna Research Group: „Born Again Christians Just As Likely to Divorce As Are Non-Christians". Auf: Barna.com, 8. September 2004. http://www.barna.com/research/born-again-christians-just-as-likely-to-divorce-as-are-non-christians/ (abgerufen am 22. September 2006).

2 Aus einer Predigt auf http://www.sermoncentral.com/ (abgerufen am 25. September 2006).

Kapitel 7

1 Robert Frost, zitiert auf http://www.brainyquote.com/ (abgerufen am 25. September 2006).

2 Baucham, Voddie: *The Ever-Loving Truth*. B&H Publishing, Nashville 2004.

3 Mueller, George: *A Narrative of Some of The Lord's Dealings with George Mueller.* Dust and Ashes Publications, Muskegon 2003.
4 Aus einer Predigterklärung, gefunden auf http://net.bible.org/ (abgerufen am 25. September 2006).
5 Swindoll, Charles: *Living Insights Study Bible.* Zondervan, Grand Rapids 1996, S. 879.

Kapitel 8

1 Business Owners Toolkit. 1995–2006, CCH Incorporated – a Wolters Kluwer Business. http://www.toolkit.cch.com/text/P01_0360.asp (abgerufen am 29. September 2006).
2 Ziglar, Zig: *Zig Ziglar's Little Book of Big Quotes.* Zig Ziglar, 1990.
3 Blue, Ron: *Master Your Money.* Thomas Nelson, Nashville 1986.
4 Billy Graham, zitiert auf http://www.sermoncentral.com (abgerufen am 25. September 2006).

Kapitel 9

1 Provire, Robert R.: „Laughter". In: *American Scientist,* Ausgabe 84.1 (Jan.–Febr., 1996), S. 38–47. http://cogweb.ucla.edu/Abstracts/Provire_96.html (abgerufen am 25. September 2006).
2 *Today in the Word,* Moody Bible Institute, 18. Dezember 1991.
3 Brain, Marshall: „How Laughter Works". Auf: HowStuffWorks.com. http://science.howstuffworks.com/life/inside-the-mind/emotions/laughter7.htm (abgerufen am 1. Oktober 2006).
4 Oppegaard, Brett: „Anatomy of a Laugh-Amusing analysis". In: *The Columbian,* Clark County, Washington, 17. September 2006. http://www.columbian.com/lifeHomelifeHomeNews/09172006news59875.cfm (abgerufen am 1. Oktober 2006).
5 PatchAdams.org: „House Calls: Story 10". Auf: Patchadams.org. http://www.patchadams.org/community/house_calls/10.html (abgerufen am 1. Oktober 2006).

6 Siegel-Itzkovich, Judy: „Israel sets up course in clowning to help patients recover". In: *British Medical Journal (BMJ)*, 26. Oktober 2002. http://www.pubmedcentral.nih.gov/articlerender.fcgi?artid=1169571.
7 Swindoll, Charles: *Laugh Again*. W Publishing Group, Washington 1992.
8 Gefunden auf http://www.sermoncentral.com.

Kapitel 10

1 Jacoby, Jeff (Gastkolumnist bei *The Boston Globe*): „The Power of Giving Thanks". 23. November 2000. http://www.homiliesbyemail.com/Special/Thanksgiving/power.txt.
2 McCullough, Michael E. und Robert A. Emmons: „How Grateful Are You"-Quiz (© 2000). http://www.beliefnet.com/section/quiz/index.asp?sectionID=&surveyID=105.
3 *New International Version Study Bible*, Einführung in das Buch der „Klagelieder".
4 Ladd, Karol: *The Power of a Positive Mom*. Howard Publishing, West Monroe 2001, S. 131–140.
5 Steve Shepherd, Predigt zum Thema „For Granted or Gratitude". http://www.sermoncentral.com/sermons/for-granted-or-gratitude-steve-shepherd-sermon-on-thanksgiving-holiday-63494?ref=SermonSerps.
6 Russell, Bob: „Jesus, Lord of Your Personality". In: *Preaching Now Newsletter*, 25. Juni 2002. Howard Publishing Co., West Monroe 2002, S. 14–16.

Kapitel 11

1 Scott Chambers, Predigt zum Thema „Grasping the Concept of Grace". http://www.sermoncentral.com/sermons/grasping-the-concept-of-grace-scott-chambers-sermon-on-god-the-

father-82868?ref=SermonSerps (abgerufen am 7. Oktober 2006).

2 Yancey, Philipp: *Gnade ist nicht nur ein Wort. Wie Gottes Güte unser Leben auf den Kopf stellt.* Brockhaus, Wuppertal 2002.

3 Luks, Allan: *The Healing Power of Doing Good: The Health and Spiritual Benefits of Helping Others.* iUniverse.com, New York 2001. http://www.actsofkindness.org/inspiration/healthz/detail.asp?id=2.

4 Cohn, R. J.: „Paying it forward comes full circle in Bonner County". In: *Bonner County Daily Bee.* http://www.bonnercountydailybee.com/articles/2006/10/07/news/news03.txt (abgerufen am 7. Oktober 2006).

Kapitel 12

1 Pastor Dr. Mark D. Roberts, Predigt zum Thema „Tethered Creativity: Worship and the Word of God" (© 2004) im Rahmen der „Soul of Worship"-Serie. http://www.markdroberts.com/htmfiles/resources/soulworship.htm#jun2104.

2 Pittman, James: *What Is Worship?* RBC Ministries, Grand Rapids 1987 & 2001.

3 Colson, Charles: *How Now Shall We Live?* Tyndale, Wheaton 1999, S. 14–15.

4 Pittman, James: *What Is Worship?* RBC Ministries, Grand Rapids 1987 & 2001, S. 18.

5 Winseman, Albert L.: „Friendship Feeds the Flock". Umfrage im Auftrag des Gallup-Instituts, 26. April 2005. http://www.gallup.com.

6 Briscoe, Jill: „Heart to Heart". In: *Today's Christian Woman.* http://www.todayschristianwoman.com/.

7 Tirabassy, Becky: *Let Prayer Change Your Life.* Thomas Nelson, Nashville 1990, 1992 & 2000, S. 134–135.

FSC
www.fsc.org
MIX
Papier aus verantwortungsvollen Quellen
FSC® C014496

Die amerikanische Originalausgabe erschien im Verlag Faith Words,
Hachette Book Group, 237 Park Avenue, New York, NY 10 017
unter dem Titel „Knit together: discover God's patterns for your life".

1. Auflage 2018
Bestell-Nr. 817266
ISBN 978-3-95734-266-9

Covergestaltung: Björn Steffens
Lektorat: Carolin Kilian
Satz: Verlagsservice Apel, Wietze
Druck und Verarbeitung: GGP Media GmbH, Pößneck
Printed in Germany

www.gerth.de